汽车驾驶员、汽车修理工通用培训教材

Qiche Gouzao Tuce (Dipan)

汽车构造图册（底盘）

（第三版）

张则曹　主编

人民交通出版社

内 容 提 要

本书是《汽车构造图册（底盘）》第三版，根据汽车底盘结构组成，系统展示了汽车传动系统、行驶系统、转向和制动系统及汽车车身等各部分机件的名称、结构、分类、功用、工作原理和工作过程。

本书可作为汽车专业学历教育教材和汽车行业通用培训教材，亦可供汽车工程技术人员、汽车驾驶员、汽车修理工以及汽车爱好者阅读参考。

图书在版编目（CIP）数据

汽车构造图册.（底盘）/ 张则曹主编.—3版. —北京：人民交通出版社，2010. 6

汽车驾驶员、汽车修理工通用培训教材

ISBN 978-7-114-07996-2

Ⅰ.汽… Ⅱ.张… Ⅲ.①汽车—构造—技术培训—教材 ②汽车—底盘—结构—技术培训—教材 Ⅳ.U463

中国版本图书馆CIP数据核字（2009）第168978号

书　　名：汽车构造图册（底盘）第三版
著 作 者：张则曹
责任编辑：何 亮 闫 亮
出版发行：人民交通出版社
地　　址：（100011）北京市朝阳区安定门外外馆斜街3号
网　　址：http://www.ccpress.com.cn
销售电话：（010）59757973
总 经 销：人民交通出版社发行部
经　　销：各地新华书店
印　　刷：北京盈盛恒通印刷有限公司
开　　本：787 × 1092　1/16
印　　张：8
字　　数：178千
版　　次：1991年12月　第1版
　　　　　1998年8月　第2版
　　　　　2010年6月　第3版
印　　次：2017年3月　第2次印刷
书　　号：ISBN 978-7-114-07996-2
印　　数：184401~185400册
定　　价：15.00元

第三版前言

《汽车构造图册（发动机）》、《汽车构造图册（底盘）》初版于1991年12月问世，1998年修订出版了第二版，其间重复印刷多次，累计印数超过18万册，深爱广大读者的欢迎，对我国汽车专业职业教育的发展起到了很好的促进作用。现今，汽车技术迅速发展，科技含量不断提高，原图册已无法适应时代要求，为此，我们对原图册进行了全面的修改、充实和完善。

本次修订在形式上传承以往图文并茂的风格，在内容上紧紧围绕“必要”、“够用”的原则，系统、完整地介绍了汽车的结构，详细阐述了各部分机件的名称、结构、分类、功用、工作原理和工作过程，充实了电子控制燃油喷射系统、自动变速器、独立悬架、气压制动系、制动防抱系、汽车空调、安全气囊与车身方面的新技术。

本书由张则曹主编。参加编写的有浙江大学后勤集团公司张林峰、东阳交通局徐晓民、杭州汽车技工学校周德平、杭州技师学院缪勤震、象山交通局徐安康、杜文忠和慈溪许建设技师。

由于作者水平有限，书中难免有不当之处，恳请读者批评赐教。

编者

2009年6月

目录

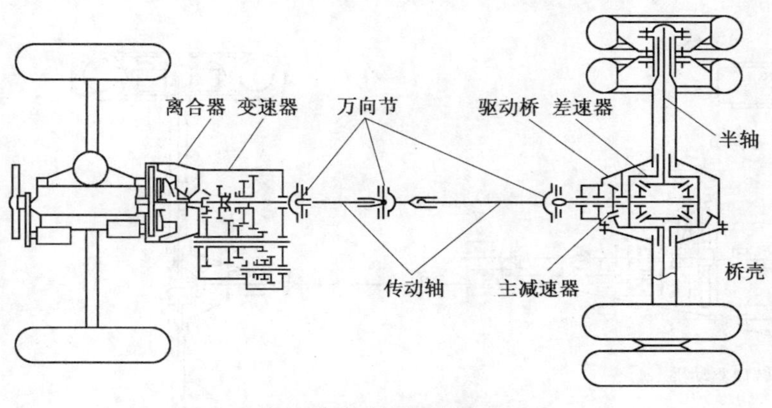

a）发动机前置后轮驱动传动系

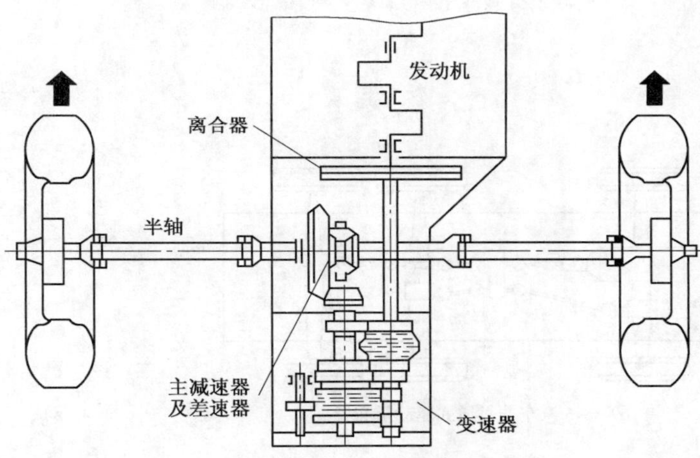

b）发动机前置（纵向）前轮驱动示意图

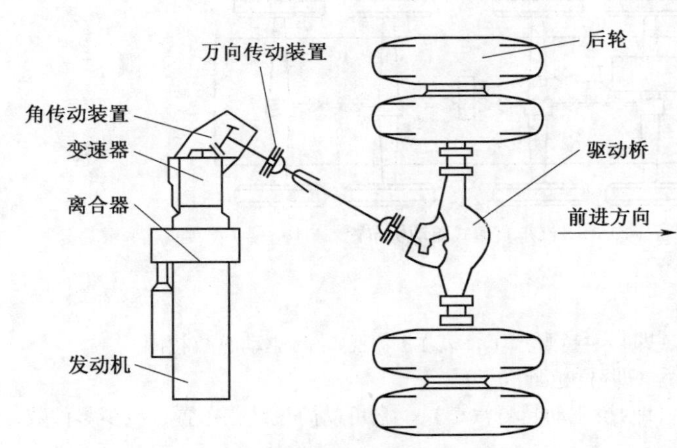

c）发动机后置后轮驱动传动系

汽车传动系统是汽车发动机与驱动轮之间的动力传递装置。其作用是将发动机发出的动力传给驱动车轮，并实现减速增矩等功能。传动系具有减速、变速、倒车、中断动力、轮间差速和轴间差速等功能。

传动系由离合器、变速器、传动轴、主减速器、差速器以及半轴等组成。如图a)所示。

图b）所示为发动机前置（纵向）前轮驱动布置示意图，适用于乘用车。

图c）所示为发动机后置后轮驱动传动系。由于驱动桥与变速器之间夹角较大，其相对位置经常变化，所以必须安装角传动和万向传动装置。适用于大、中型客车。

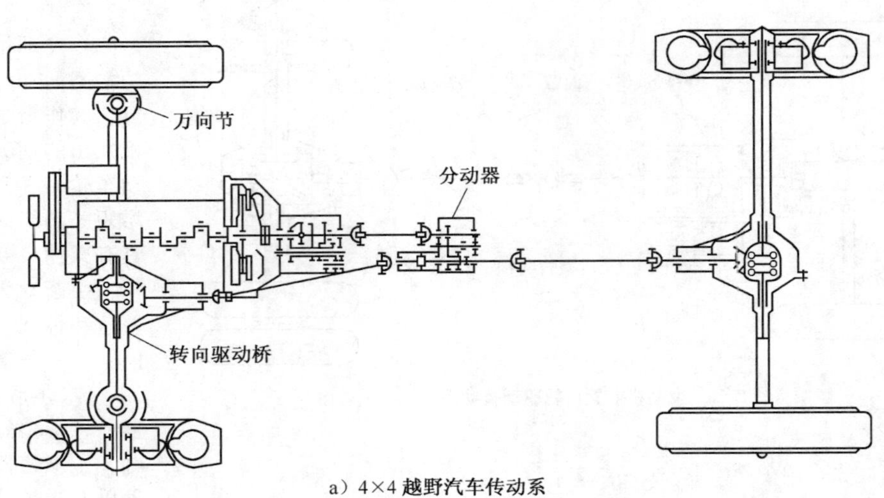

a）4×4 越野汽车传动系

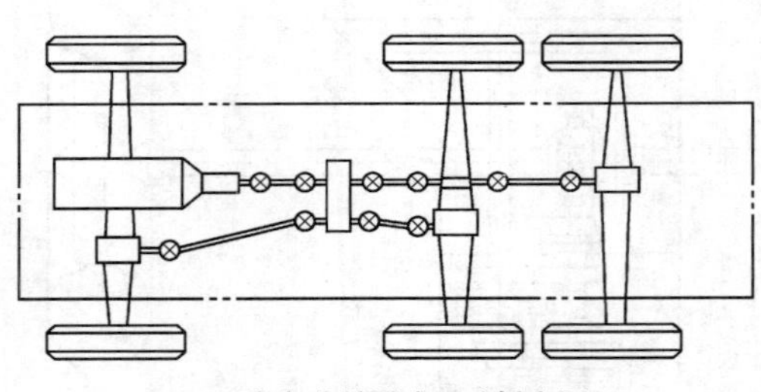

b）6×6 汽车非贯通式驱动桥布置

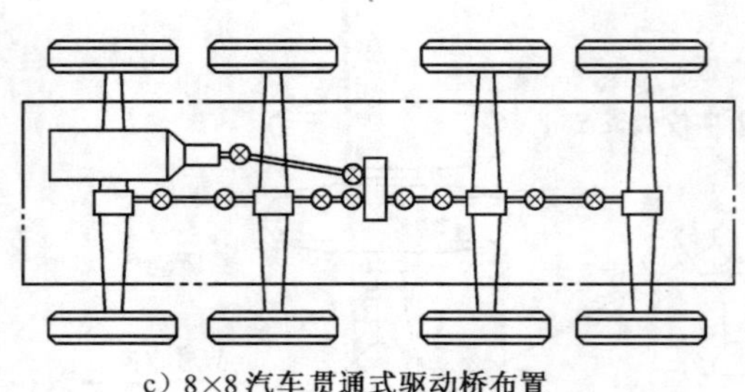

c）8×8 汽车贯通式驱动桥布置

图a) 所示为全轮驱动4WD（即4×4越野汽车，表示车轮总数与驱动轮数相同）。

图b) 为6×6非贯通式驱动桥（即3桥越野汽车）。

图c) 为8×8贯通式驱动桥（即4桥驱动越野汽车），它可以简化结构布置，减少零件数，提高零件的通用互换性。

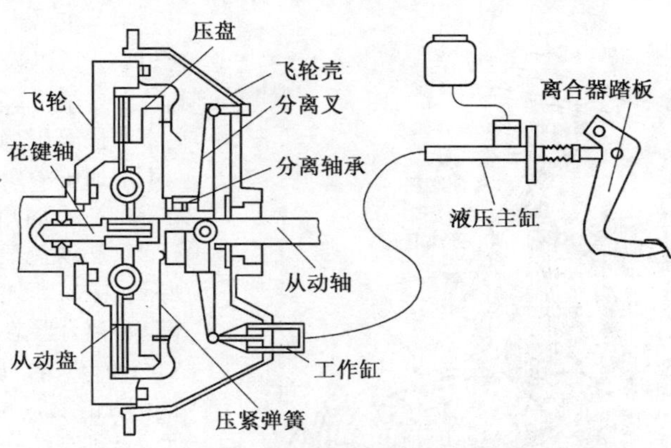

a）摩擦式离合器接合状态的构造和工作原理

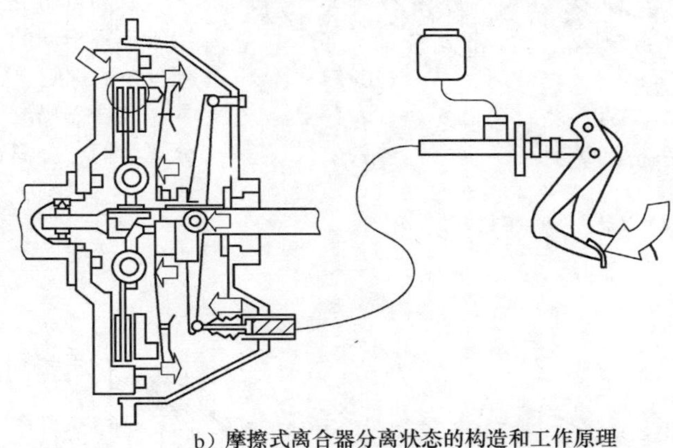
b）摩擦式离合器分离状态的构造和工作原理

汽车离合器有摩擦式离合器、液力变矩器、电磁离合器等几种，离合器分类见《离合器分类》（GB/T 10043—2003）。

离合器的功用：当汽车起步和变速换挡时，使发动机与传动装置暂时分离，以中断动力传递，随后又逐渐接合进行动力传递，从而保证汽车平稳起步和顺利换挡，并防止传动机构超负荷工作。要求做到：分离彻底、接合柔和。

离合器由主动部分、从动部分、压紧部分和操纵机构4部分组成。

主动部分：飞轮、压盘和离合器盖等。

从动部分：从动盘、从动轴（变速器第一轴）。

压紧部分：压紧弹簧。

操纵机构：离合器踏板、推杆、液压主缸、液压管、工作缸、分离叉、分离轴承。

离合器工作原理：接合状态如图a）所示，压紧弹簧使压盘、从动盘及飞轮相互压紧。发动机转矩由飞轮及压盘通过摩擦片的摩擦力矩传递到从动盘，再经变速器输入轴向传动系输入。

分离状态如图b）所示，踏下离合器踏板，主缸液压油将压力传到工作缸后使分离叉向前移动，带动分离叉内端通过分离轴承推动分离杠杆内端向前移动，分离杠杆外端依靠安装在离合器盖上的支点拉动压盘向后移动，使其进一步压缩压紧弹簧的同时解除对从动盘的压力，从而中断动力传递。

接合过程是驾驶员放松离合器踏板，操纵机构使分离轴承和分离叉后移，压盘弹簧的张力迫使压盘和从动盘压向飞轮。发动机转矩作用在从动盘摩擦片和带花键的毂上，这样驱动变速器第一轴旋转。

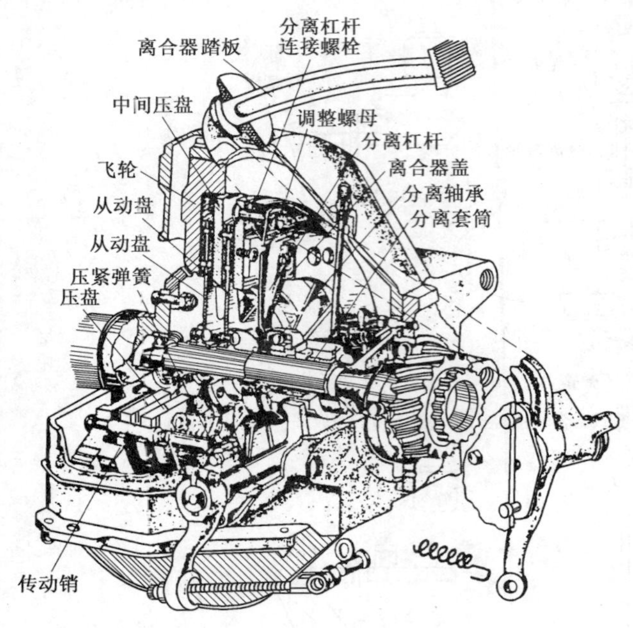

a）双盘离合器的结构

中、重型汽车要求离合器传递的转矩大，所以采用双从动盘离合器，其特点是采用2个压盘和采用2个从动盘，摩擦面从2个增加到4个。这样，在不增加压紧弹簧压紧力和飞轮尺寸的情况下，可以传递较大的转矩。

双从动盘离合器的结构如图a）所示，主动部分由飞轮、压盘、中间压盘和离合器盖组成。飞轮上轴向压入6个传动销，压盘和中间压盘均装在传动销上，可沿传动销作轴向移动，起到传力、定位和导向作用。

从动部分包括2个可沿离合器输出轴花键滑动的从动盘，由12个沿圆周分布的螺旋弹簧压紧。

离合器操纵机构由离合器踏板、分离套筒、分离轴承和分离杠杆等组成。

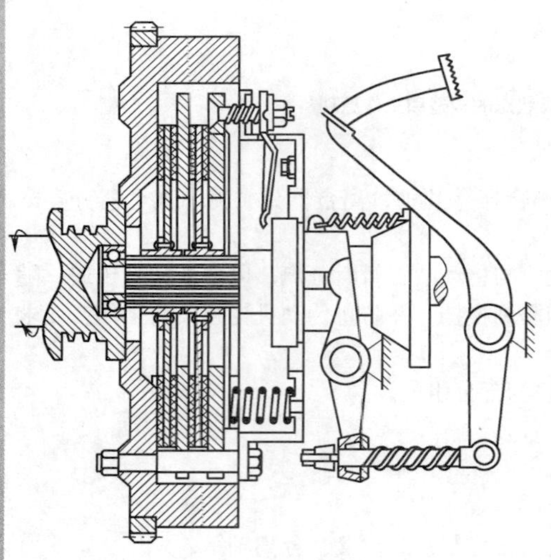

b）传递动力时（放松踏板时）

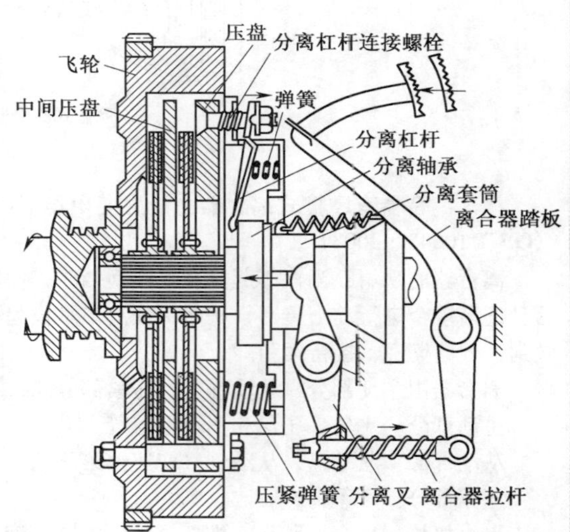

c）切断动力时（踏下踏板时）

传递动力时，即放松离合器踏板时，压紧弹簧压紧两个压盘后，压盘与摩擦片之间产生摩擦力矩，传递发动机转矩（图b）。

切断动力时，即踏下离合器踏板时，离合器拉杆拉动分离叉，推动分离套筒和分离轴承，使分离杠杆向左移动，通过分离杠杆连接螺栓拉动压盘向右移，这时，压紧弹簧受到压缩，压盘和中间压紧不受压紧弹簧压紧力，故摩擦片和压盘处于分离状态，飞轮转矩无法传递（图c）。

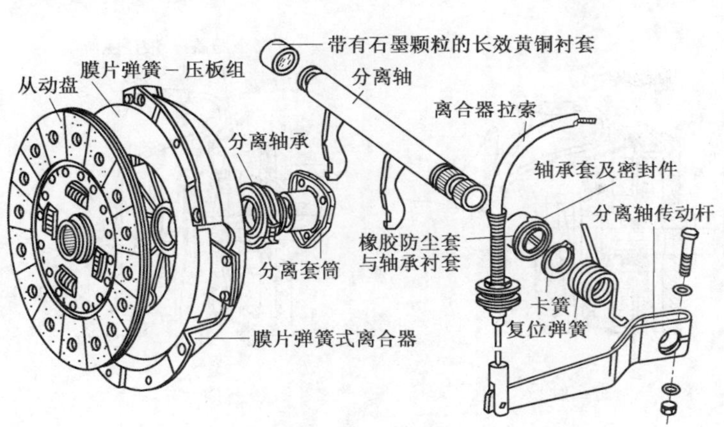

a）离合器的组成

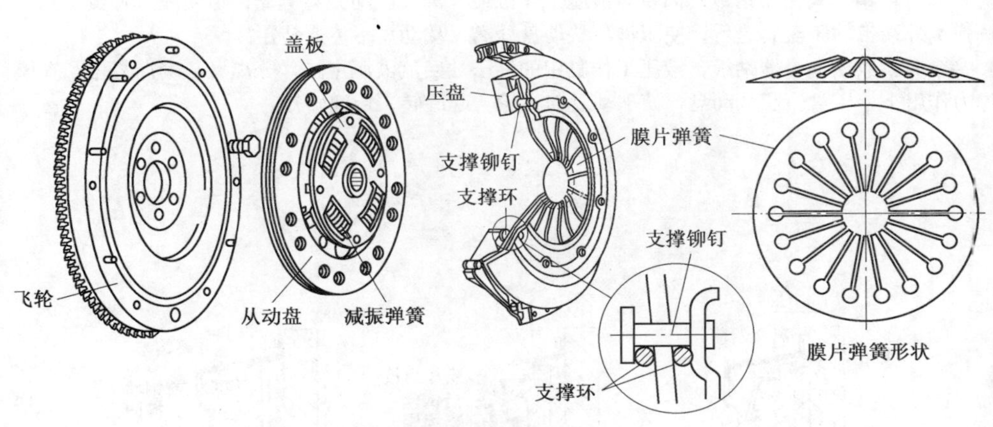

b）膜片弹簧离合器分解图

目前，膜片弹簧离合器已在乘用车、客车、轻型和中型货车上广泛应用，甚至连重型汽车也开始应用。它采用膜片弹簧作为压紧弹簧的离合器，故称膜片弹簧离合器。

它的结构特点：

(1) 膜片弹簧既起到压紧弹簧作用又起到分离杠杆作用，使结构简化、零件数目少、质量轻。

(2) 它的轴向尺寸较小而径向尺寸很大，有利于提高传递转矩能力。

(3) 轴向尺寸小，这样可适当增加压盘厚度，提高散热容量。

(4) 主要部件形状简单，可以冲压加工成本低。

图a）为离合器的组成。从图b)膜片弹簧离合器分解图得知，膜片弹簧采用优质钢板制成，形状为碟型，有若干径向切槽，切槽内端开通，外端钻圆孔，以防止应力集中，形成多个弹性杠杆。真正产生压紧力的仅仅是钻孔以外部分。膜片弹簧两侧有钢丝支撑环（或称支撑圈），它用6个支撑铆钉固定在离合器盖上（作离合器分离或接合的支点）。

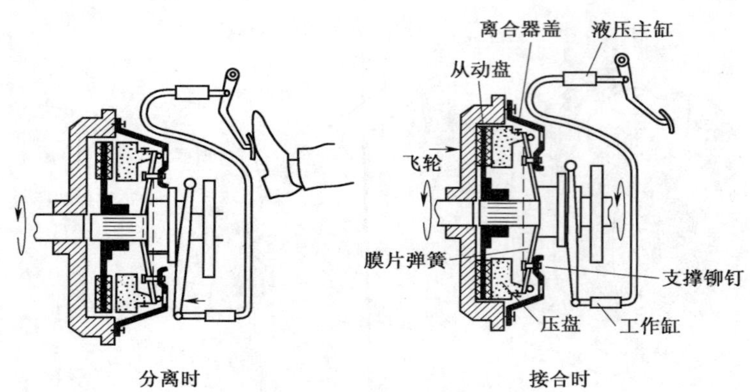

a）膜片弹簧离合器工作示意图

图a)所示为膜片弹簧离合器工作情况。

分离时：踏下离合器踏板，离合器液压工作缸使分离叉压动分离套筒，迫使膜片弹簧受到压缩，膜片弹簧外端带动压盘后退后，使压盘与从动盘分离，从动盘不传递转矩。

接合时：放松离合器踏板，液压工作缸中的液压油回流液压主缸，分离叉与套筒复位。在膜片弹簧弹力作用下，压盘压紧从动盘，使从动盘与飞轮一起旋转，传递转矩。

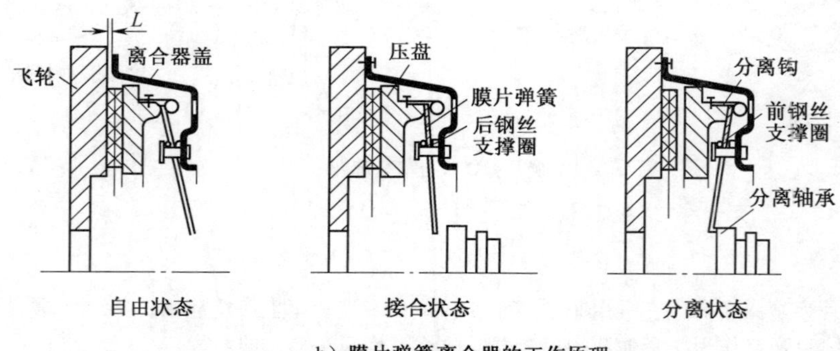

b）膜片弹簧离合器的工作原理

膜片弹簧离合器工作原理图b）所示。

(1) 安装前，飞轮与离合器盖之间有一定距离，此时膜片弹簧不受力，处于自由状态。

(2) 待安装螺栓紧固后，从动盘和压紧盘使膜片弹簧以后钢丝支撑圈为支点发生弹性变形，同时膜片弹簧外端对压盘和从动盘产生压紧力，处于接合状态。

(3) 当踏下离合器踏板时，分离轴承前盘移动，推动膜片弹簧内端前移，膜片弹簧以前钢丝支撑圈为支点进一步变形，外缘通过分离钩将压盘后拉，处分离状态。

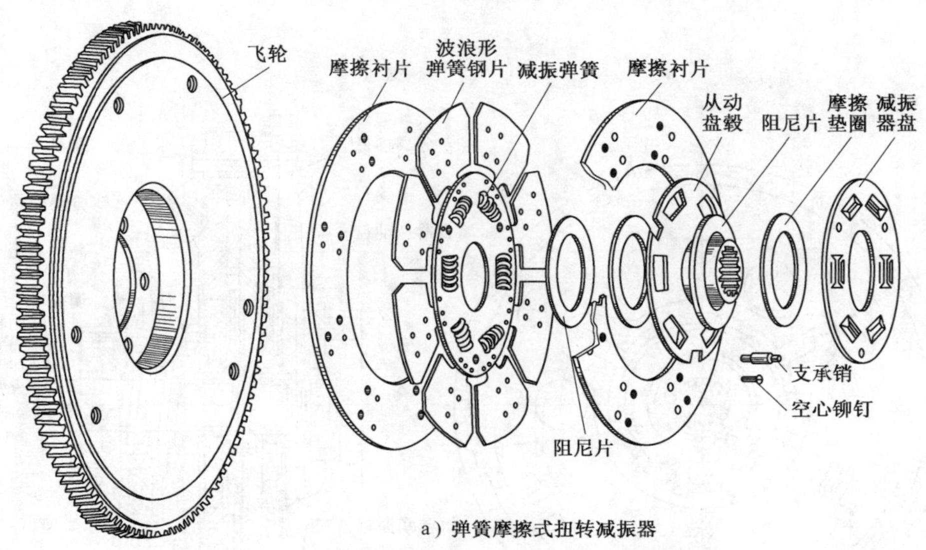

a）弹簧摩擦式扭转减振器

离合器扭转减振器由波浪形弹簧钢片、摩擦衬片和从动盘毂3个基本部分组成（图a）。弹簧钢片、从动盘毂和减振器盘上都开有6个长方孔，每个孔中装有一根减振螺旋弹簧，这种“软性连接”允许相互间有微小的相对转动，因而能缓冲振动，而装在从动盘毂与弹簧钢片之间的阻尼片则能衰减振动，起到使各部件柔和工作的作用。

常见载货汽车的扭转减振器从动盘采用两组或更多刚度不同的弹簧，装弹簧窗口长度也不相同，利用弹簧先后作用获得刚度不一的特性来起到传扭、减振作用。也有某些从动盘采用橡胶弹性元件，其形状是空心圆柱形或星形。

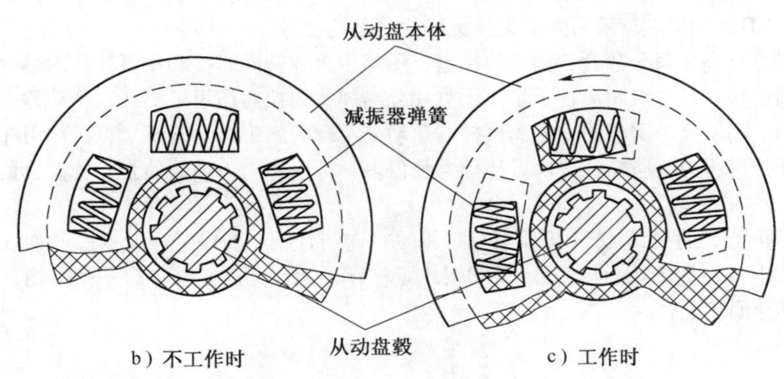

b）不工作时　　c）工作时

减振器不工作时的状态如图b）所示。当传递转矩时，由摩擦片传来的转矩，首先传到从动盘（即从动盘钢片和减振器盘），继而通过减振弹簧传给从动盘毂。这时减振弹簧被压缩（图c）。利用上述三者之间摩擦和两侧阻尼片之间的摩擦来消耗扭转振动能量，使扭转振动迅速衰减。

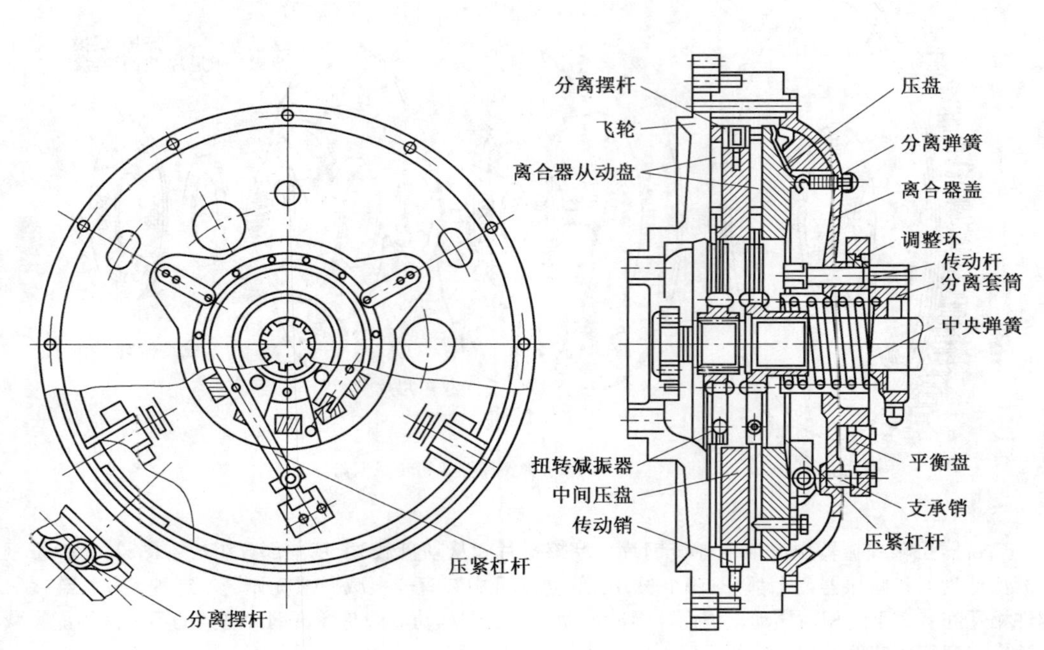

中央弹簧离合器

中央弹簧离合器采用一个或两个轴线重合、刚度较大的内外螺旋弹簧作压紧弹簧，并布置在中央。上图为长征XD2150型汽车采用的中央弹簧双从动盘离合器。

踏下踏板时，分离叉将分离套筒向左边推进，压缩中央弹簧同时推动压紧杠杆内端向左边推移，使压紧杠杆外端后移，与压盘脱离，于是，压盘在分离弹簧的拉力作用下离开后从动盘。中间压盘的分离是靠固定于中间压盘外圆柱面上分离摆杆的摆动来实现的。中央弹簧不是直接作用在压盘上，而是通过压紧杠杆传递压力，压紧杠杆内臂比外臂长得多，可以将中央弹簧的张力放大数倍后作用在压盘上。

为了获得尽可能大的杠杆比，3根压紧杠杆不是径向布置的，而是沿压盘内圆的切线布置的（如图示）。为了使中央弹簧的压力均匀分配到3根压紧杠杆，为此专门设有自动平衡机构，支承销顶住平衡盘与调整环球面相配合。

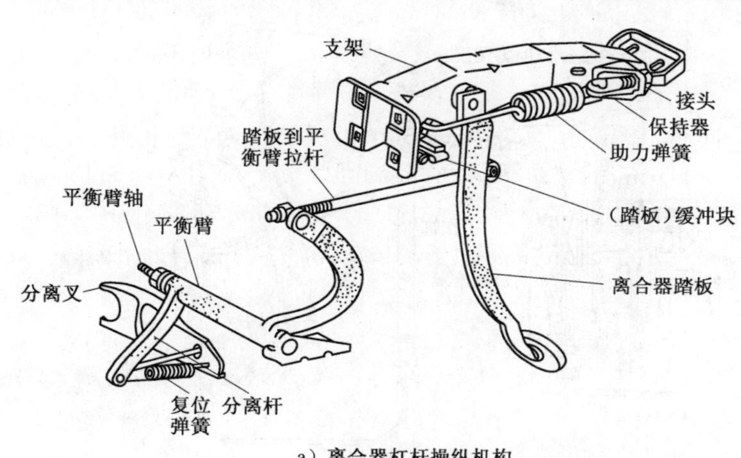

a）离合器杠杆操纵机构

离合器操纵机构是驾驶员借助离合器踏板，进行分离或接合的一套操纵机构。可分为人力式和气压助力式。

人力式操纵机构，按所用的传动装置的形式可分为机械式和液压式。

图a）为杆系传动，它结构简单，工作可靠，但杆系传动铰链连接多，摩擦损失大，其正常工作会受车架或车身变形、发动机位移影响，传动效率低。

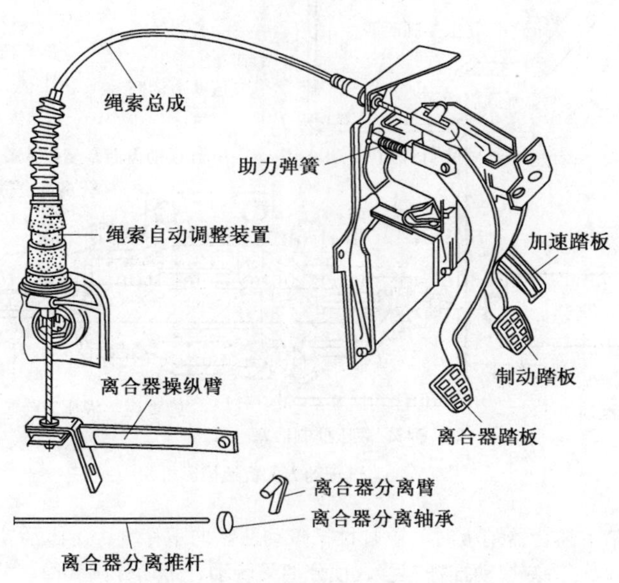

b）一汽捷达乘用车的机械式离合器操纵机构（绳索）

图b）为绳索传动，使用寿命短，拉伸刚度小，传动效率也不高，只适用于轻型、微型汽车和某些乘用车（如一汽捷达、上海桑塔纳）。

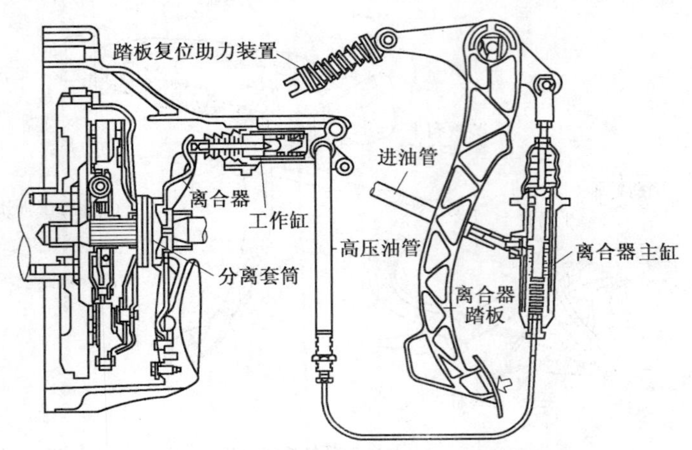

a）一汽奥迪 100 型乘用车离合器液压式操纵机构

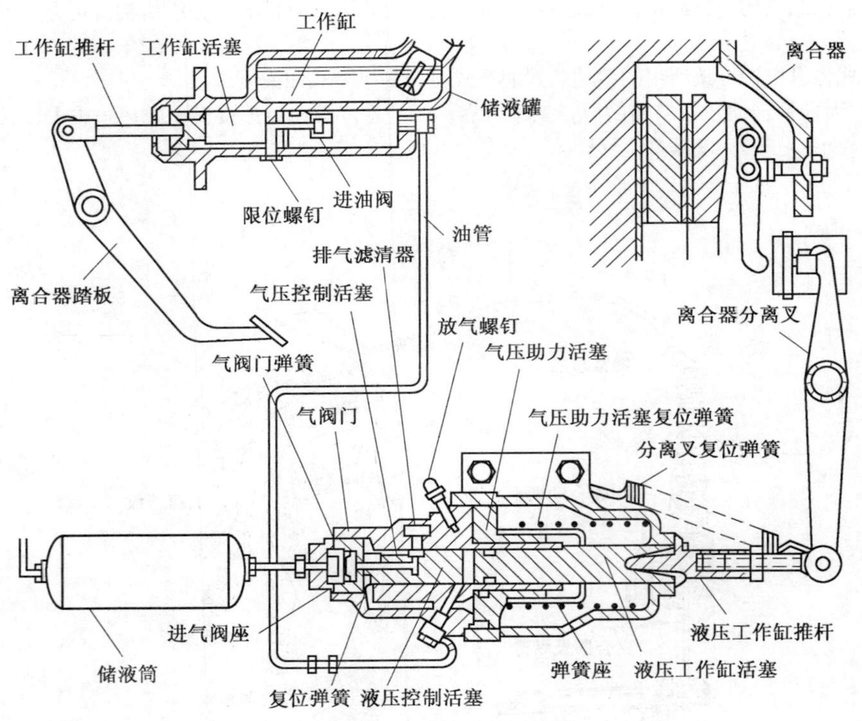

b）气压助力式机械操纵机构

如图a）所示，踏下离合器踏板时，主缸推杆带动活塞向下移动，主缸活塞复位弹簧被压缩，管路中液压升高后，工作缸活塞推动推杆左移，使分离叉转动，带动分离套筒，分离轴承左移，压盘后退，达到分离。当放松踏板时，复位弹簧使主缸活塞、工作缸活塞同样复位，原先压入工作缸的液压油流向主缸，多余的液压油经补偿孔流回进油管和储液室。如图b）所示，当驾驶员踏下离合器踏板，总泵输出液压油进入液压工作缸后，液压油作用于液压工作缸活塞，使离合器开始分离的同时，又作用于液压控制活塞，引入压缩空气进入工作缸，作用于气压助力活塞与液压工作缸活塞，两个活塞一起推动推杆移动，促使离合器快速分离（注：推杆一端与分离叉铰链，另一端与液压活塞相连）。

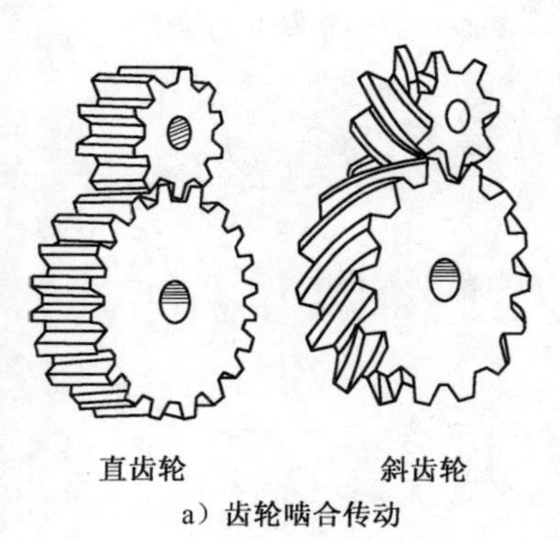

a）齿轮啮合传动

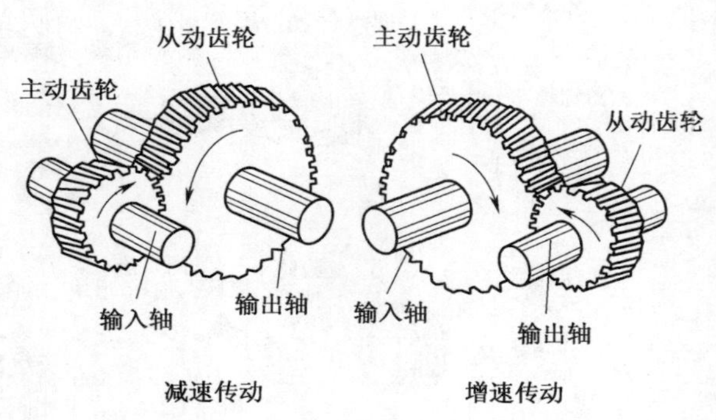

b）齿轮传动基本原理

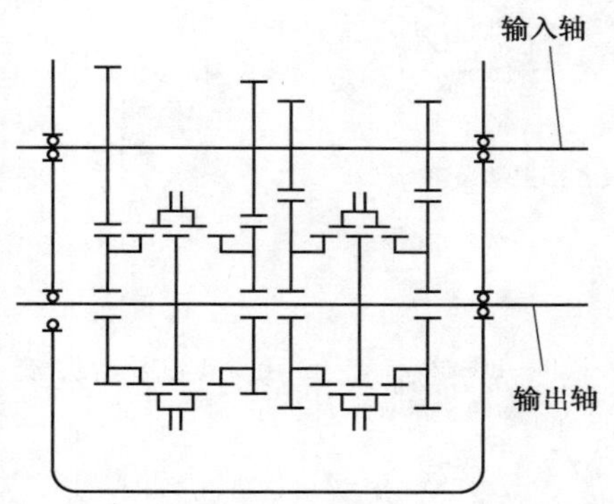

c）单级齿轮传动式变速器示意图（两轴式变速器）

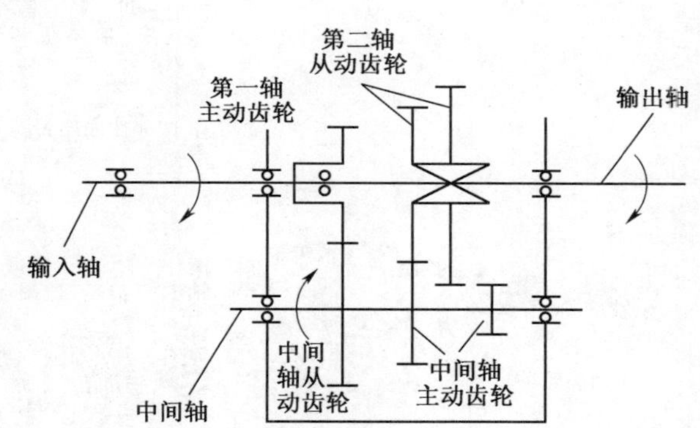

d）双级齿轮传动式变速器示意图（三轴式变速器）

变速器功用：

（1）发动机在常用转速范围内，增大驱动轮的转矩和转速变化（设置多个前进挡目的）。

（2）在发动机旋转方向不变前提下，可改变汽车行驶方向（即设置倒挡）。

（3）中断发动机向传动系传递动力（即设置空挡）。

变速器主要由变速传动机构和操纵机构两部分组成，即由齿轮传动系（齿轮、轴、轴承等）和变速器杆（变速操纵机构）组成。

变速器可分有级、无级和组合式变速器。根据操纵方式可分手动变速器、自动变速器和半自动变速器等。

图a）所示为变速器齿轮啮合方式，有直齿轮和斜齿轮两种方式。

图b）为齿轮传动原理，一对互相啮合的齿轮组成一对齿轮传动。左图为减速增矩。右图为增速降矩。可以看出改变转速的同时也改变输出转矩，传动比既是变速比也是变矩比，汽车变速就是利用这个原理。汽车上使用的手动变速器分为两轴式和三轴式两种。

图c）为单级齿轮传动式变速器示意图，其特点：两轴式（输入轴与输出轴平行），无中间轴，各前进挡分别经一对齿轮传递。适用于发动机前置前轮驱动或发动机后置后轮驱动。

图d）三轴式变速器（输入轴、输出轴和中间轴）由倒挡轴和各轴上齿轮及换挡组件组成，广泛应用于中、轻型货车。

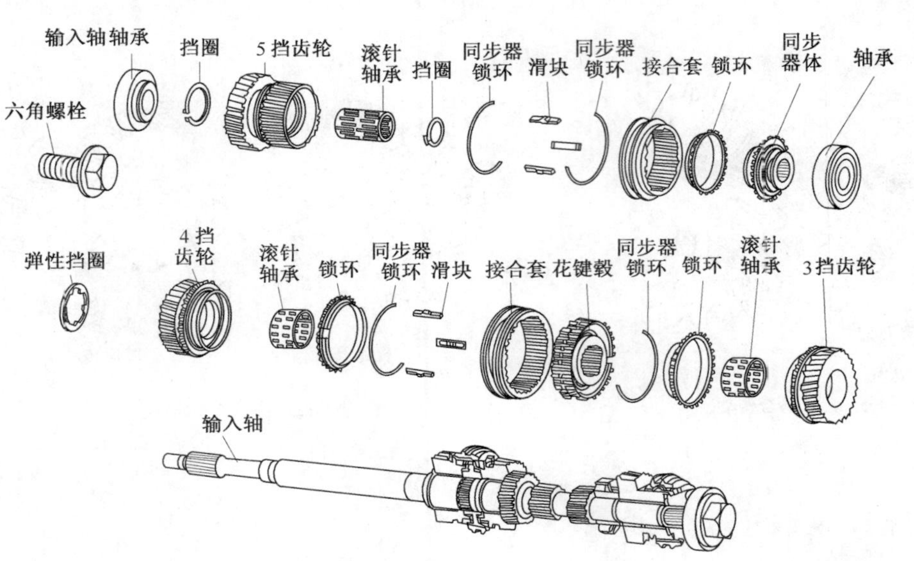

a）016型变速器输入轴及各挡主动齿轮

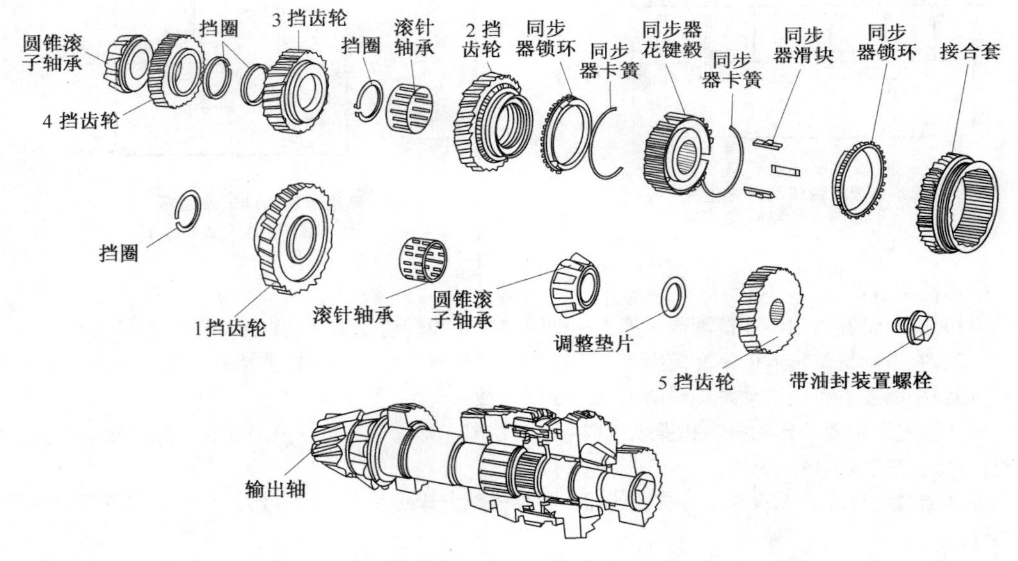

b）016型变速器输出轴及各挡从动齿轮

发动机前置前轮驱动或发动机后置后轮驱动的乘用车和微型、轻型货车上多采用两轴式变速器，其特点是输入轴和输出轴平行，无中间轴，各前进挡的动力分别由一对齿轮传递。红旗CA7220、奥迪100、捷达、桑塔纳、富康均装用两轴式变速器。

红旗CA7220型乘用车装用016型变速器的输入轴、输出轴及各挡主、从动齿轮，如图a）、图b）所示。

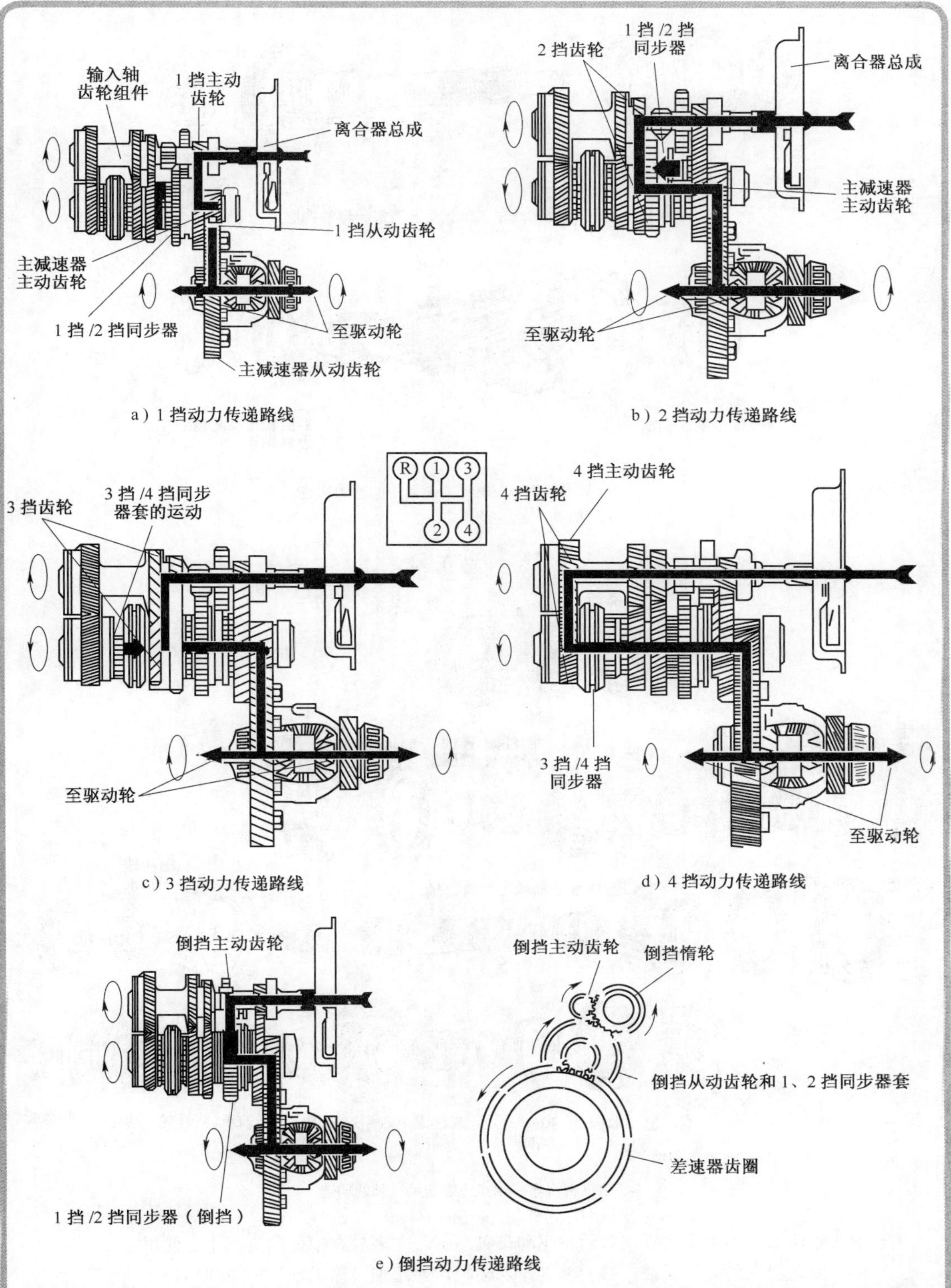

a）1挡动力传递路线

b）2挡动力传递路线

c）3挡动力传递路线

d）4挡动力传递路线

e）倒挡动力传递路线

4挡变速动力传递路线与换挡原理如图a）　图e）所示。从输入轴到输出轴只通过一对齿轮传动，倒挡传动路线中只有一个中间齿轮，因而机械效率高、噪声小。

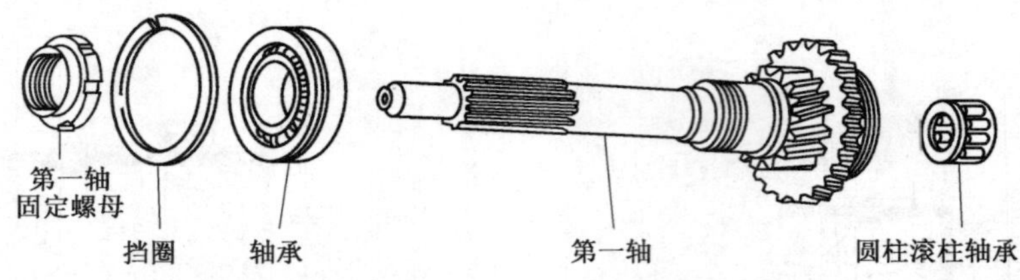

a）依维柯汽车三轴式变速器第一轴的构造

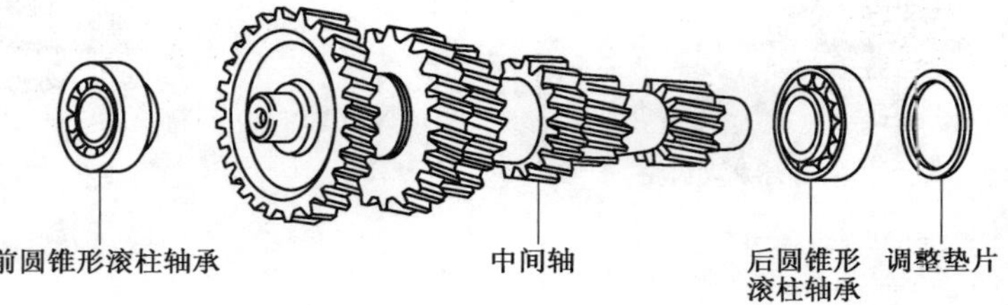

b）依维柯汽车三轴式变速器中间轴的构造

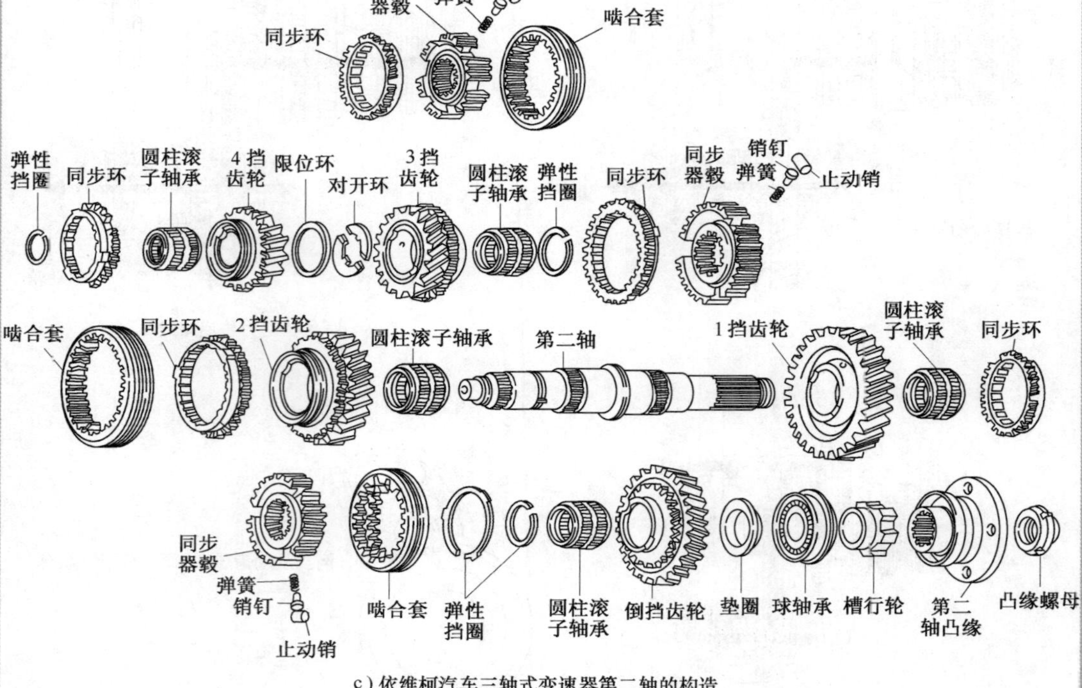

c）依维柯汽车三轴式变速器第二轴的构造

三轴式变速器适用于发动机前置后轮驱动布置形式，大多数在中型载货汽车上使用。

三轴式变速器主要有三根轴，第一轴（输入轴），第二轴（输出轴）和中间轴。

第一轴前端通过离合器与发动机曲轴相连（图a）。二轴后端通过凸缘连接万向传动装置（图c）。而中间轴主要用来固定安装各挡的变速传动齿轮（图b）。

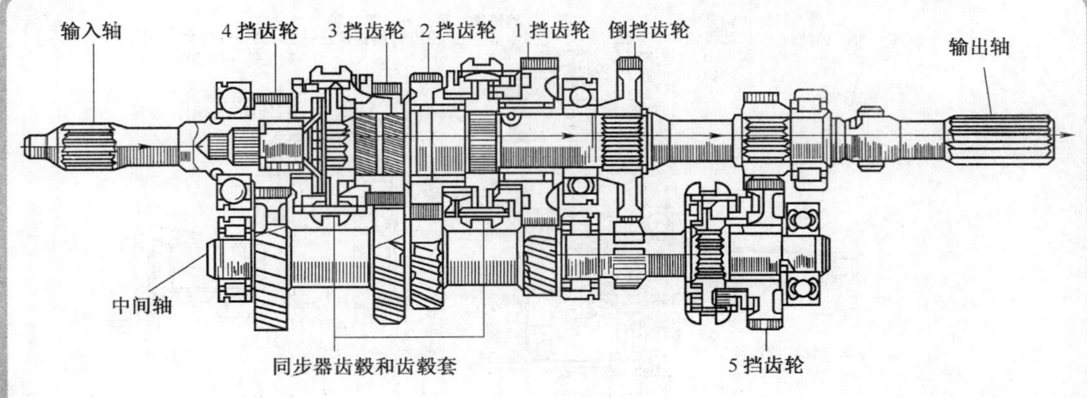

a）4挡传动路线

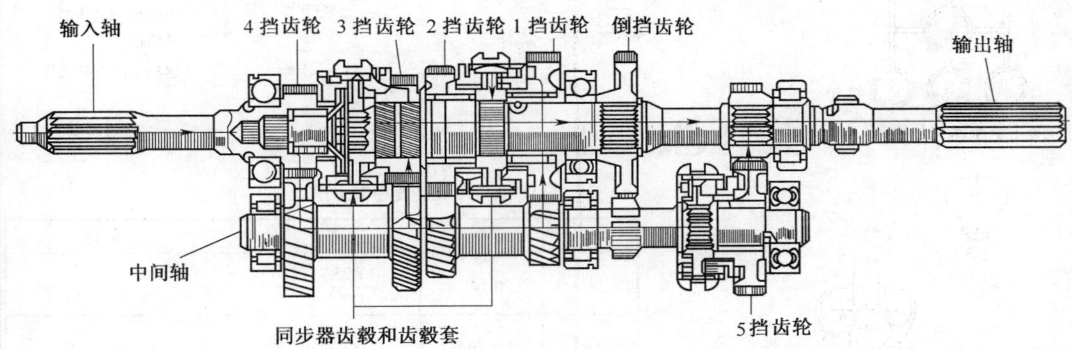

b）1、2、3挡和5挡的动力传递路线

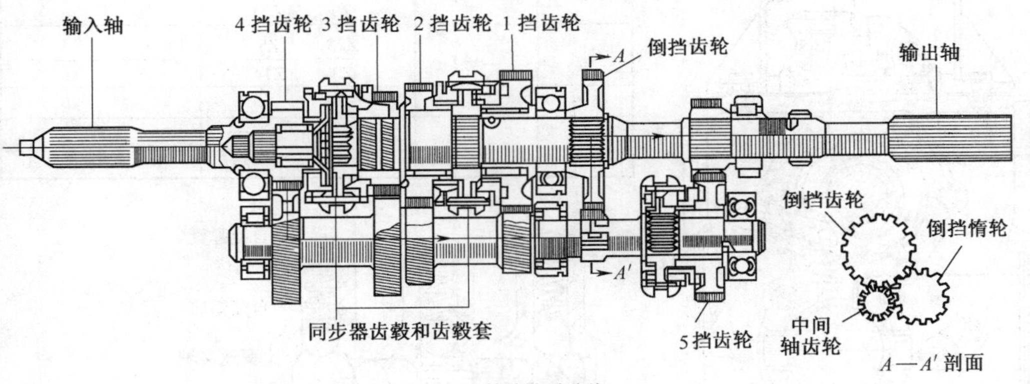

c）倒挡传递路线

依维柯汽车各挡动力传递路线：

图a) 所示为4挡传递路线（即直接挡）：第一轴、4挡齿轮、同步器齿轮毂、同步器齿毂套到输出轴。

图b）所示为1、2、3挡和5挡动力路线：输入轴、4挡齿轮、中间轴的常啮合齿轮（带动中间轴旋转）、中间轴上1、2、3挡或5挡齿轮与同步器相应齿毂啮合、输出轴。

图c) 所示为倒挡传递路线：输入轴、4挡齿轮、中间轴常啮合齿轮、倒挡惰轮、倒挡齿轮、输出轴。

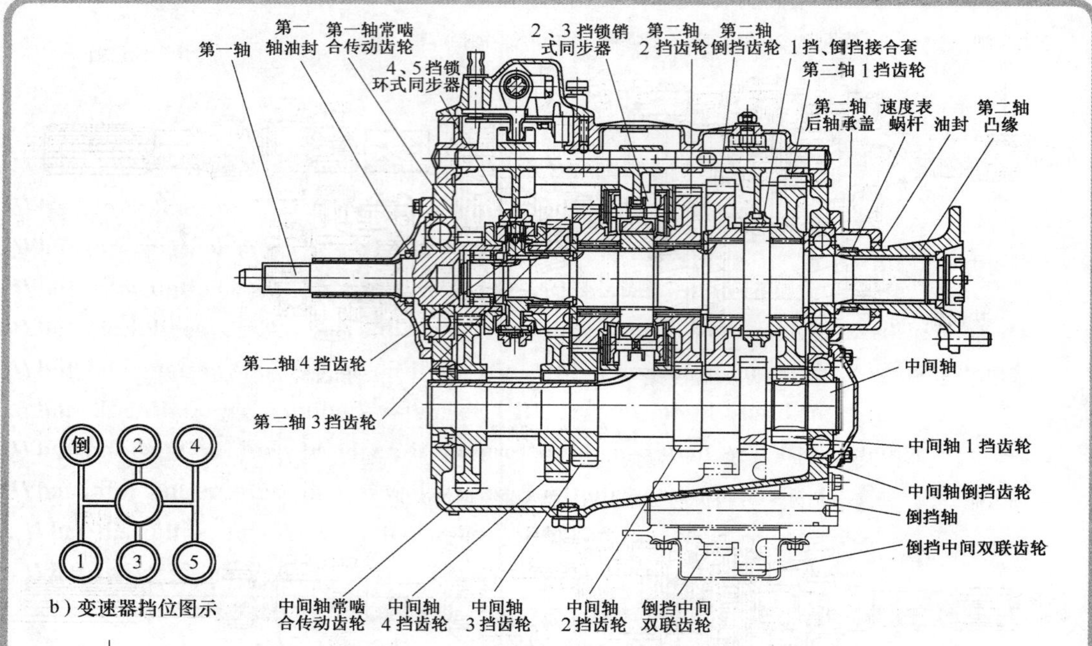

b）变速器挡位图示

a）EQ1141G型汽车5挡变速器主视图

挡次	传动比值	齿数代号比	齿数比
1挡	6.540	$\frac{Z25}{Z3}\times\frac{Z11}{Z17}$	$\frac{35}{18}\times\frac{37}{11}$
2挡	3.781	$\frac{Z25}{Z3}\times\frac{Z8}{Z22}$	$\frac{35}{18}\times\frac{35}{18}$
3挡	2.169	$\frac{Z25}{Z3}\times\frac{Z6}{Z23}$	$\frac{35}{18}\times\frac{39}{26}$
4挡	1.443	$\frac{Z25}{Z3}\times\frac{Z5}{Z14}$	$\frac{35}{18}\times\frac{23}{31}$
5挡	1	—	—
倒挡	7.538	$\frac{Z25}{Z3}\times\frac{Z20}{Z18}\times\frac{Z9}{Z21}$	$\frac{35}{18}\times\frac{28}{13}\times\frac{36}{20}$

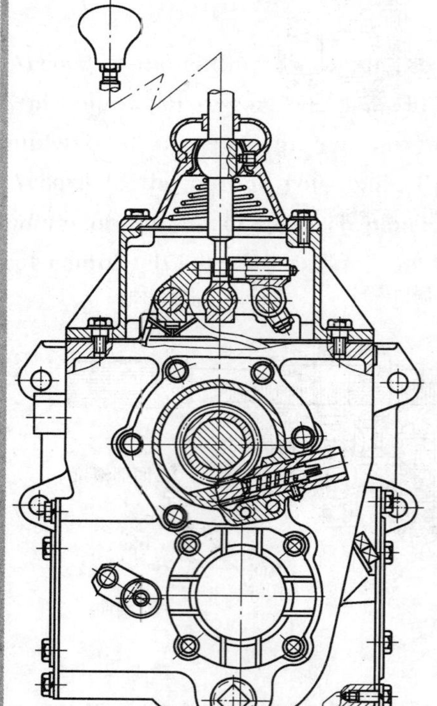

c）变速器侧视图

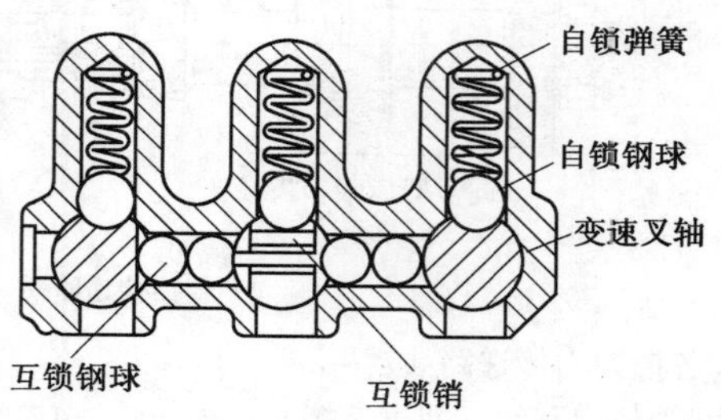

d）变速器的自锁和互锁装置

图a）　图d）为EQ1141G型汽车5挡变速器，有5个前进挡和1个倒挡，5挡为直接挡，其中，2、3挡用锁销式同步器换挡，4、5挡用锁环式同步器换挡，1挡和倒挡则用接合套换挡，除1、倒挡为直齿轮传动外，其余各挡均为斜齿轮传动。

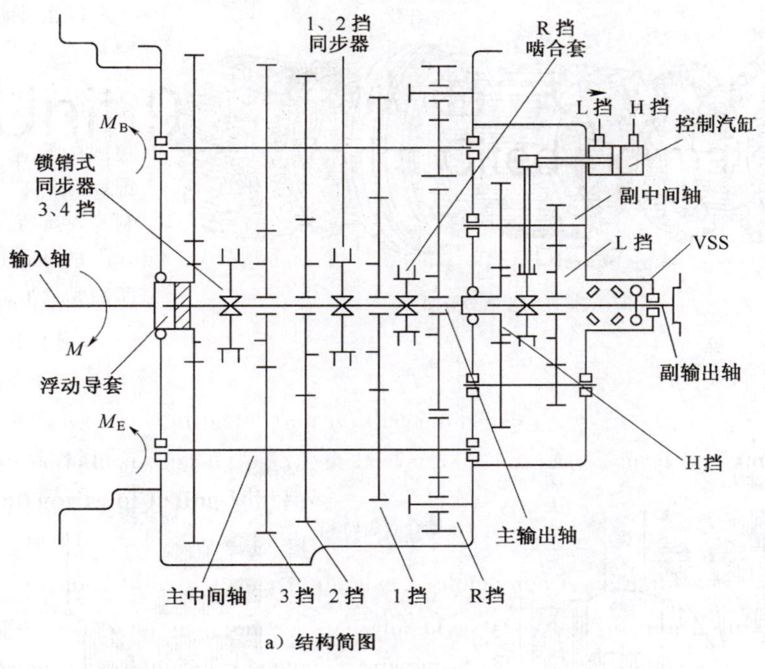

a）结构简图

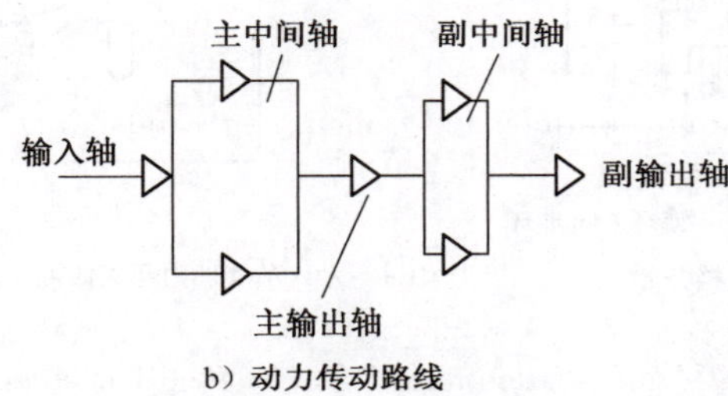

b）动力传动路线

重型载货汽车的装载质量大，使用条件复杂，要保证其具有良好的动力性、经济性和加速性，必须扩大传动比变化范围，并增多变速挡数。

目前常采用组合式变速器，即以4挡或5挡变速器为主体，通过更换齿轮副和配置不同的副变速器（一般为2挡、1个高挡H挡、1个低挡L挡），这样变为有8个挡数的变速器。结构和动力传动路线如图a）、图b）所示。

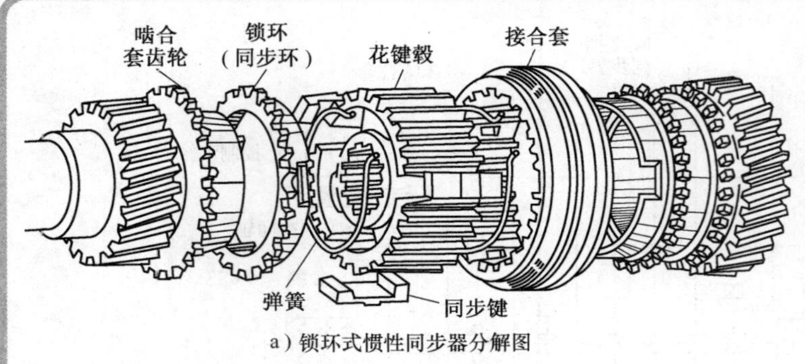

a）锁环式惯性同步器分解图

目前乘用车上采用的锁环式同步器如图a）所示。为了避免换挡冲击，接合套与换挡齿轮必须有相同的转速（同步），而锥面锁环式同步器可以顺利实现换挡。

锁环锥面与接合套锥面构成一个锥面离合器。

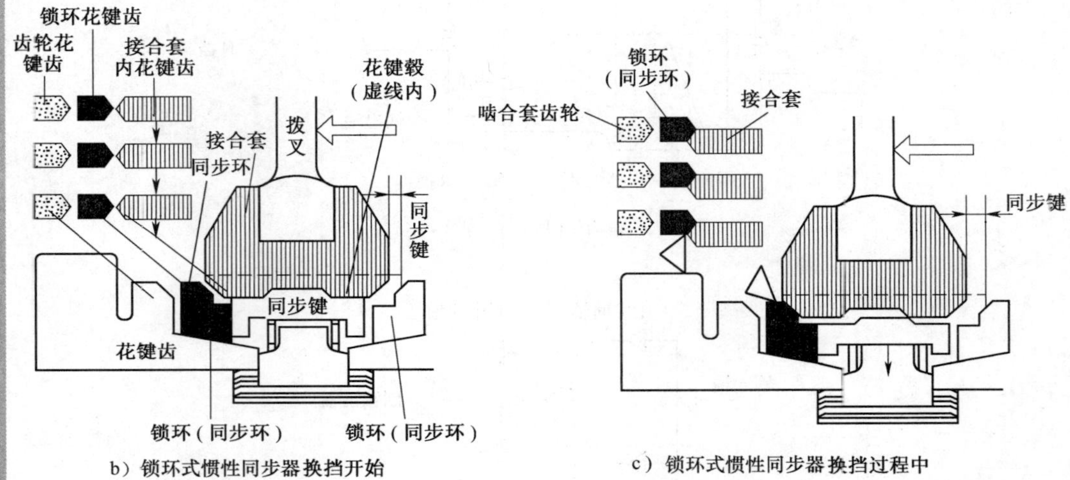

b）锁环式惯性同步器换挡开始

c）锁环式惯性同步器换挡过程中

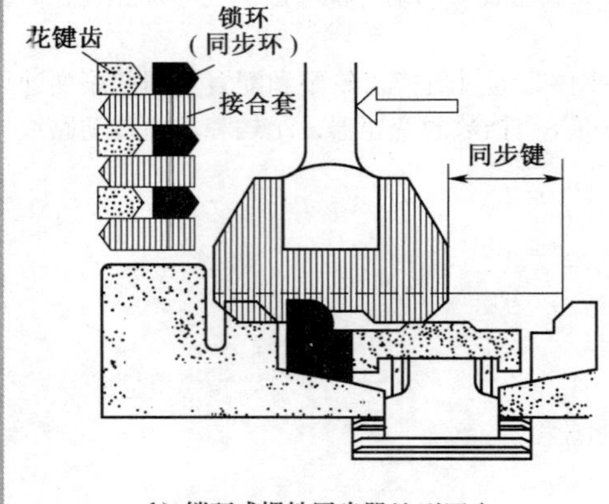

d）锁环式惯性同步器达到同步

换挡开始（图b）：当拨叉将接合套向左移动时，通过同步键带动锁环（同步环）向锁环花键齿移动。

换挡过程中（图c）：接合套移动过程中，发生接合套与锁环两个锥面相接触且顶住情况（锥面互成45°角），此时同步键有下移情况。两锥面一接触由于存在转速差，便产生摩擦作用，锁环相对于接合套转动一个小角度。两个斜齿面仍抵触，此时，虽然有轴向力作用于接合套上，但被锁环销阻止难以进一步移动。

达到同步，顺利换挡（图d）：当接合套与齿轮花键齿之间达到同步后，作用于锁环上的惯性力矩消失，经接合套上换挡力的作用，锁环后退一个角度，于是接合套继续向花键齿移动，进而进入啮合状态（同步键盘回位），顺利换挡。

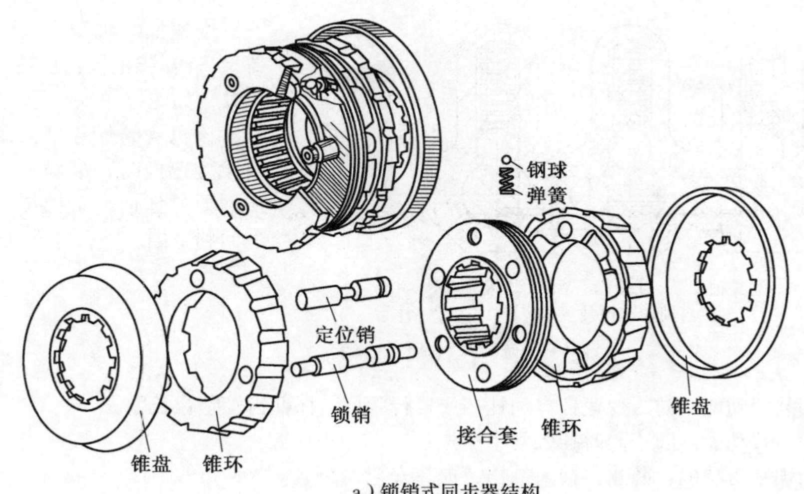

a）锁销式同步器结构

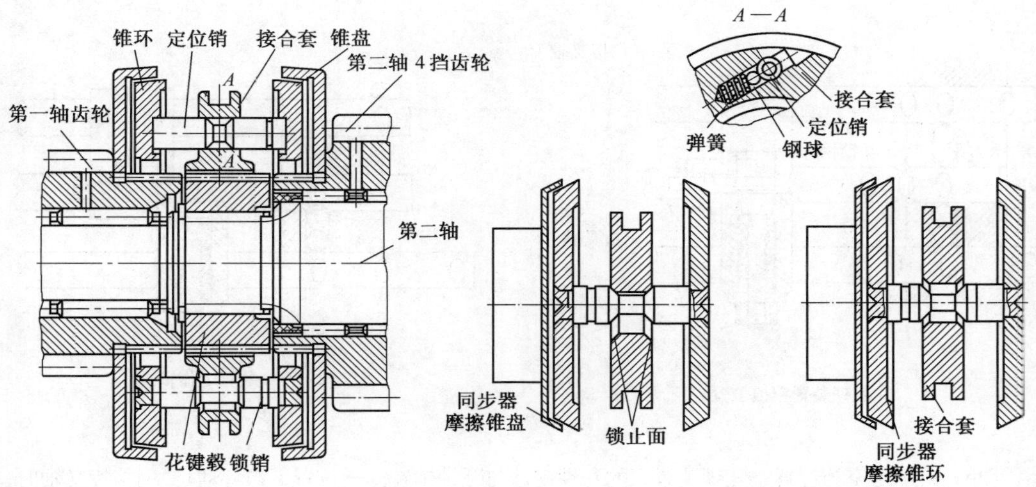

b）锁销式同步器的工作过程　c）锁销式同步器两接合齿轮未同步　d）锁销式同步器两接合齿轮同步

中型货车上普遍采用锁销惯性式同步器（图a）。其工作原理与锁环式同步器相似。

锁销式同步器的工作过程如图b）所示，换挡时，变速叉拨动接合套，接合套通过定位销推动锥环与锥盘相接触。在锥环与锥盘接触的一瞬间，锁销与接合套齿端斜面相接触产生摩擦阻力。在换挡过程中，两接合齿轮转速未达到同步之前，锁止面阻碍接合套前移（图c），接合套不能与花键齿圈套合，反映在变速杆上感觉费力，不能移动。

在同步器锥环与被接合齿轮锥盘逐渐接合过程中，两接合齿轮转速同步时，锁销与接合套锁止面压力消失，拨动接合套无阻碍地推进，达到无冲击啮合（图d）。

另外，锥盘与锥环的接触角为锥面角，锥面角大小影响同步性能。接合套与锁销斜面形成锁止角。定位销把两个锁环与接合套铆接在一起，形成一个整体，故不会使整体框架歪斜。

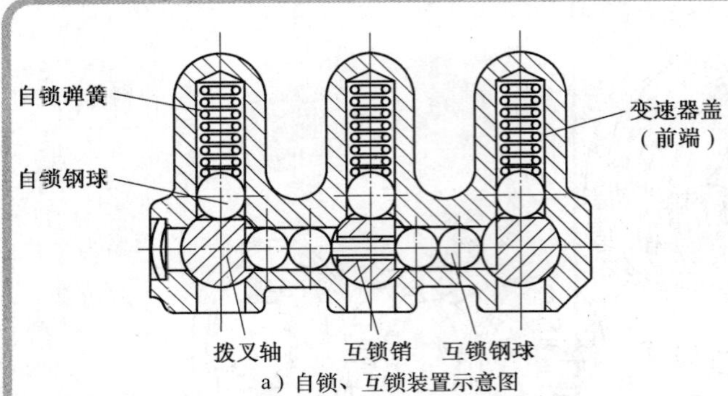

a）自锁、互锁装置示意图

变速操纵机构均安装在变速器盖上，内装3把锁：自锁、互锁和倒挡锁，如图a）所示。

该机构的任务是：保证驾驶员拨动变速杆时，准确、可靠地挂入所需要的任何一个挡位，并可随时退回到空挡。

(1) 自锁装置功能：防止变速杆自动挂挡或自行脱挡，保证齿轮啮合长度。

(2) 互锁装置功能：防止同时挂入两个挡位。

(3) 倒挡锁装置功能：防止误挂入倒挡，提高安全性。

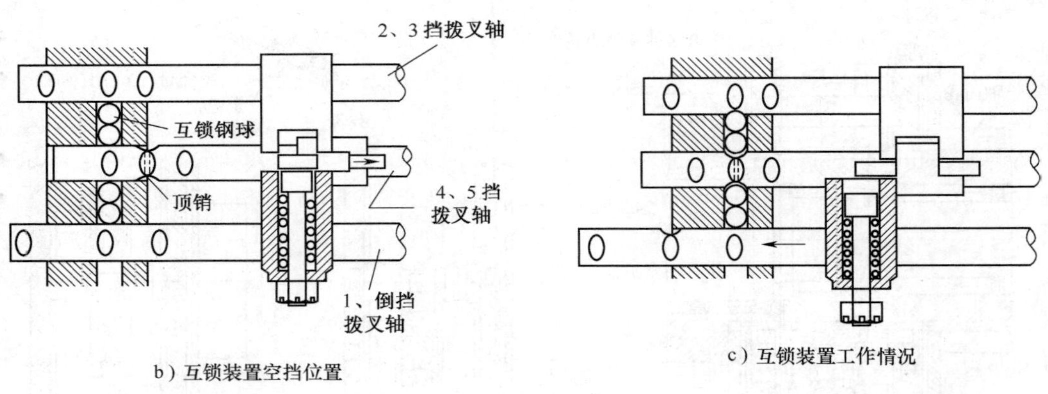

b）互锁装置空挡位置　　c）互锁装置工作情况

图b）所示是空挡位置，互锁装置中的互锁钢球与互锁销在同一位置。当移动1、倒挡拨叉轴时，它能自动锁止其余两根拨叉轴，如图c）所示。

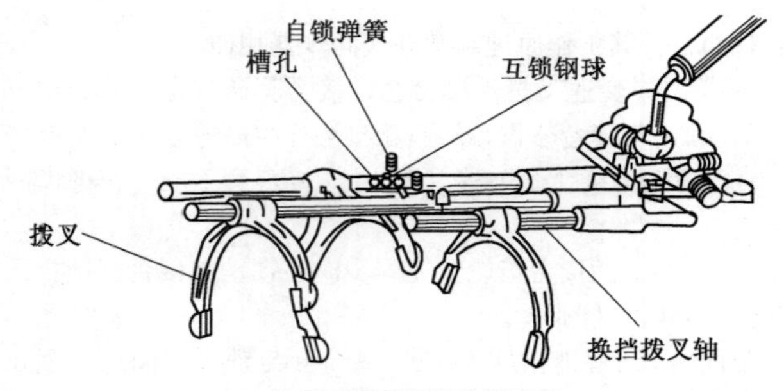

d）换挡机构安装位置示意

换挡机构安装位置如图d）所示。自锁工作情况：当变速杆换挡时，换挡拨叉轴移动，带动拨叉移动，拨叉轴上自锁钢球压缩自锁弹簧；拨叉移动变速齿轮到所需啮合位置时，自锁钢球进入拨叉轴上槽孔，压紧自锁钢 球，起到自锁作用。

汽车必须处于停车状态，且驾驶员专心时，方可挂入倒挡，倒挡锁的功用是当驾驶员挂倒挡时，必须对变速杆施加较大的力换上倒挡，起提醒作用，以防误挂倒挡。变速器上多采用弹簧锁销式倒挡锁。它一般由倒挡锁销及倒挡弹簧组成，并将其安装在1挡、倒挡拨块相应的孔中。

倒挡锁销在弹簧的作用下，占据倒挡拨块的缺口。只有驾驶员用力克服倒挡弹簧的弹力将倒挡锁销压下，叉形拨杆的下端才能进入倒挡拨块缺口，方可挂入倒挡。

图a）为东风EQ1090E汽车倒挡锁结构。

图b)为变速器倒挡锁止装置，它安装在变速杆下方的选挡机构壳体内。汽车前进时，锁止凸轮向上运动，起锁止作用。挂倒挡时，驾驶员必须克服阻力压下锁止装置中压力弹簧，如图c)左图所示，待变速杆通过球形变速杆导管向下运动，使锁止杆凸轮绕过联锁装置后，才能挂入倒挡，如图c）中图所示。

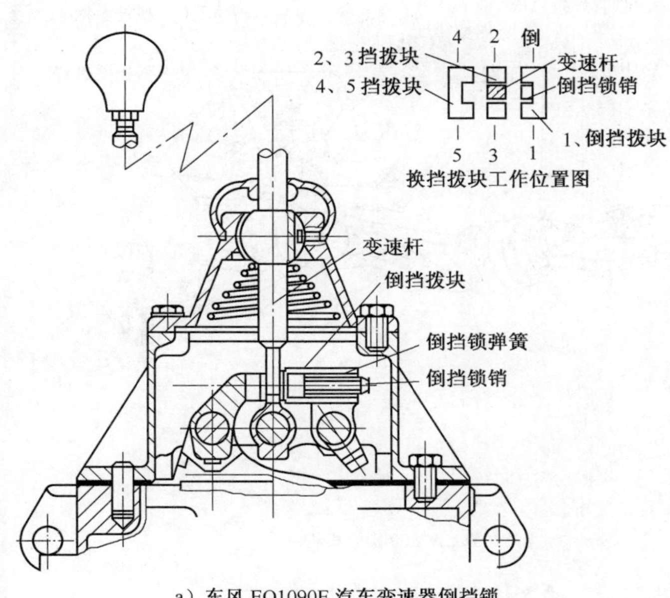

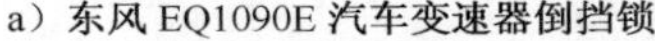
a）东风 EQ1090E 汽车变速器倒挡锁

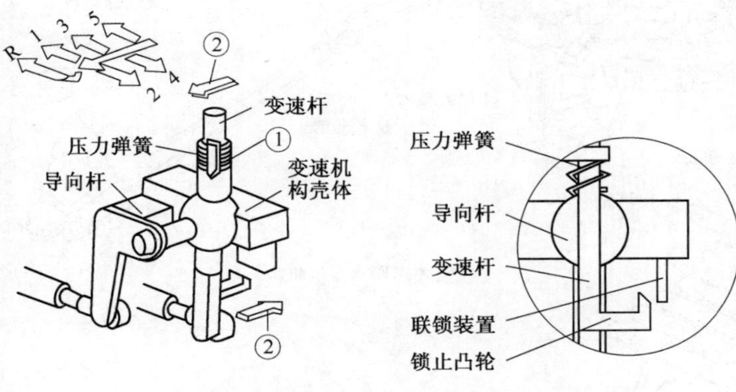

b）一汽捷达、宝来 MQ200—02J 倒挡锁止装置

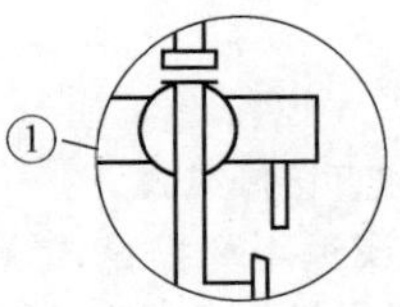

向下压下压力弹簧

锁止凸轮绕过联锁装置

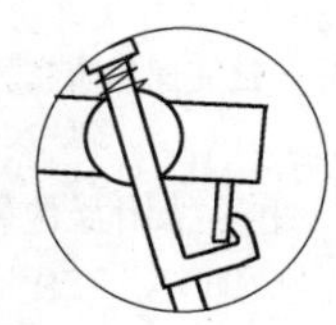

弹簧将变速杆上推到啮合位置

c）挂倒挡过程示意图

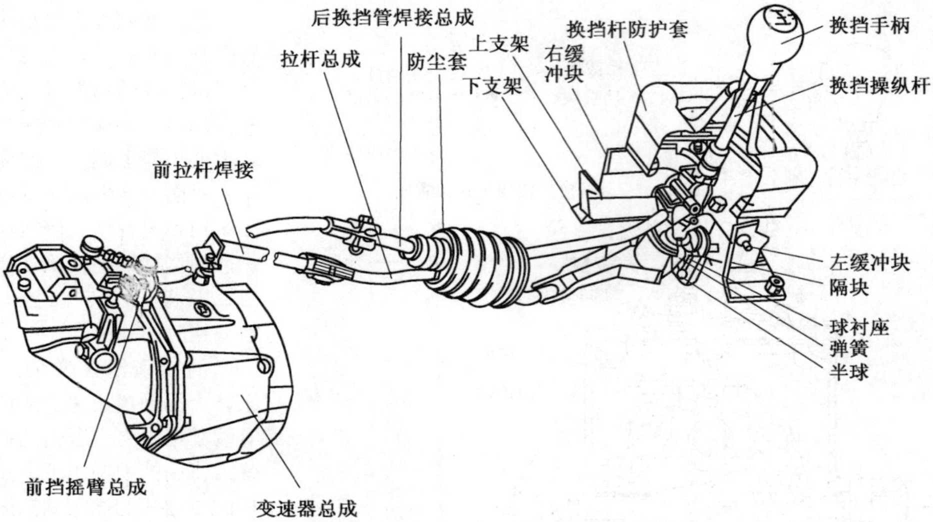

变速操纵机构的布置

a）红旗 CA7220 操纵机构

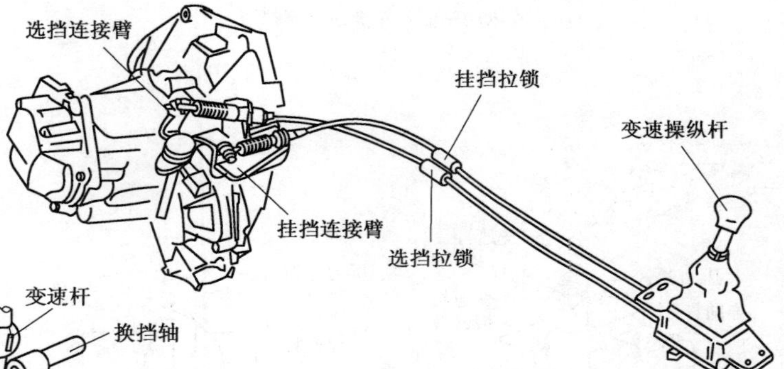

b）拉索式远距离操纵机构

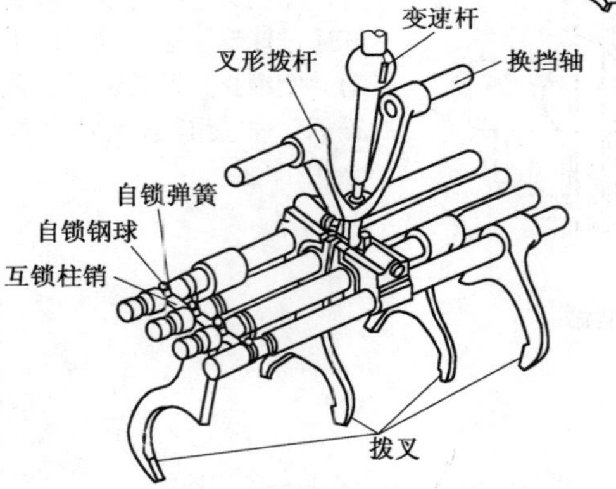

c） 6 挡变速器直接操纵机构

按操纵机构与变速器相互位置关系，变速操纵机构可分为远距离操纵式和直接操纵式。

图a）为一汽红旗CA7220型乘用车的016型两轴式变速器操纵机构，属远距离操纵式（拉杆式）。图b）为拉索式（操纵机构也是远距离操纵式）。直接操纵式变速器操纵机构布置在驾驶员座位附近，变速杆由驾驶室底板伸出，驾驶员可直接操纵的操纵机构为直接操纵式机构，一般由变速杆、拨块、拨叉、拨叉轴以及安全装置等组成，多集装于变速器上盖或侧盖内。解放CA1092型汽车6挡变速器直接操纵式操纵机构如图c）所示。

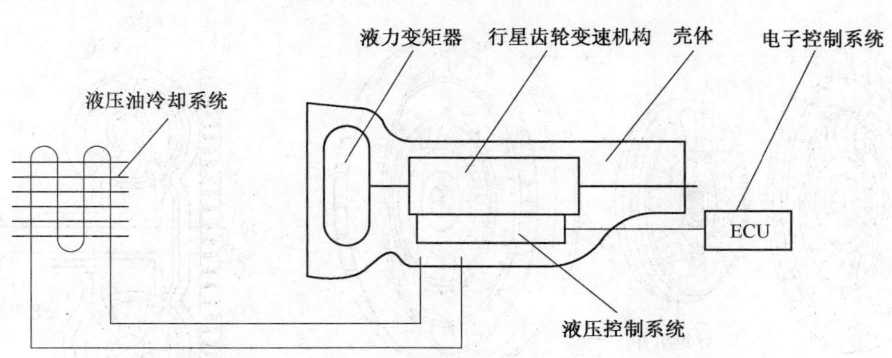

液力自动变速器结构

新型乘用车装用的电子控制液力自动变速器简称电控液力自动变速器（EAT）。它由液力变矩器、行星齿轮变速机构、液压控制系统、电子控制系统，以及液压油冷却系统组成，如上图所示。

（1）液力变矩器的功用：将发动机动力传递给行星齿轮变速机构，并具有一定自动变速和自动变矩的功能（只能增转矩2~4倍）。

（2）行星齿轮变速机构由齿轮机构和换挡执行机构组成。前者作用改变传动比和传动方向（即构成不同挡位），后者是实现挡位的变换。换挡机构由离合器、制动器和单向超越离合器3种不同的执行元件组成。它有3个基本作用，即连接、固定和锁止。

（3）液压控制系统由油泵、阀体、电磁阀、减振器以及连接这些部件的液体通道组成。其功用是提供液压系统所需压力油，全面控制各种控制阀和换挡执行元件工作。

（4）电子控制系统由传感器、电控单元和执行器3大部分组成。它是控制系统核心，依据发动机工况以及各种传感器传来的信息进行控制。

自动变速器分类：

按前进挡位分：2、3、4、5速变速器；

按驱动方式分：前轮驱动式自动变速器、后轮驱动式自动变速器；

按变速方式分：行星齿轮式自动变速器、圆柱齿轮式自动变速器、链条式自动变速器；

按控制方式分：液力式自动变速器、电控式自动变速器。

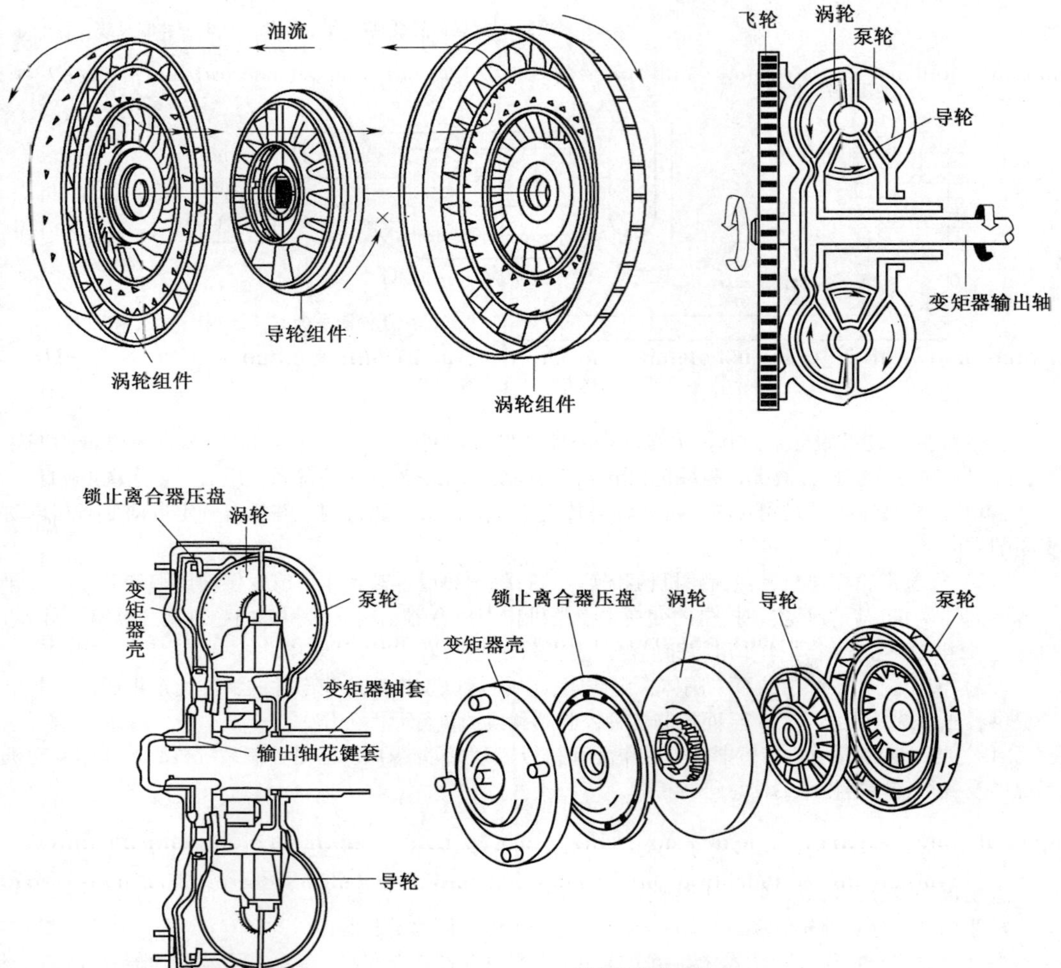

液力变矩器的组成

液力变矩器的作用：它能增大发动机传来转矩（2~4倍）；起到离合器作用，把发动机转矩传到行星齿轮变速器并能缓冲传动系的扭转振动；驱动液压控制系统的润滑油泵。

液力变矩器由泵轮、涡轮和导轮3个部分组成，如上图所示。3个轮布置在一个壳体内，里面充满工作液，工作液是含有10% 25%化学添加剂的矿物油，其功用除了作为传力媒介外，还起润滑、冷却和控制液压液流的作用。

泵轮——主动件，与发动机曲轴相连接（输入轴）。

涡轮——从动件，与行星齿轮变速器相连（输出轴）。

导轮——安装在泵轮和涡轮之间，在壳体内固定连接在空心轴上，导轮只能与发动机同向旋转，反方向的转动被自由轮机构锁止。在液体循环流动过程中，导轮具有“变矩”功能，它会给涡轮一个反作用力矩，从而使涡轮转矩增大。

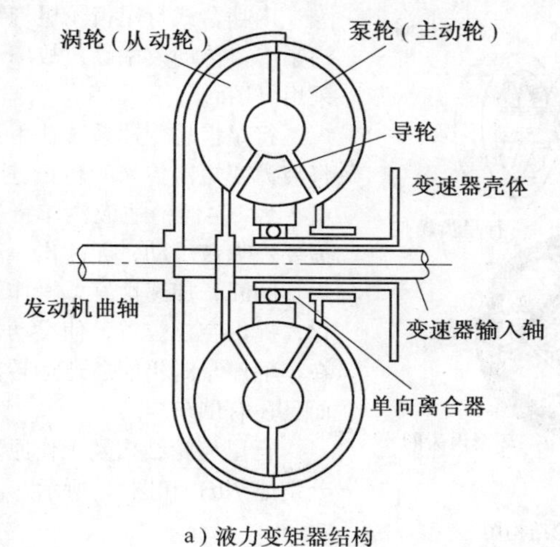

a）液力变矩器结构

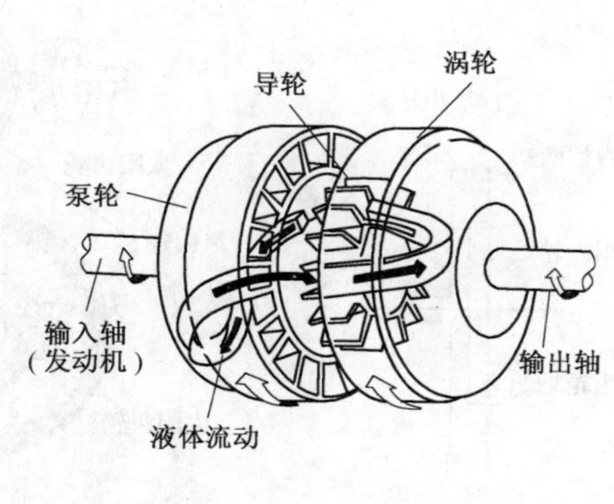

b）液力变矩器立体示意图

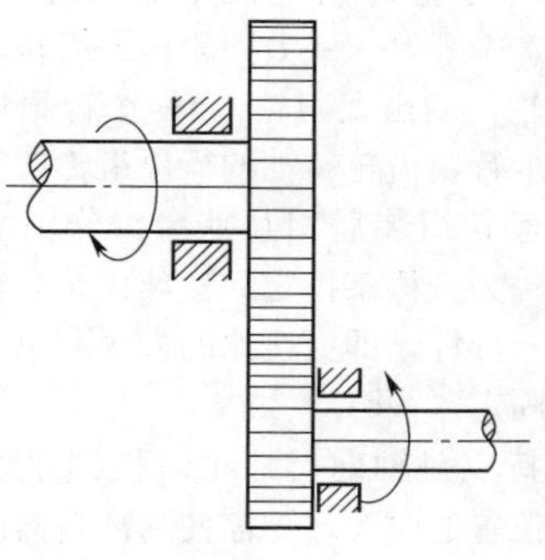
c）齿轮变速器变矩方法

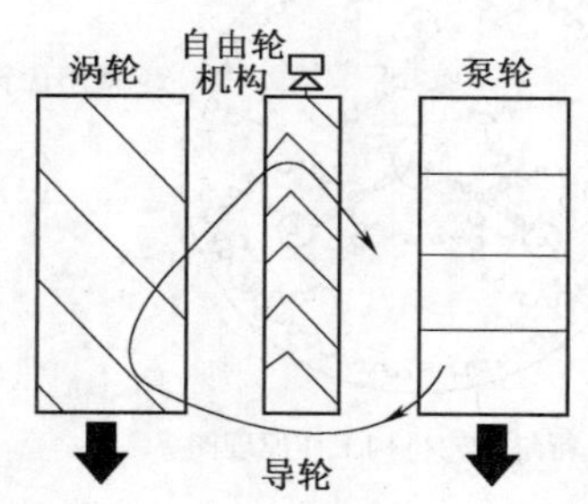

d）液力变矩器变矩方法

液力变矩器结构及立体示意图分别如图a）和图b）所示。

液力变矩器工作原理：泵轮与发动机曲轴相连，涡轮与输出轴相连，导轮位于泵轮和涡轮的内周中央，并装有单向离合器，即只能与泵轮同方向旋转，而不能反向旋转。发动机带动泵轮旋转，泵轮旋转产生的离心力，使油向外周飞溅，推动涡轮旋转。涡轮旋转后使油沿叶轮的曲线形状流向导轮，流出时的反作用力足以使涡轮叶片继续旋转。

涡轮旋转时，从涡轮甩出的油还有相当大的能量，如果使这种能量再次撞击泵轮的背面，可以增大转矩，完成这一使命的就是导轮。要想使导轮将涡轮甩出的油高效地撞击泵轮的背面，必须极其准确精密地设计泵轮、涡轮和导轮叶片的形状以及定位。

下面将通过比较齿轮变速器与液力变矩器操作的不同来介绍如何完成变矩工作。

图c）齿轮变速器中，支承力矩通过主、从动轴上的支承轴承作用在变速器壳体上，如果少了某一支承，则其齿轮将绕另一轴上的齿轮公转，就不可能变矩。

图d）液力变矩器中，导轮起到了支承作用，导轮通过单向自由轮机构支承在变速器壳体上，从涡轮流出的液流冲向导轮的叶片，经导向使液流能折回泵轮。如果缺少单向自由轮，导轮就会倒转，不能进行变矩。

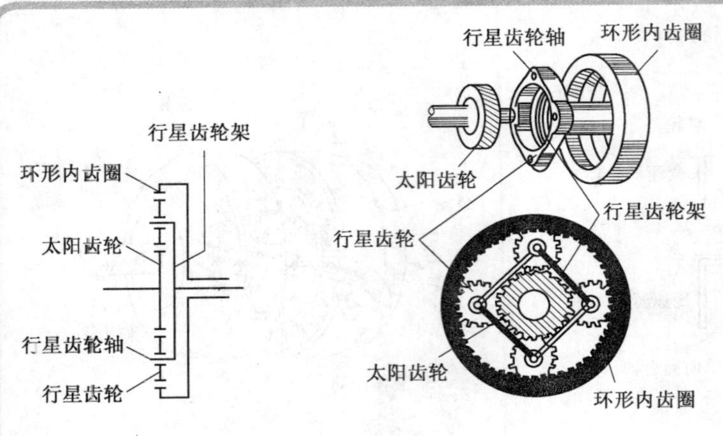

a）内啮合行星齿轮机构　b）行星齿轮结构图

内啮合式行星齿轮机构结构紧凑，传动效率高，故广泛采用（图a）。

行星齿轮变速系统功用：将液力变矩器传来的转矩进一步扩大2~4倍，适应汽车行驶需要；啮合传动，无冲击，动力不间断，加速性好，操作简化，提供空挡位置，使发动机在车辆停车时仍能怠速运转，而且还有倒车挡。

行星齿轮结构及工作原理分别如图b）和图c）所示。

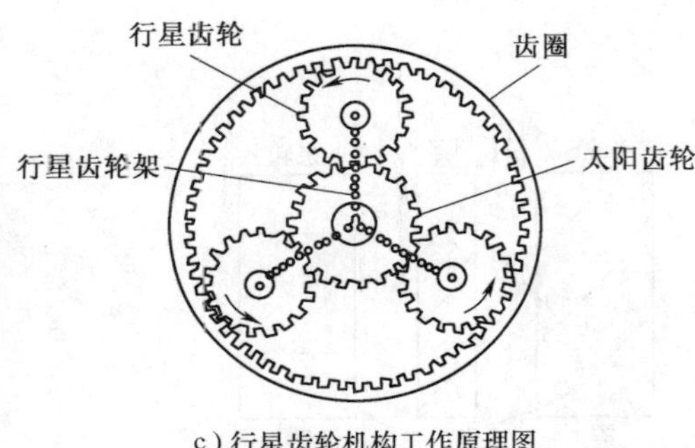

c）行星齿轮机构工作原理图

行星齿轮传动指几个小齿轮（行星齿轮）绕着中心轮——太阳轮作圆周转动。单排行星齿轮传动由太阳轮、3~4个行星齿轮、齿圈和支承行星齿轮转轴的行星齿轮架等组成。

各齿轮组装后相互啮合，分别绕相应转轴旋转。为获得某特定的变速比，必须固定齿轮系某一部件，即变速比的大小取决于哪一个部件被固定（图c）。

其特点是轴向尺寸小，换挡过程中不存在齿轮位置的改变，无需使用离合器。

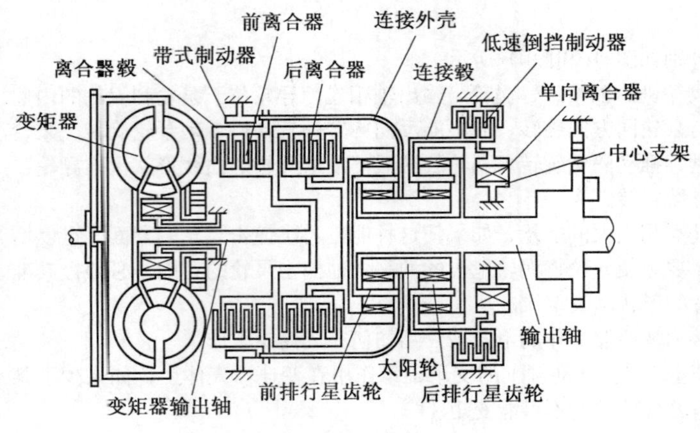

d）行星齿轮机构示意图

在液力变矩器的后部排列着2~3组行星齿轮（图d）。行星齿轮能进行公转与自转，因小齿轮围绕中间的太阳齿轮转动而得名。行星齿轮不可思议的地方是，只将诸齿轮中的某一个齿轮固定即可进行高速或低速旋转，当然也包括反转。它有灵活的特点，并且作为辅助部件装配在液力变矩器后面。各齿轮或固定或转动都是根据计算机或车速指令自动依靠油压完成的。在液力变矩器传动和驱动系切断时，则靠装在与行星轮同一轴的湿式多片离合器完成，所谓湿式是指里面有油并能顺利地实现离合器的离合。根据行星齿轮的组配出现了3~4挡速度的变化。

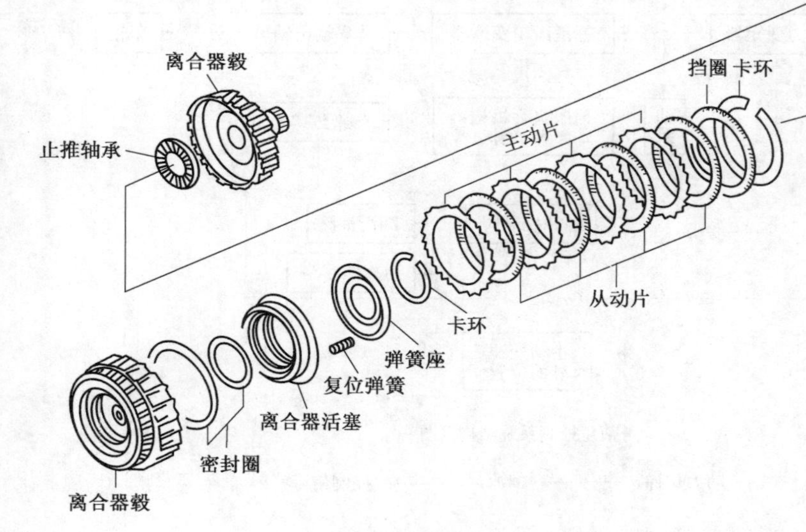

a）离合器组成

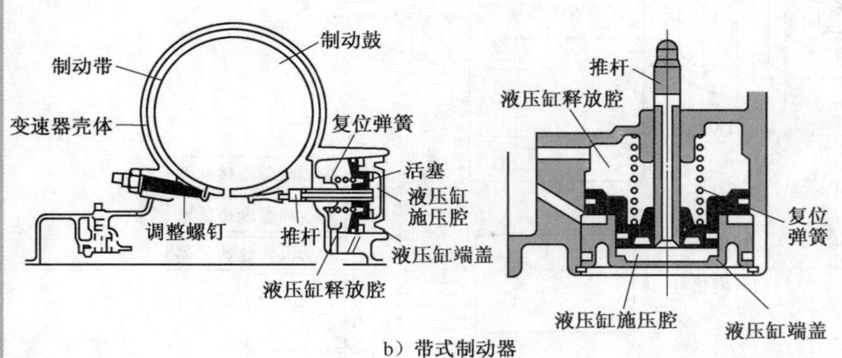

b）带式制动器

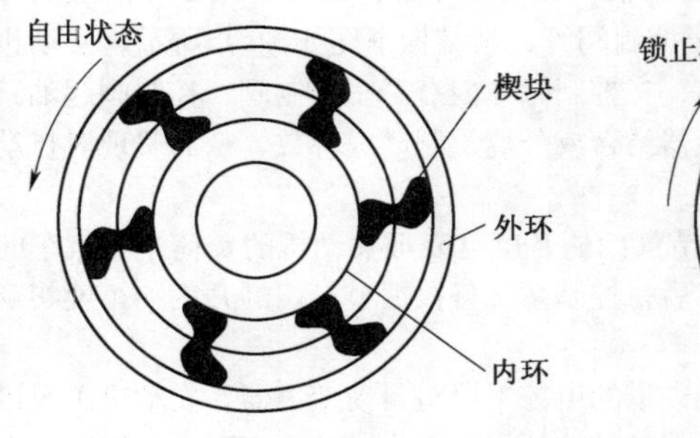

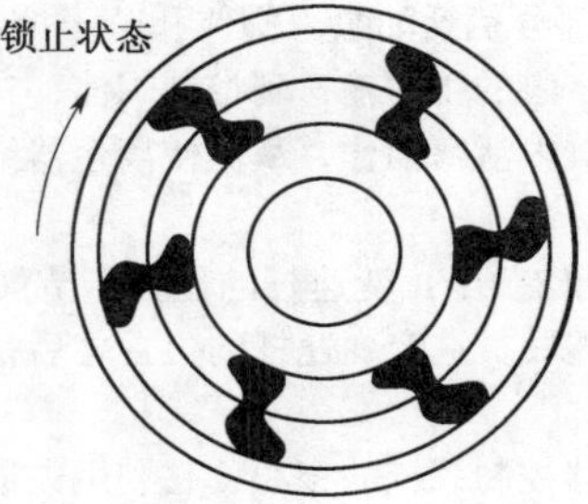

c）楔块式单向离合器

行星齿轮变速系统的换挡执行机构由离合器、制动器和单向超越离合器组成。它有3个基本作用，即连接、固定和锁止。

离合器结构如图a)所示。离合器是换挡执行元件之一，它的功用是连接输入轴、中间轴、输出轴和多排行星齿轮元件，传递转矩。现代汽车均采用多片湿式摩擦离合器。

离合器活塞安装在离合器毂内。主动片和从动片（两者统称为离合器片，离合器的壳体为主动件，与它连接的另一元件为从动件）交错排列在一个封闭环状液压油缸内。

制动器的结构如图b）所示，其功用将行星排中太阳轮、齿圈、行星架3个基本元件中的任何一个加以固定，使之不能旋转。目前常见有带式制动器或片式制动器。

单向超越离合器如图c）所示，应用较广。一般都有一个或几个单向离合器，它控制一些元件只能作单一方向转动，而不能反转。

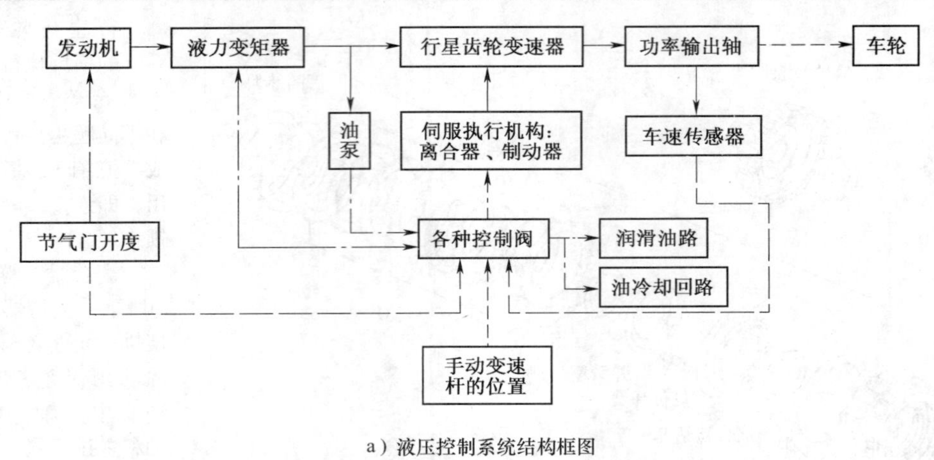

a）液压控制系统结构框图

—— —— 动力传递；—— · —— 油流；— — — — — 控制信号

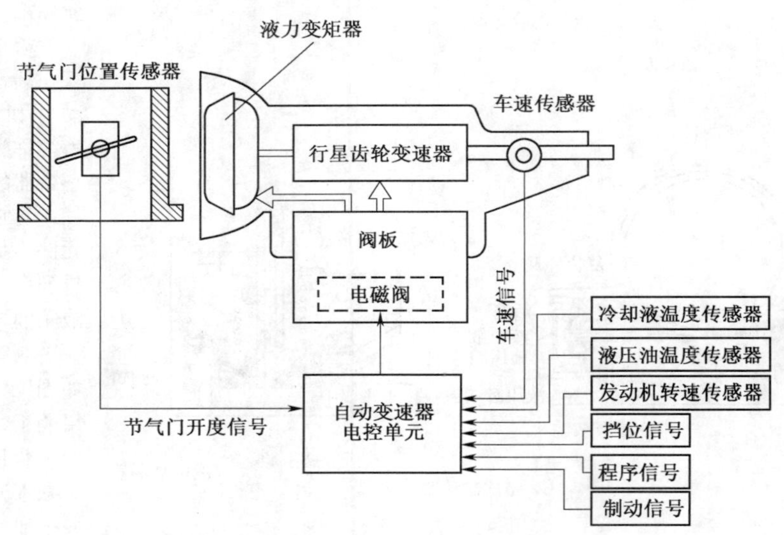

b）电控液力自动变速器控制过程示意图

液压控制系统为自动变速器提供液压系流所需压力油，为运动零部件的润滑及工作介质的冷却提供保障，它的主要组成部分包括油泵、阀体和若干控制阀等，其结构框图如图a）所示。发动机驱动油泵运转，油泵将油以一定的压力输送到控制阀体。在控制阀体内有若干控制阀，控制阀起油路的“开关”作用，使液压油缸内活塞动作，从而使离合器结合或分离，制动或释放，从而实现对自动变速器的全面控制。

它控制自动换挡的信息有3个：变速杆的位置、节气门的开度（表征发动机的负荷）和汽车的行驶速度（简称车速）。当驾驶员选定变速杆的位置之后，控制系统将根据节气门的开度和车速实现自动换挡变速。

电控系统是自动变速器控制系统的核心，它利用先进的电控手段对自动变速器、发动机工况进行检测，并根据检测结果和相应的控制程序来操纵阀板中各种控制阀的工作，从而实现全面控制。电控液力自动变速器控制过程如图b）所示。

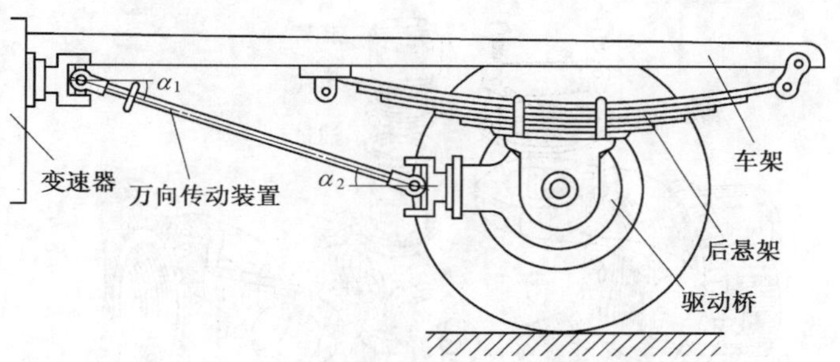

a）发动机前置后驱动万向传动装置

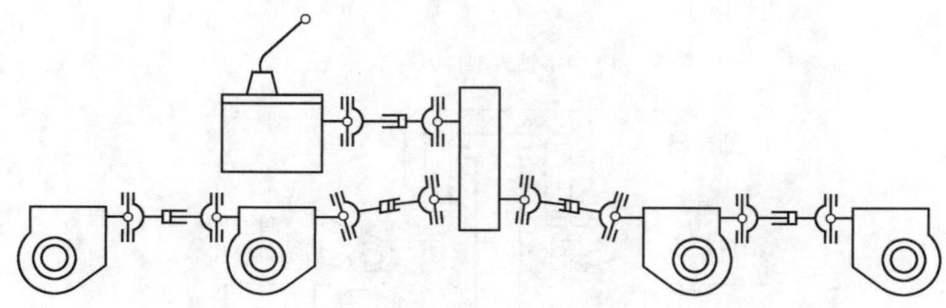

b）用于变速器与分动器之间

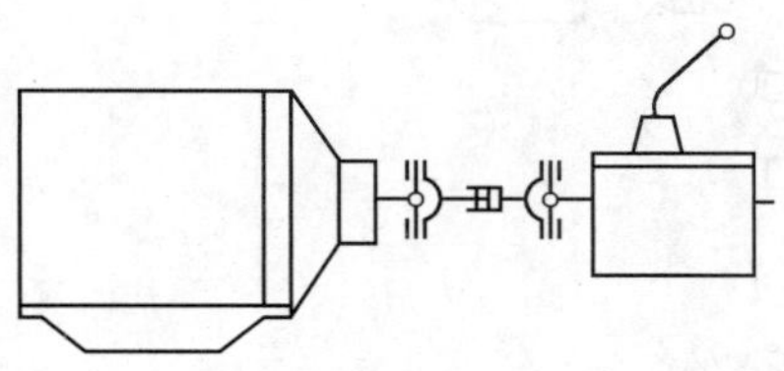

c）用于变速器与分动器之间

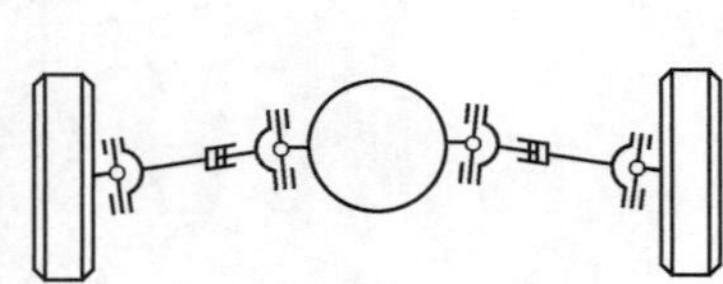

d）用于转向驱动桥上

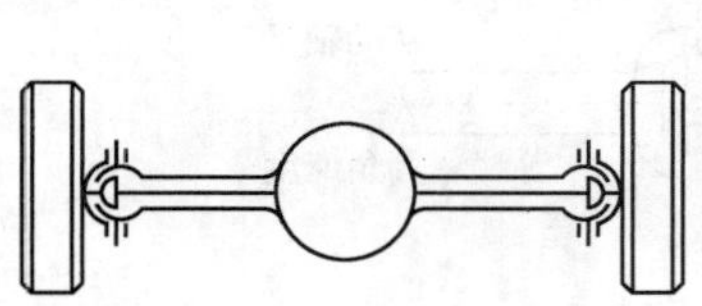

e）用于转向驱动桥上

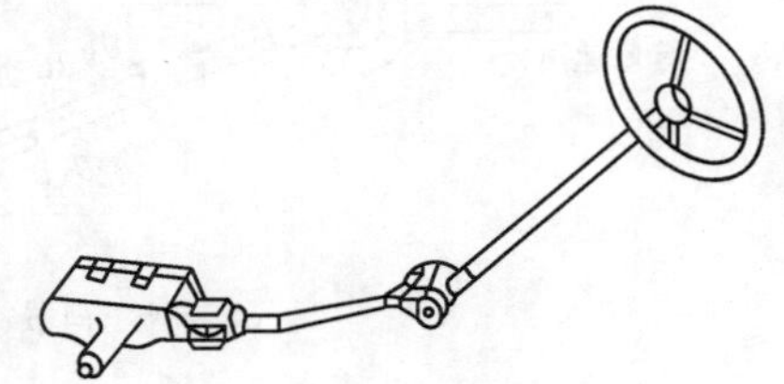

f）用于汽车的转向操纵系统中

传动系或其他系统中，为了实现一些轴线相交（指前后同轴度）或相对位置经常变化的机构之间的变角度动力传递，必须采用万向传动装置。

图a）为发动机前置后驱动万向传动装置示意图。

图b）、图c）所示为用分动器来传递动力到前后桥或多桥驱动机构。

图d）、图e）为用于转向驱动桥的万向传动装置。

图f）所示的万向传动装置用于转向操纵系统中，便于布置。

十字轴万向节结构

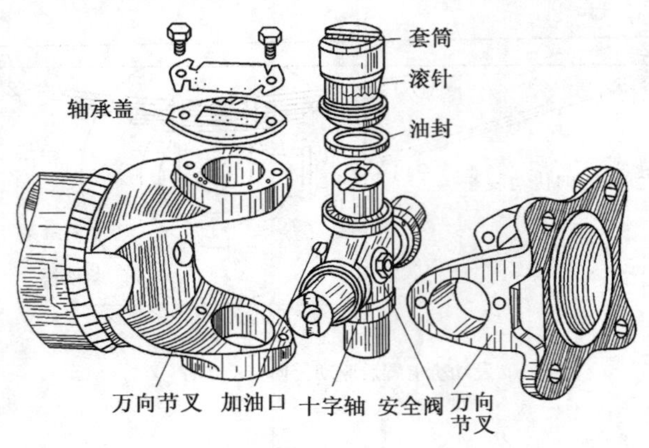

a）十字轴式刚性万向节

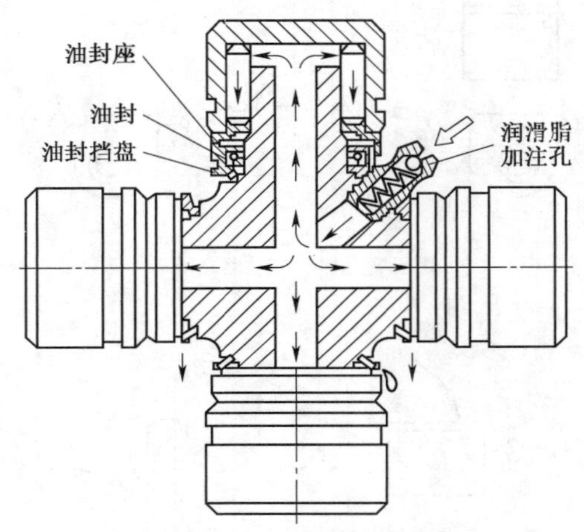

b）十字轴润滑油道及密封装置

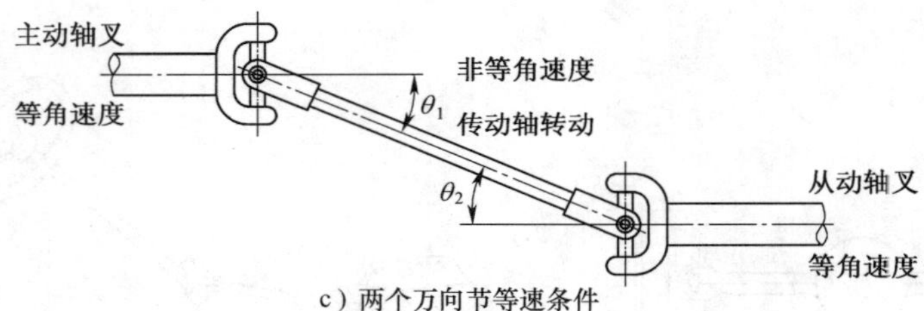

c）两个万向节等速条件

图a）所示的十字轴式刚性万向节因结构简单，工作可靠，传动效率高，且允许相邻两传动轴之间有较大的交角（15°~20°），广泛应用于各类汽车的传动系统中。其结构由1个十字轴，2个万向节叉和4个滚针轴承（包括滚针和套筒）组成。

如图b）所示，润滑油道为了润滑轴承，十字轴内钻有油道，外端装有润滑脂加注孔。为避免润滑油流出及尘垢进入轴承，十字轴轴颈的内端套装带金属壳的毛毡油封（或橡胶油封）。现代汽车多采用橡胶油封，多余的润滑油从油封内圆表面与十字轴轴颈接触处溢出，故无需安装安全阀。

如图c）所示，当主动叉转动，从动叉也随之转动。2个万向节等速传动，应具备两个条件：一是轴间夹角相等（$\theta_1=\theta_2$）；二是传动轴两端叉处在同一平面。

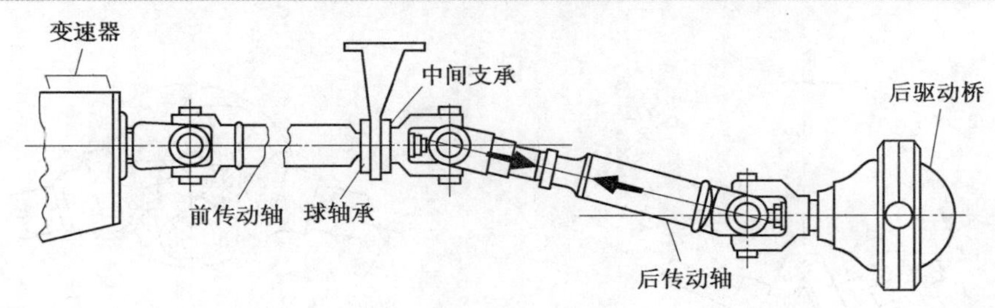

a）两段式传动轴

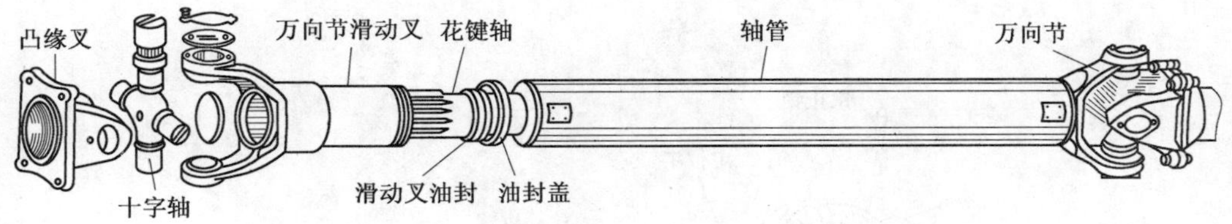

b）传动轴总成立体图

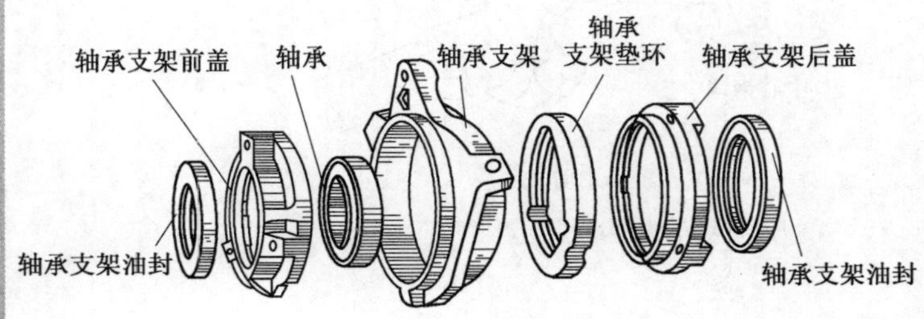

c）中间支承分解图

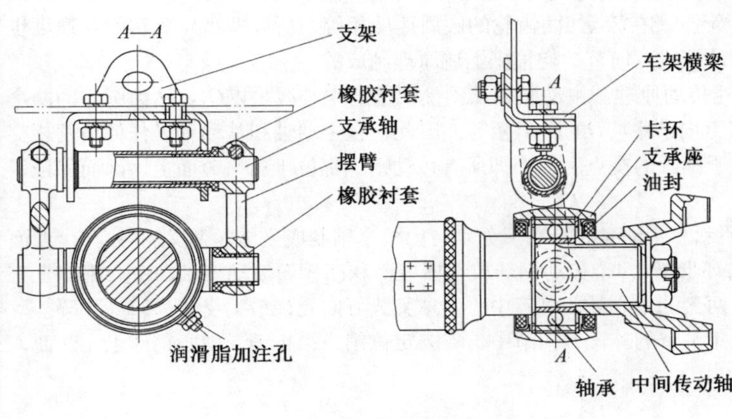

d）摆动式中间支承

传动轴是汽车动力传递的主要部件，通常用来连接变速器和驱动桥。由于传动轴所连接的两部分之间距离在工作时经常发生变化，传动轴的长度不能做得太长，须将传动轴做成两段，即在前传动轴和后传动轴间增加中间支承，如图a）所示。

为适应汽车行驶中传动轴长度的变化，制作万向节滑动叉和传动轴上花键轴作相对移动，如图b）所示。

中间支承如图c）、图d）所示，它是支撑传动轴的装置，并能补偿传动轴轴向和角度方向的安装误差，以及车辆行驶过程中由于发动机窜动或车架变形等所引起的位移。

中间支承通常安装在车架横梁上，由轴承、轴承座、橡胶垫及油封等装置组成。

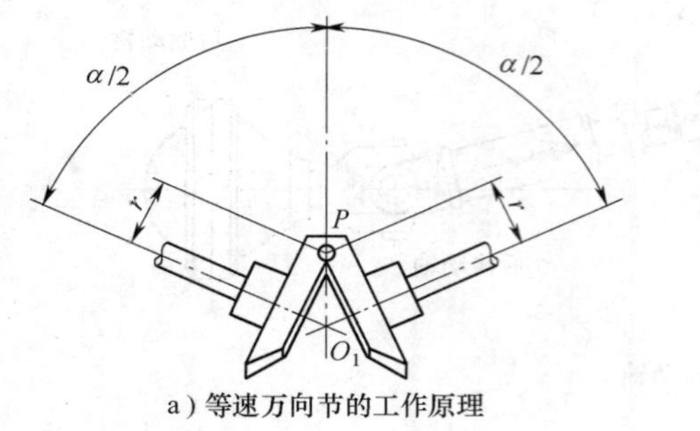

a）等速万向节的工作原理

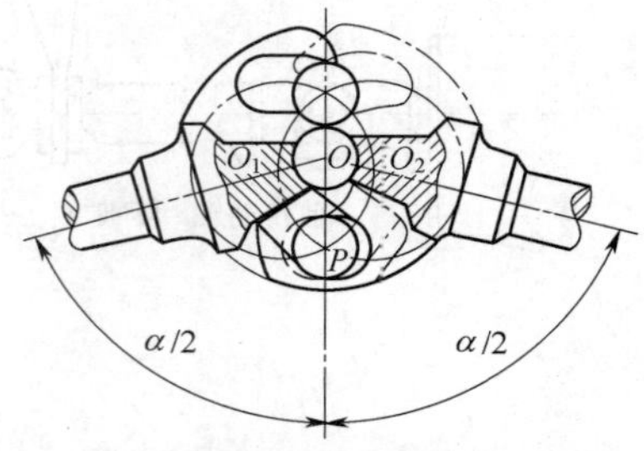

b）球叉式万向节等角速传动原理

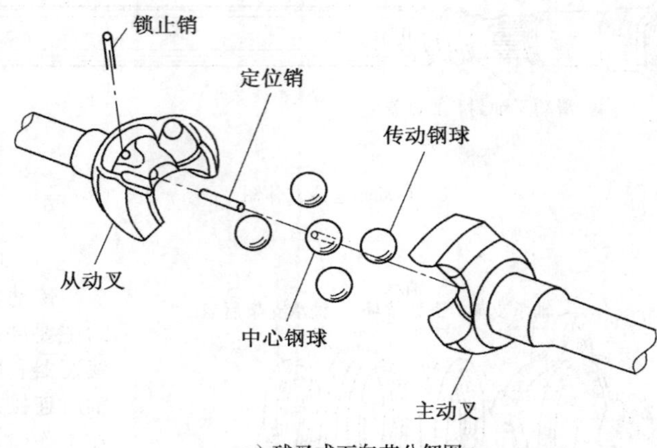

c）球叉式万向节分解图

等速万向节的基本原理是从结构上保证万向节在工作过程中，其传力点永远位于两轴交点的平分面上。

图a）为一对大小相同的锥齿轮传动示意图。两齿轮的接触点P位于两齿轮轴线交角α的平分面上，由P点到两轴的垂直距离都等于r。在P点处两齿轮的圆周速度相等，所以两齿轮旋转的角速度也相等。目前广泛采用的球叉式和球笼式万向节，均根据上述原理制成的。

图b）为球叉式万向节等角速传动原理。主动叉和从动叉凹槽的中心线是以O_1、O_2为圆心的两个半径相等的圆，而圆心O_1、O_2与万向节中心O的距离相等。因此，在主动轴和从动轴以任何角度相交的情况下，传动钢球中心始终位于两圆的交点上，亦即所有传动钢球都位于角平分面上，因而保证了等角速传动。

球叉式万向节结构如图c）所示。主动叉和从动叉分别与内外半轴制成一体，两叉内各有4个曲面凹槽，装合后，形成两个相交的环形槽，4个传动钢球放在槽中，和凹槽面滚动接触，中心钢球上有凹面，并有定位销，锁止销放在两叉的中心处，以定中心。球叉式万向允许最大交角为32°　33°，一般应用在转向驱动桥中。近几年，有的球叉万向节中，省去定位销、锁止销，中心钢球也无凹面，靠压力装配。

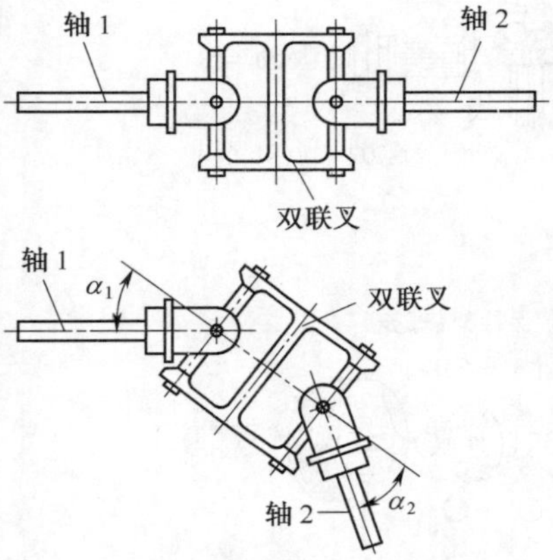

a）双联式万向节示意图

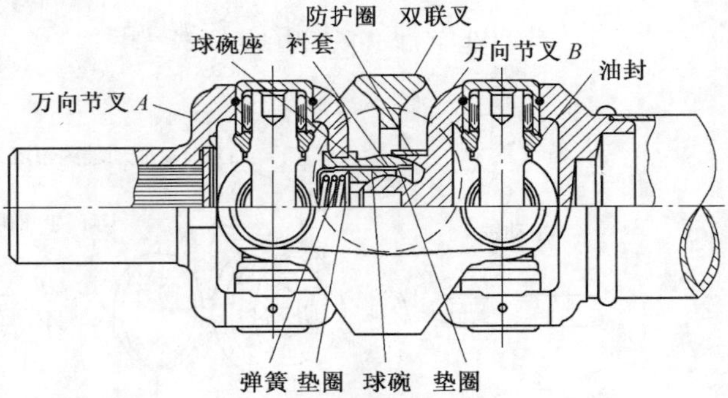

b）双联式万向节实例

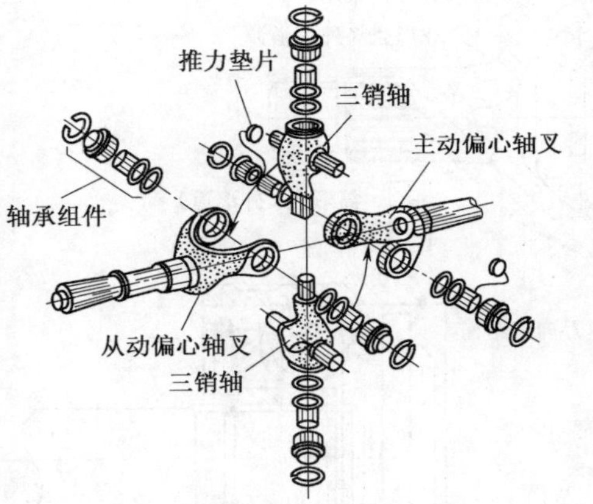

c）三销轴式准等速万向节分解图

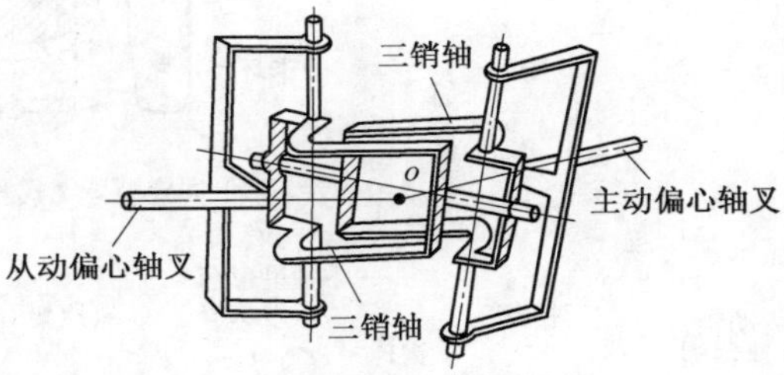

d）装配示意图

双联式万向节实际上是一套将传动轴长度缩减到最小的双十字轴式万向节传动装置。等速双联叉相当于两个在同一平面上的万向节叉，要使轴1和轴2的角速度相等（$\alpha_1=\alpha_2$），为此双联式万向节中装有分度机构，以期双联叉对称平分所连两轴的夹角，如图a）所示。

图b）为双联式万向节的结构实例。万向节叉*B*装有球头，与球碗的内圆面配合，球碗座镶嵌在万向节叉*A*的内端。球头与球碗的中心与十字轴中心的连线中点重合，从而保证两轴角速度接近相等。

双联式万向节用于转向驱动桥时可以没有分度机构。但设计时应能保证等速度传动。双联式万向节允许有较大的轴间夹角，结构简单，工作可靠，在转向驱动桥中应用较多。

三销轴式万向节是由双联式万向节演变而来的准等速万向节，其分解图如图c）所示，装配示意图如图d）所示。

此万向节的最大特点是允许相邻两轴有较大的交角，最大可达45°，可直接暴露在外而不需要加外球壳密封。它主要应用在中、重型越野车和部分乘用车转向驱动桥中。缺点是外形尺寸大，零件形状复杂。

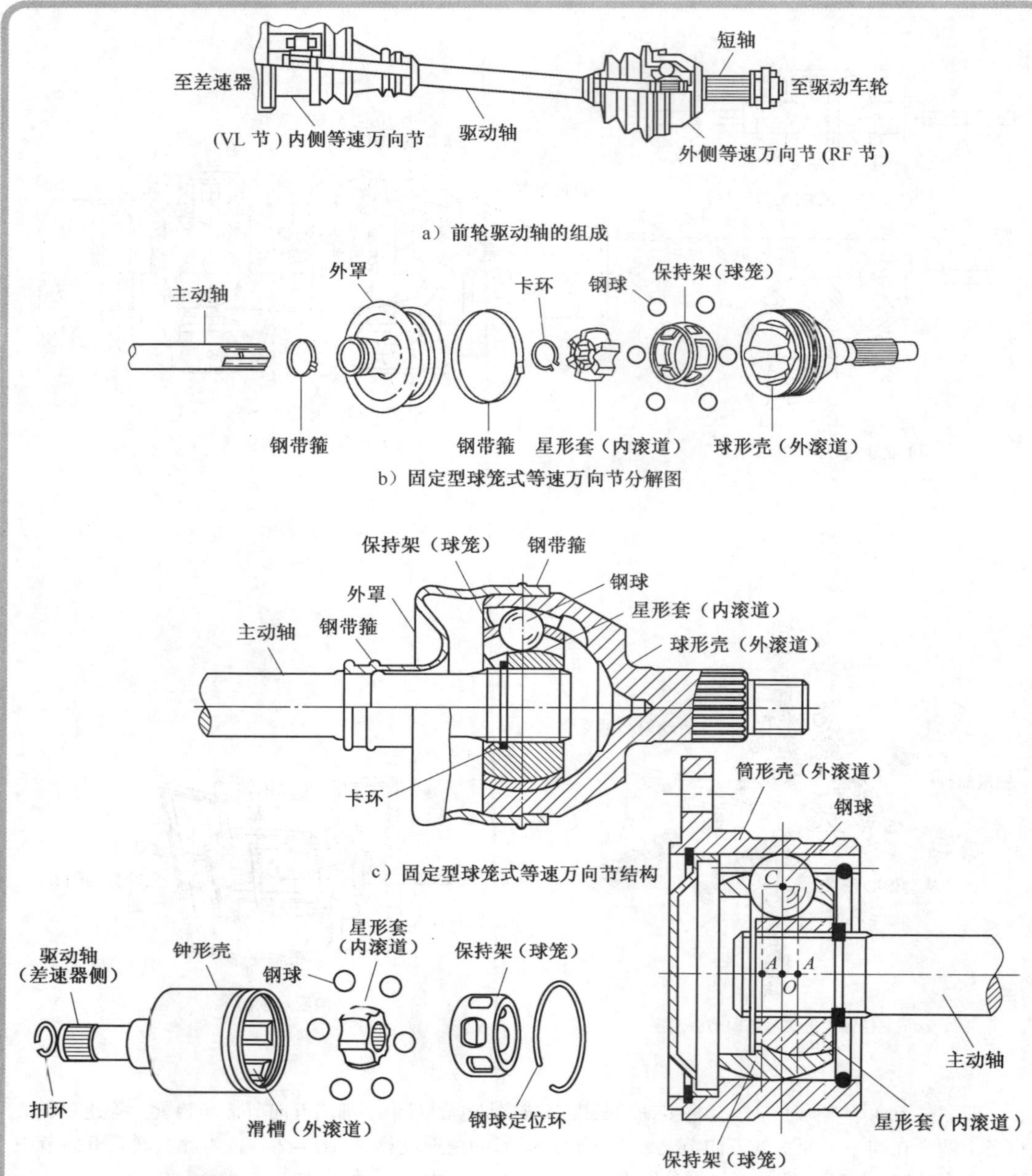

a）前轮驱动轴的组成

b）固定型球笼式等速万向节分解图

c）固定型球笼式等速万向节结构

d）伸缩型球笼式万向节 (VL节) 分解图

e）伸缩型球笼式万向节结构

图a）前驱动轴组成实际上是三段，利用这个方式使车轮转弯，并随悬架移动。

图b）、图c）是固定型球笼式万向节（RF节）的结构，星形套的内花键与主动轴连接，其表面有6条凹机槽，形成内滚道。球形壳的内表面有相应的6条凹槽，形成外滚道。6个钢球分别装在各条槽中，并由保持架使之保持在一个平面内。动力由主动轴经钢球、球形壳输出。此万向节（即外侧等速万向节）布置在靠近车轮处，两轴允许交角达到40°~45°，无论传动方向如何，6个钢球全部传力。

图d）、图e）是伸缩型球笼式万向节（VL节）的结构，它内外滚道是圆筒形的，在传递转矩过程中，星形套与筒形壳可以沿轴向相对移动，VL节两轴交角范围为20°左右，它布置在靠主减速器处（即内侧等速万向节）。

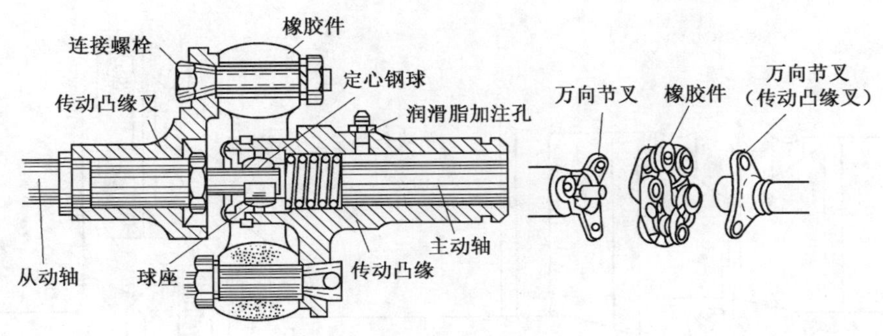

a）挠性万向节结构

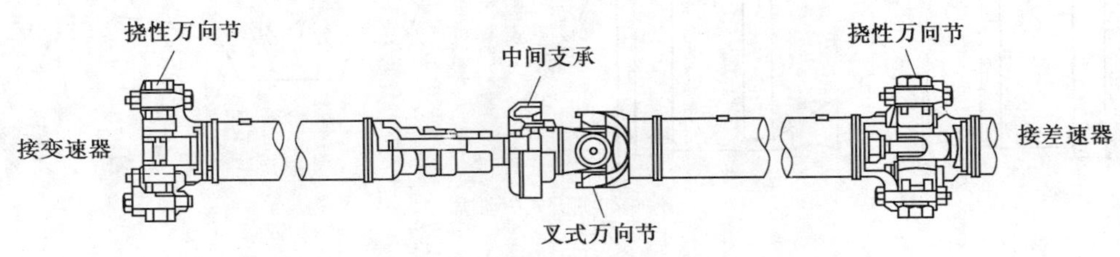

b）挠性万向节安装位置图

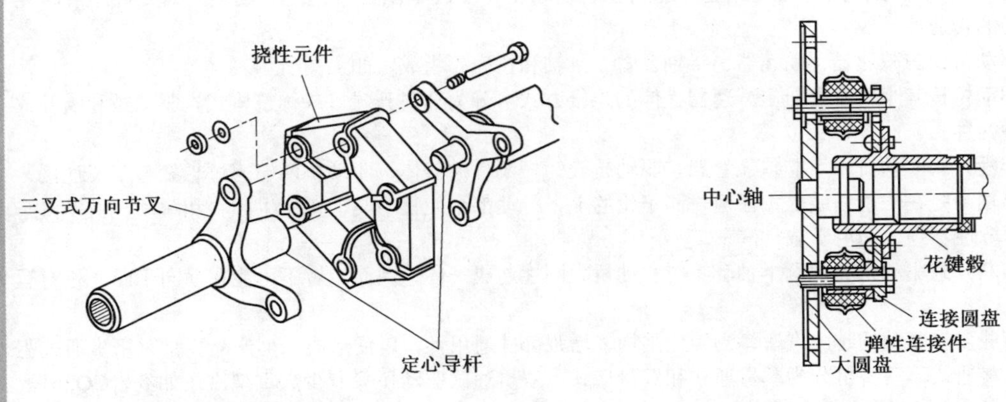

c）挠性万向节典型结构

d）弹性连接件的应用方法

挠性万向节（也称挠性联轴节）依靠其中弹性件的弹性变形来保证在相交两轴间传动时不发生机械干扰，它的结构如图a）和图c）所示，弹性件可以采用橡胶盘、橡胶金属套筒、六角形橡胶圈或其他结构形式。由于弹性件的弹性变形量有限，故挠性万向节一般用于两轴间夹角不大（3°~5°）和只有微量轴向位移的万向传动场合。例如，常用来接固定安装在车架上的两个部件，如图b）和图d）所示，如安装在发动机与变速器或变速器与分动器之间，以消除制造、安装误差和车架变形对传动的影响。此外，它还具有能吸收传动系统中的冲击载荷，衰减扭转振动，结构简单，无需润滑等优点。

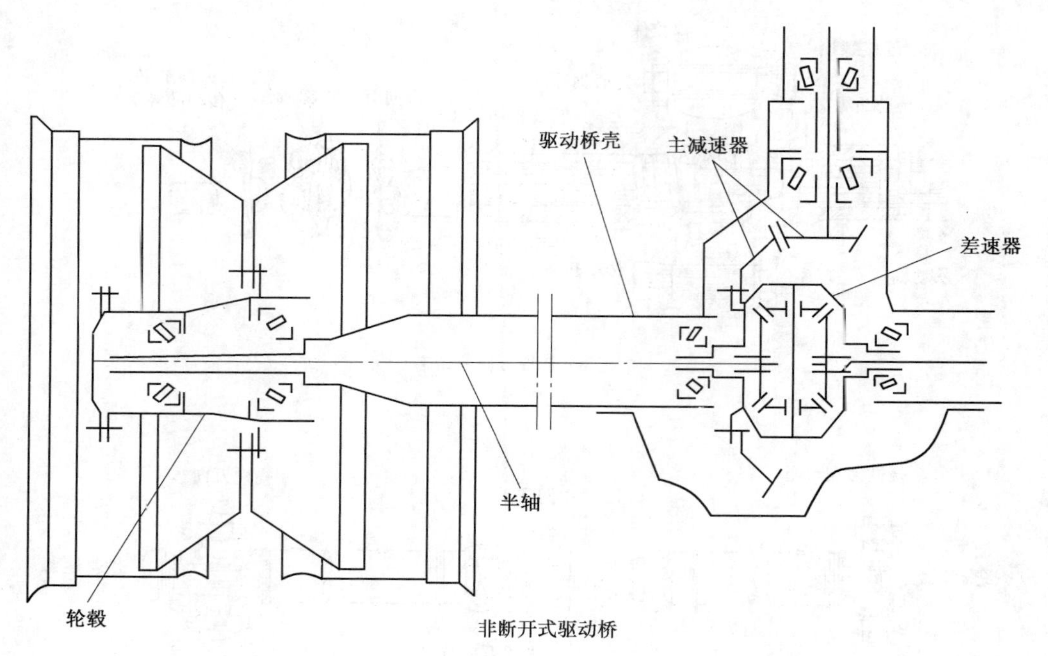

非断开式驱动桥

驱动桥的功用是将万向传动装置传来的发动机转矩通过主减速器，将动力方向改变90°，并降低转速，增大转矩，然后经差速器分配到左右驱动轮，使汽车以正常速度行驶，同时允许左右车轮以不同的转速旋转。

驱动桥由主减速器、差速器、半轴套管、半轴和桥壳等组成，如上图所示。

驱动桥按其半轴套管与主减速器壳体的连接方式可分为非断开式（或称整体式）驱动桥和断开式驱动桥两种。

非断开式驱动桥采用非独立悬架。驱动桥壳为一刚性的整体，驱动桥两端通过悬架与车架连接，左右半轴始终在一条直线上，任何一侧车轮的上下跳动都会使整个驱动桥发生倾斜和跳动，所以汽车行驶平顺性不好，适用于载货汽车。

非断开式驱动桥：两侧半轴套管与驱动桥壳刚性连成一体，因而二者不可能在横向平面作相对运动。

有些多轴驱动的越野汽车，为简化结构，增强部件通用性，以便形成系列产品，常采用贯通式驱动桥。贯通式驱动桥可分为单贯通式和双贯通式。双贯通式驱动桥只有少数重型汽车如红岩CQ261汽车采用过。

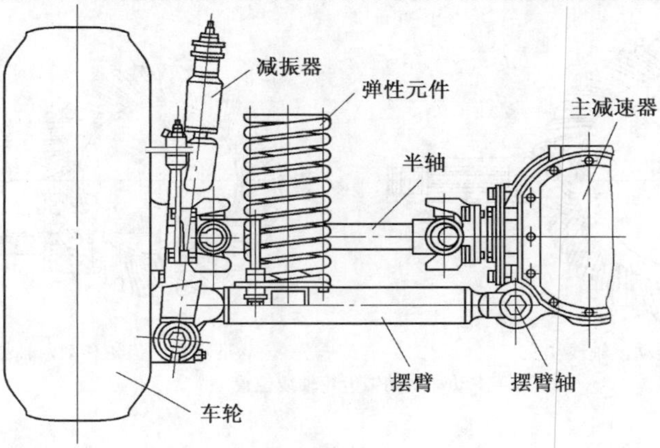

a）断开式驱动桥

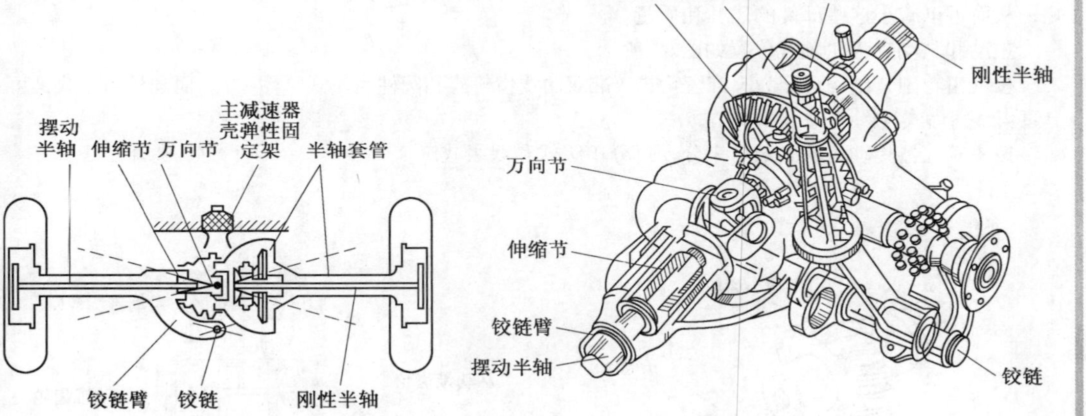

b）单铰链摆动式驱动桥

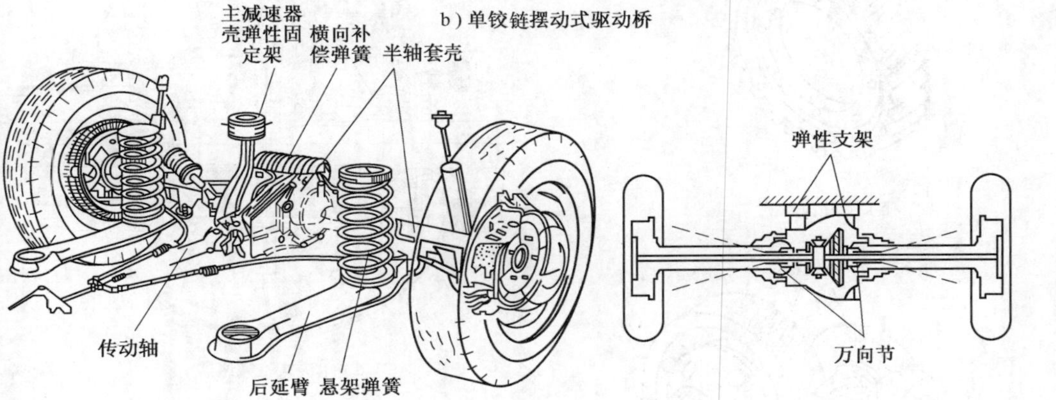

c）双铰链摆动式驱动桥

断开式驱动桥组成与整体式驱动桥相似，为了提高行驶平顺性和通过性，有些乘用车、越野车全部或部分驱动轮采用独立悬架，将两侧驱动轮分别与车架作弹性连接，两车轮可以彼此独立地相对于车架上下跳动，而主减速器固定在车架上，驱动桥壳分段并用铰链连接（故称断开），如图a）所示。

断开式驱动桥又分为单铰链摆动式驱动桥（图b）和双铰链摆动式驱动桥（图c）。

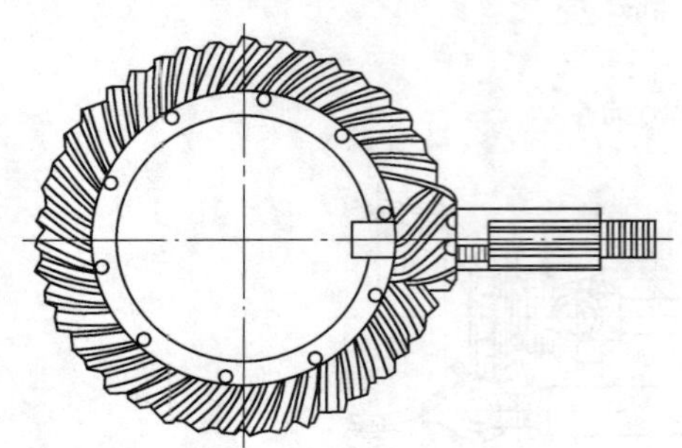

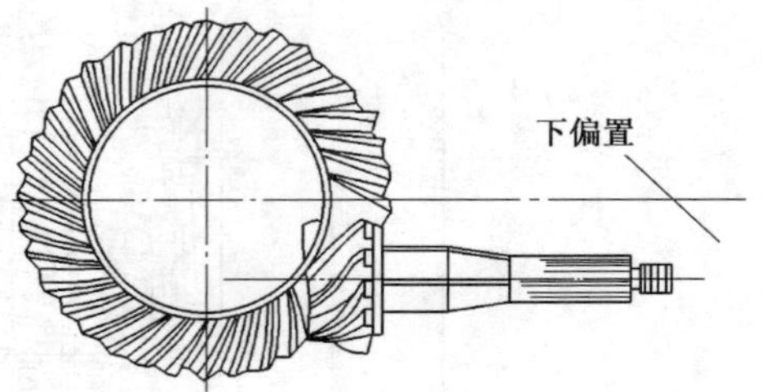

a）主动和从动锥齿轮轴线位置

主减速器功用是在传动系中降低转速，增大转矩并改变转矩旋转方向（90°）。另外它布置在动力向驱动轮分流之前的位置。这样，有利于减少前面传动部件（如变速器、传动轴等）所传递的转矩，从而可以减小这些部件的尺寸和质量。

主动和从动锥齿轮轴线位置如图a）所示。

按（齿轮副）结构可分为圆锥齿轮式、准双曲线齿轮式和圆柱齿轮式（图b）。而圆柱齿轮式又可分直齿、斜齿式（图c）。

按主减速器传动齿轮副数目来分，可分单级式和双级式。

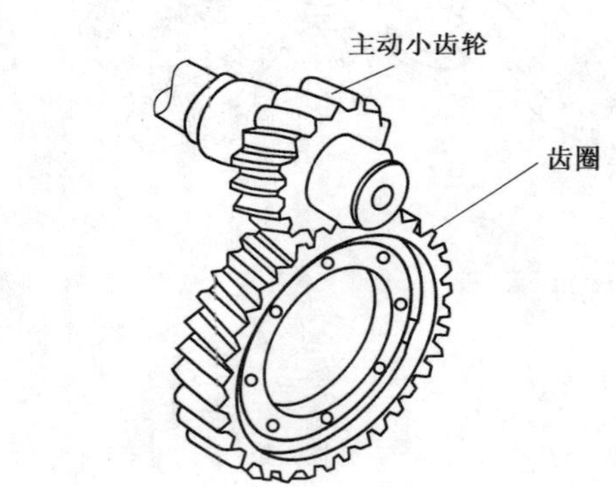

b）圆柱齿轮式

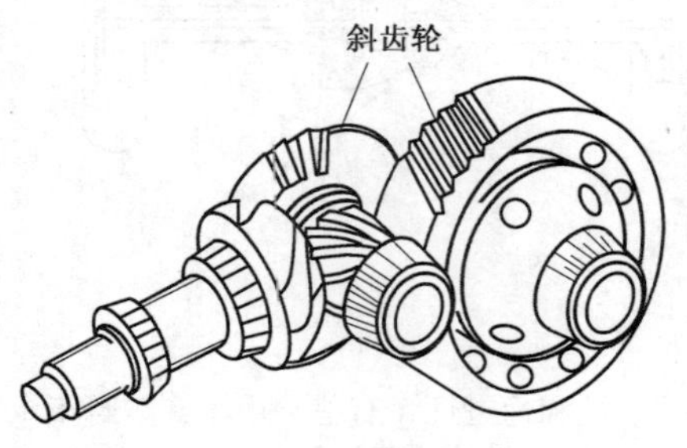

c）圆柱斜齿轮式

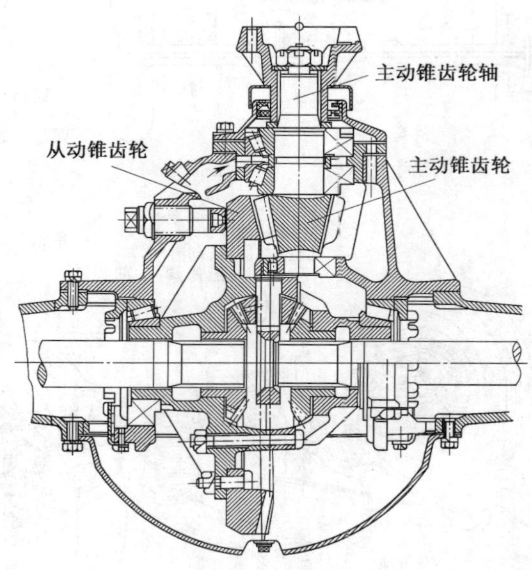

d）单级式主减速器

单级式主减速器由一对常啮合的锥齿轮组成（图d）。主动齿轮齿数与从动齿轮齿数之比称为主减速器的传动比，或称主传动比。例如从动齿轮齿数为40，主动齿轮齿数为6，主传动比为6.67。

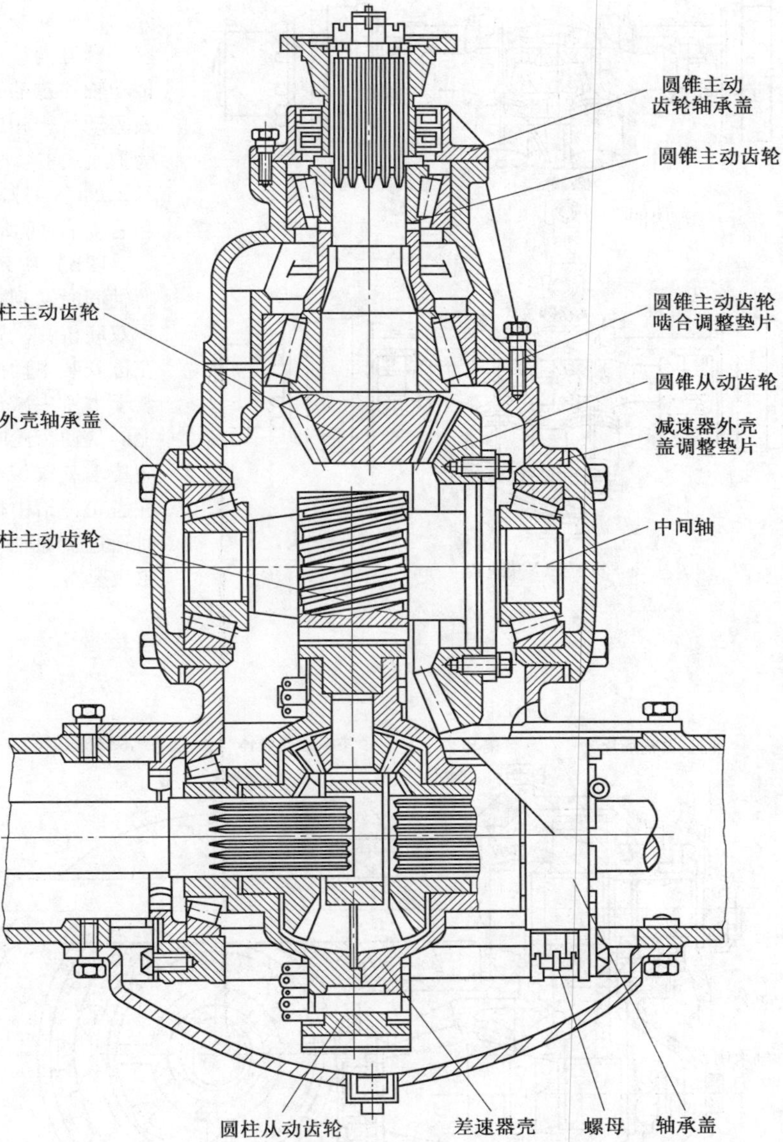

双级式主减速器及差速器剖面图

由于发动机特性和车辆使用条件，要求主减速器具有较大的主传动比时，由一对锥齿轮构成的单级式主减速器已不能满足传递转矩要求，若将单级式减速器外形尺寸放大又不能保证足够的最小离地间隙，直接影响通过性，为此需要采用两对齿轮实现降速的双级式主减速器。

双级式主减速器及差速器剖面图如上图所示。

双级式主减速器主要由两对常啮合的齿轮组成，其中一对为锥齿轮，另一对为圆柱齿轮（或圆柱斜齿轮），来实现降速增矩。双级式主减速器外形尺寸向纵向扩张，这样，可以缩短传动轴长度，又可以减小轴间夹角，提高最小离地间隙，因此，被大型汽车广泛采用。

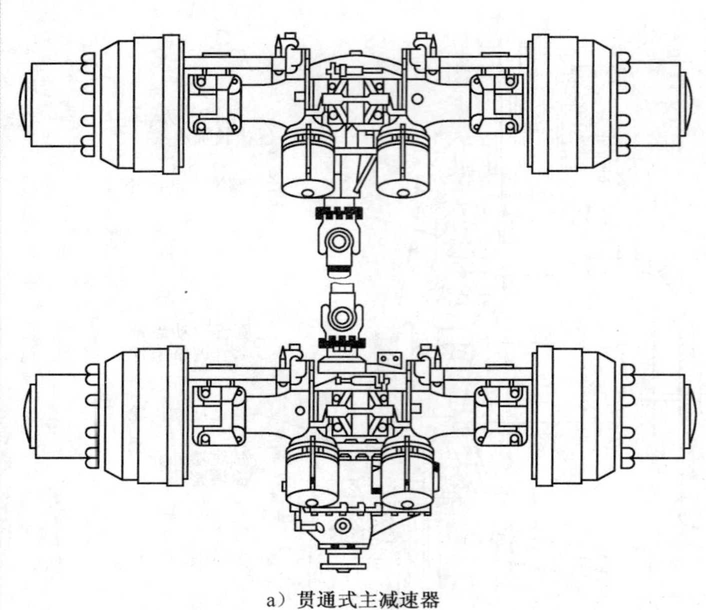
a）贯通式主减速器

有多轴驱动的越野汽车，分动器到同一方向驱动桥之间有一套万向传动装置，这种被传动轴穿过的驱动桥称为贯通式驱动桥，相应的主减速器称为贯通式主减速器，如图a）所示。如6×4或8×4汽车的中桥和后桥都是驱动桥。

图b）所示，动力通过贯通轴同时送到中桥和后桥（又称双联桥）。贯通轴前端通过花键安装主动圆柱齿轮，同安装于中桥主减速器主动齿轮轴上的从动齿轮啮合传动。从万向传动装置传来的动力经过圆柱齿轮传给中桥主减速器，同时通过贯通轴将动力传给后桥主减速器。

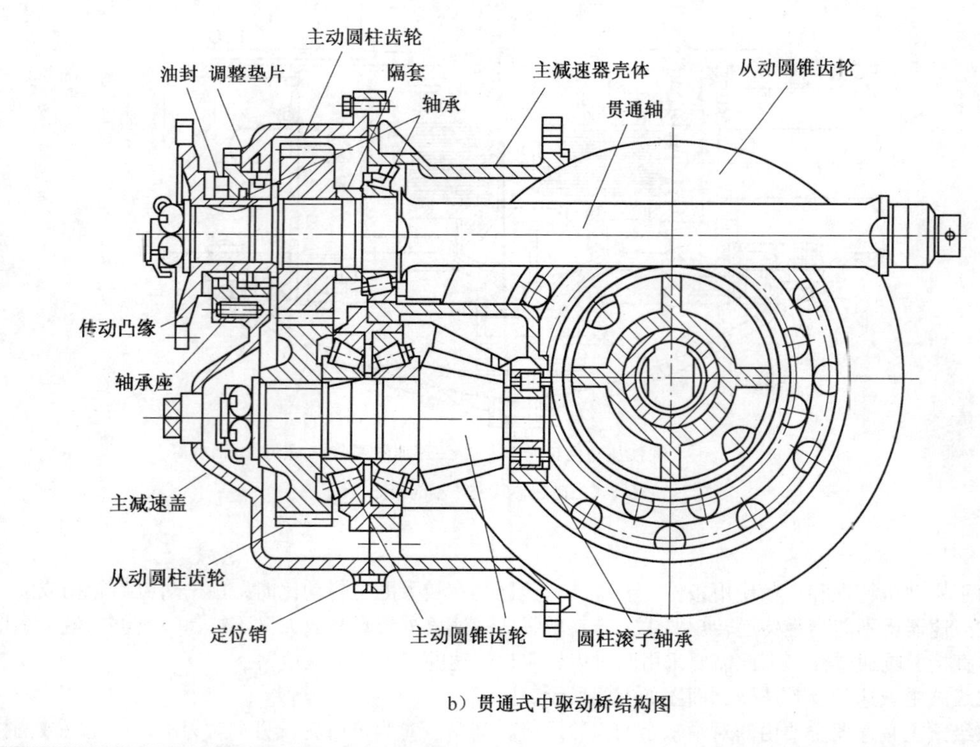

b）贯通式中驱动桥结构图

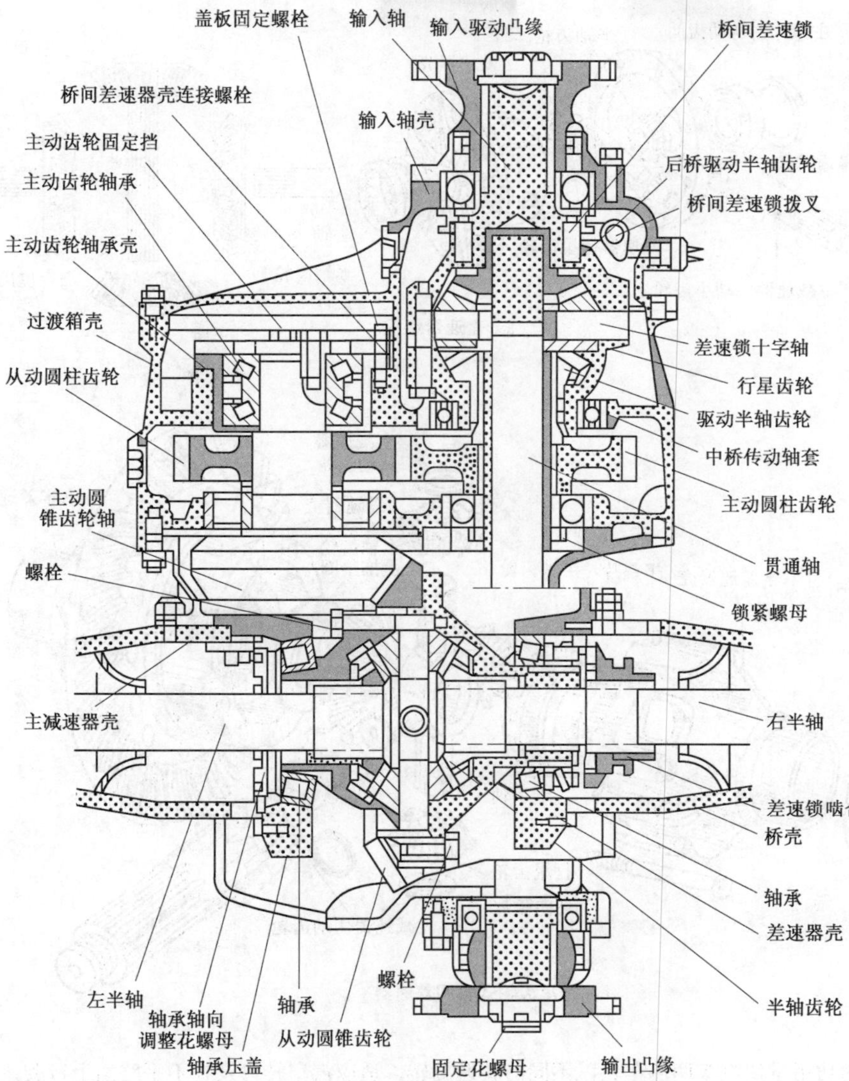

带桥间差速器的贯通式主减速器

从上图得知，这种结构仅适用于贯通式驱动桥结构，中、后桥同步转动。为了允许中、后桥转速不同步，贯通式主减速器设有桥间差速器。如图所示，输入轴与差速器壳体固定连接，而行星齿轮轴固定于差速器壳体，松套在行星齿轮轴上的行星齿轮与前后两侧半轴圆锥齿轮啮合。

前侧半轴圆锥齿轮与贯通轴连接，将动力传送到后桥主减速器；后侧半轴圆锥齿轮通过松套及输出轴上的中桥传动轴套，与主动圆柱齿轮连接，通过与固定于中桥主减速器主动轴上的从动圆柱齿轮的啮合传动，将动力传送到中桥主减速器。驾驶员视情可通过操纵机构（差速锁拨叉来控制差速锁），锁定差速器，使差速器不起差速作用，此时，中、后桥可以同步转动。

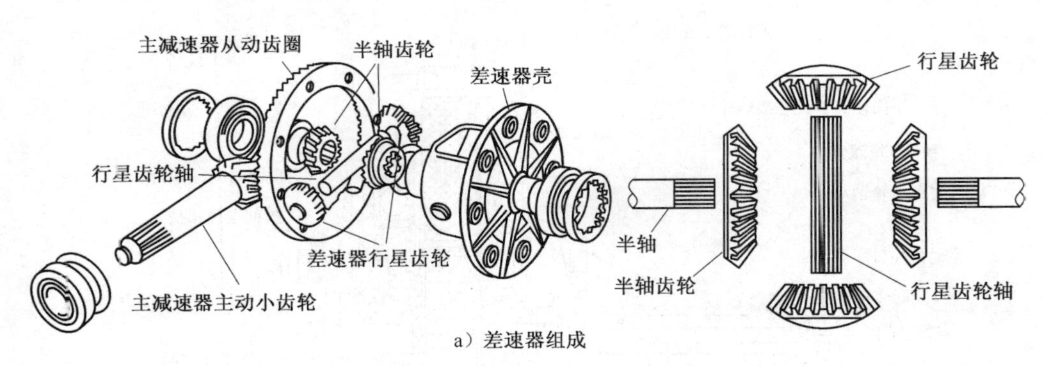

a）差速器组成

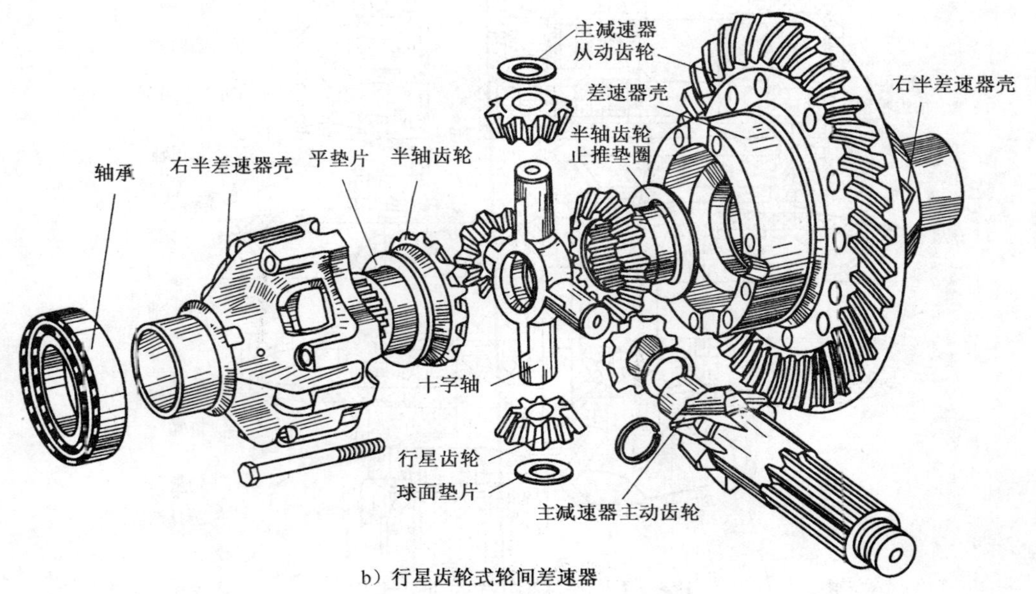

b）行星齿轮式轮间差速器

差速器的功用是使汽车两侧车轮以不同的转速旋转，适应汽车转弯及在不平路面上行驶。当汽车转弯时，外车轮必须比内车轮行走得长些和快些。如果对这种速度和行走上的区别没有补偿，车轮将出现打滑和滑移，引起运行不良和轮胎过度磨损。

图a）是乘用车差速器组成，它由两个行星齿轮与一根行星齿轮轴组成。

图b）是行星齿轮式轮间差速器，它由四个行星齿轮，两个半轴齿轮，行星齿轮轴（即十字轴）、差逗器壳体等组成。当行星齿轮旋转时又能绕十字轴颈旋转（称自转），这样使半轴齿轮以不同转速转动。

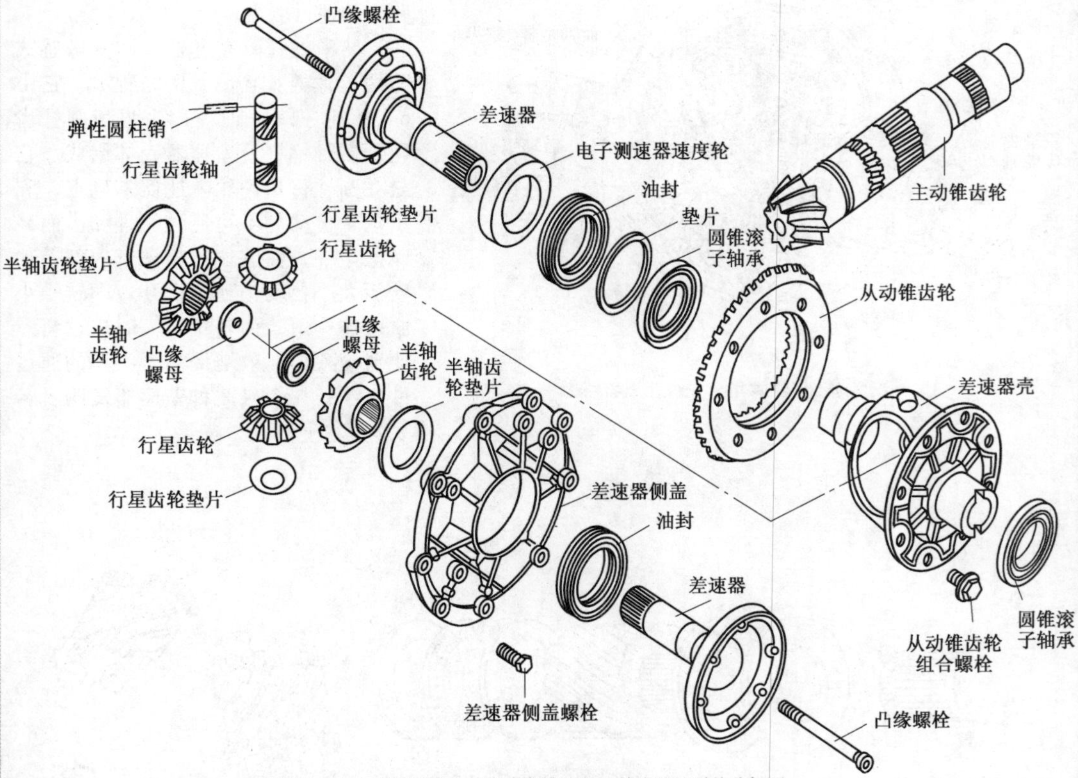

乘用车主减速器及差速器结构图

红旗CA 7220 型乘用车的单级式主减速器及差速器的零件分解图

从上图得知：单级式主减速器有一对锥齿轮传动，从动锥齿轮用螺栓与差速器壳连接在一起，因而具有结构简易、质量轻、体积小、传动效率高等优点，故乘用车广泛采用，如红旗CA7220、一汽奥迪100、捷达、上海桑塔纳等。差速器由一根行星齿轮轴，两个行星齿轮与两个半轴齿轮组成。

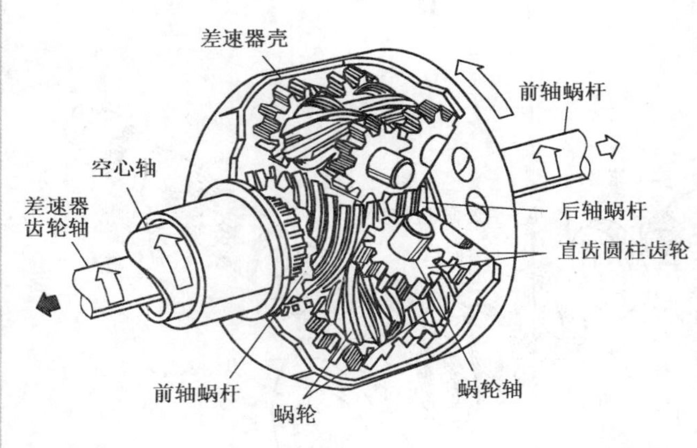

a）一汽奥迪200型乘用车托森差速器结构

防滑差速器能有效提高汽车在坏路上的通过能力。

防滑的托森差速器、转矩敏感式防滑差速器如图a)、图b)所示，它由6个蜗轮、蜗轮轴、12个直齿圆柱齿轮、后轴蜗杆及差速器壳体组成。它是在圆柱行星齿轮差速器基础上，利用蜗轮传动的不可逆性原理和齿面高摩擦条件，使差速器根据其内部差动转矩大小自动锁死和松开，即转矩小时差速作用，而转矩过大时自动将差速器锁死，有效地提高了汽车的通过性（注：托森是此种差速器发明者名字）。

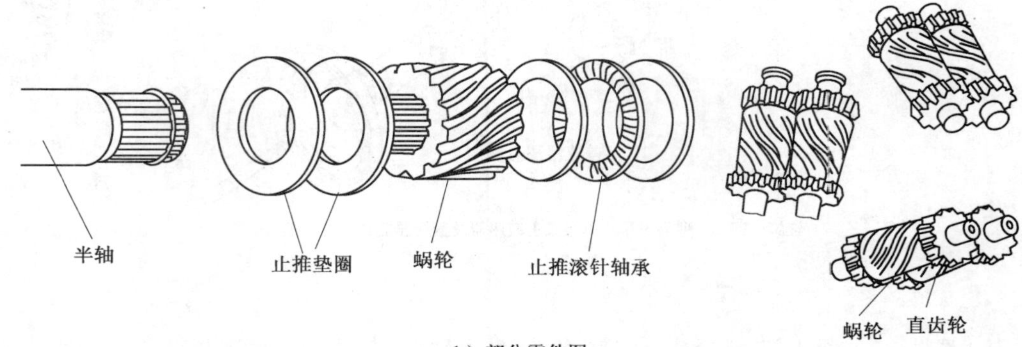

b）部分零件图

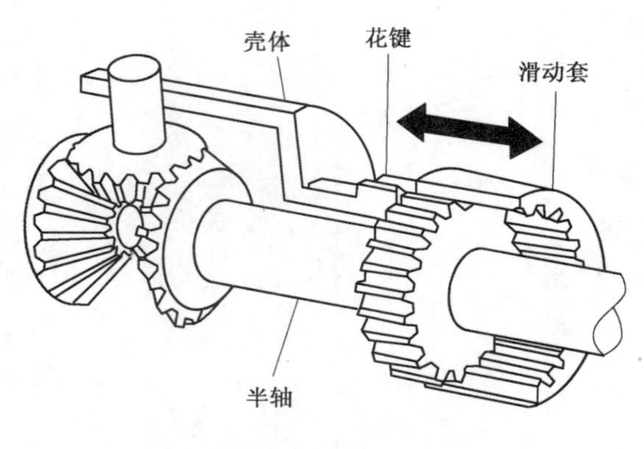

c）强制锁止式差速器

图c）为强制锁止式差速器，其上设置有接合齿圈。其作用是能将一根半轴与差速器壳作刚性连接，使得差速器不起差速作用。接合齿圈的接合可根据需要通过手动或脚踏板控制来实现。

汽车在普通路面上行驶时必须解除锁止状态，保证汽车转弯时各车轮均能滚动。

强制锁止式差速器结构简单，但一般要停车时进行操纵，而且接上差速锁时，左右车轮刚性连接，一般只能作直线行动。

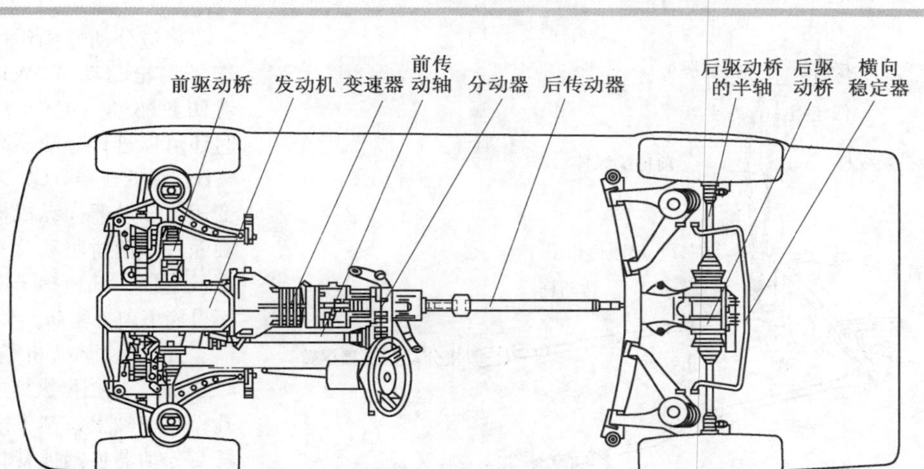

a）分动器式 4WD 乘用车传动系统布置

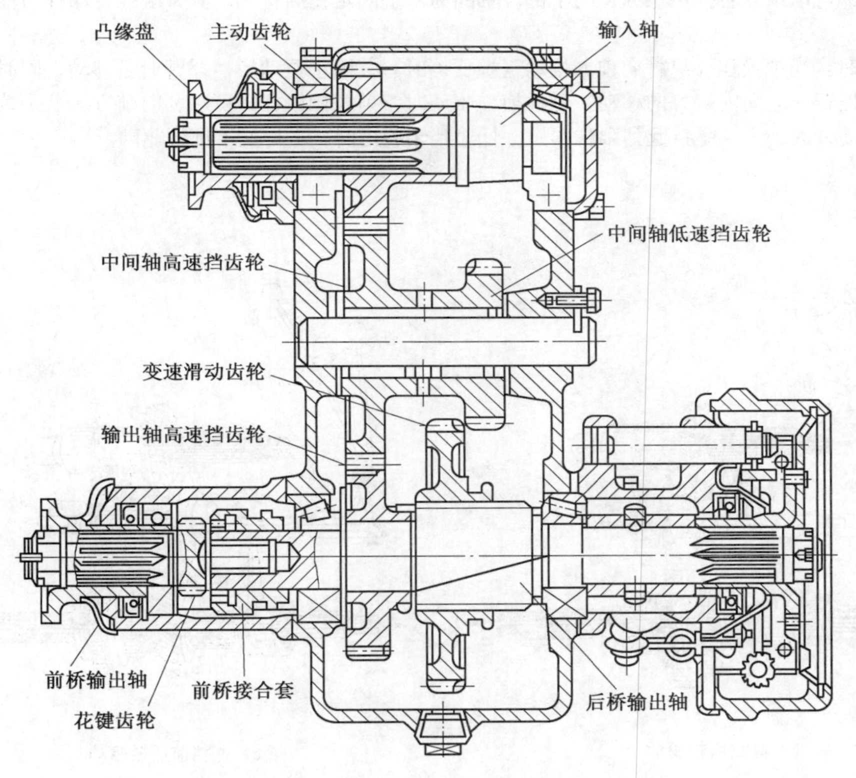

b）北京 BJ2020 分动器结构图

图a）所示分动器式4WD传动系统适用于越野汽车，该分动器是二轴式，可由驾驶员控制，视需选择2WD（两轮）或4WD（四轮）驱动。全轮驱动系统（AWD）不使用分动器，始终是四轮驱动。

图b）北京BJ2020越野车分动器结构图（二轴式）利用变动前桥接合来达到前后桥四轮驱动。

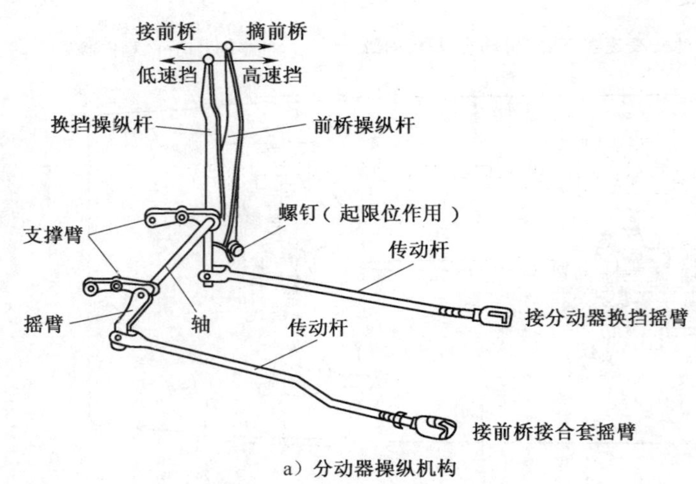

a）分动器操纵机构

通过分动器操作杆可以选择二轮驱动（2WD）或者四轮驱动（4WD），同时还可以进行分动器高速挡（H）和低速挡（L）之间的变速。分动器操纵机构必须确保：非前桥驱动，不得挂入低速挡。低速挡未退出，不得摘下前桥驱动。

分动器操纵机构如图a）所示。换挡操纵杆中部的孔松套在轴上，其下端传动杆与分动器换挡摇臂相连。前桥操纵杆的中部则固定在轴的一端。下端装有螺钉，该螺钉头部可以顶靠着换挡操纵杆的下部。轴的另一端固定在摇臂上，其臂端经传动杆与前桥接合套摇臂相连。

操作时：当把换挡操纵杆向前方推动（挂低挡时），除了拉动换挡摇臂向后移动，同时也使接前桥接合套摇臂一起向同一方向移动。这样换前驱动时，前桥操纵杆即可顺利向前方。若不这样做，无法接前驱动，因为下端螺钉起到限位作用。低速挡未脱出时，不得摘下前桥驱动。

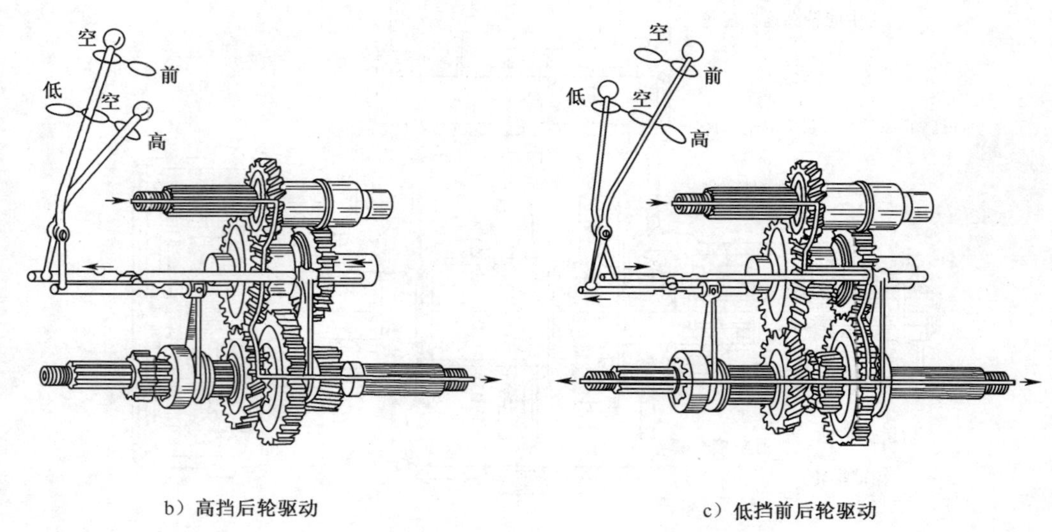

b）高挡后轮驱动　　c）低挡前后轮驱动

高挡后轮驱动如图b）所示，即是平时常用位置。

低挡时前后轮驱动如图c）所示，当前桥操纵杆从空挡位向前挂入驱动挡位后，将挡位操纵杆从高挡位挂入低挡位，变速拨叉将前驱动啮合齿轮后移，与传力齿轮啮合后，达到前、后轮驱动。

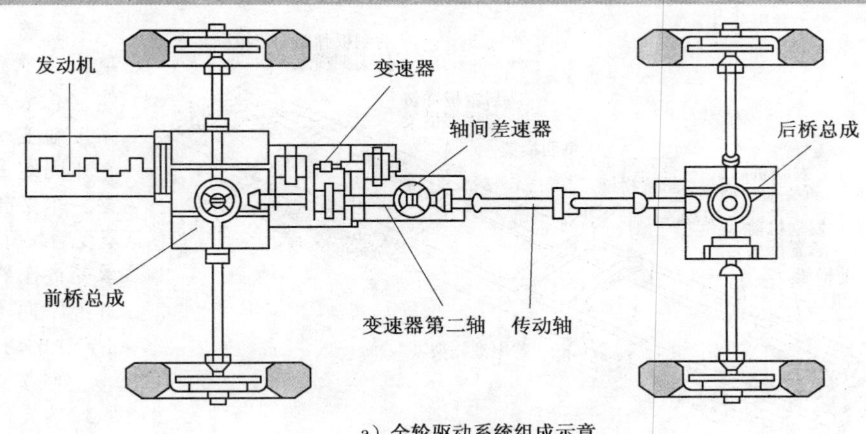

a）全轮驱动系统组成示意

如图a）所示，全轮驱动是指前、后都是驱动桥，有3个差速器，前、后驱动桥之间还有一个中央差速器（即轴间差速器）。其作用是当前、后驱动桥之间出现速度差时，该机构可以防止因前后轮速度不同而导致的轮胎跳跃或拖曳，避免轮胎异常磨耗。

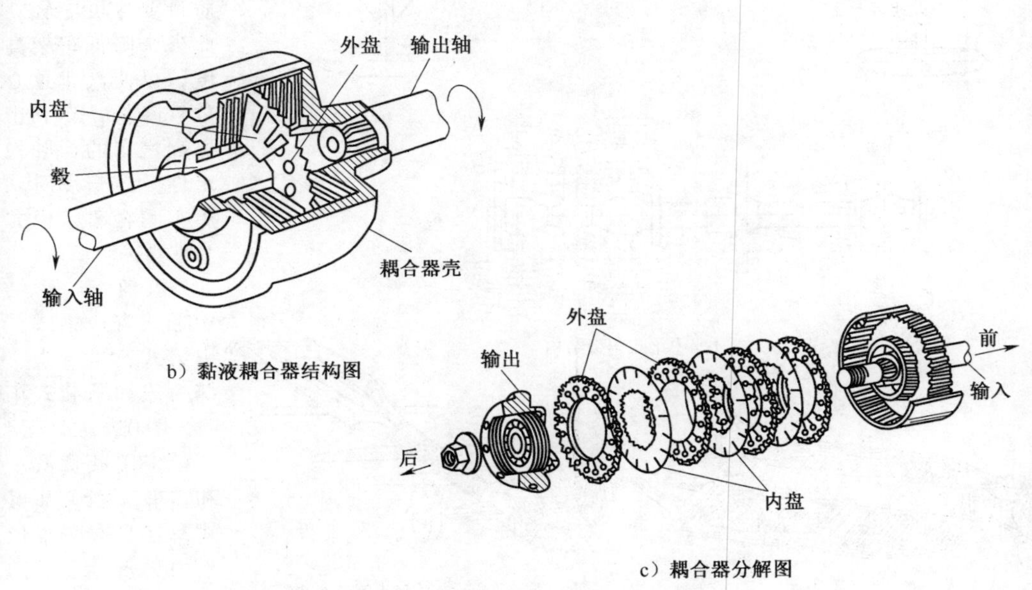

b）黏液耦合器结构图

c）耦合器分解图

黏液耦合器结构如图b）、图c）所示，其作用是使前后驱动桥的速度产生变化。它结构较简单，由一个内装两组薄圆钢盘并充满黏稠液体硅油的圆筒组成。一组圆盘连接前桥，另一组与后桥相连接，内、外盘之间有一定间隙，它是一种利用油膜剪切传递动力的传力装置。当壳体内硅油温度升高时，内压增大从而迫使盘产生轴向位移，内、外盘之间的间隙减小，油膜厚度改变，由此来调节转矩。

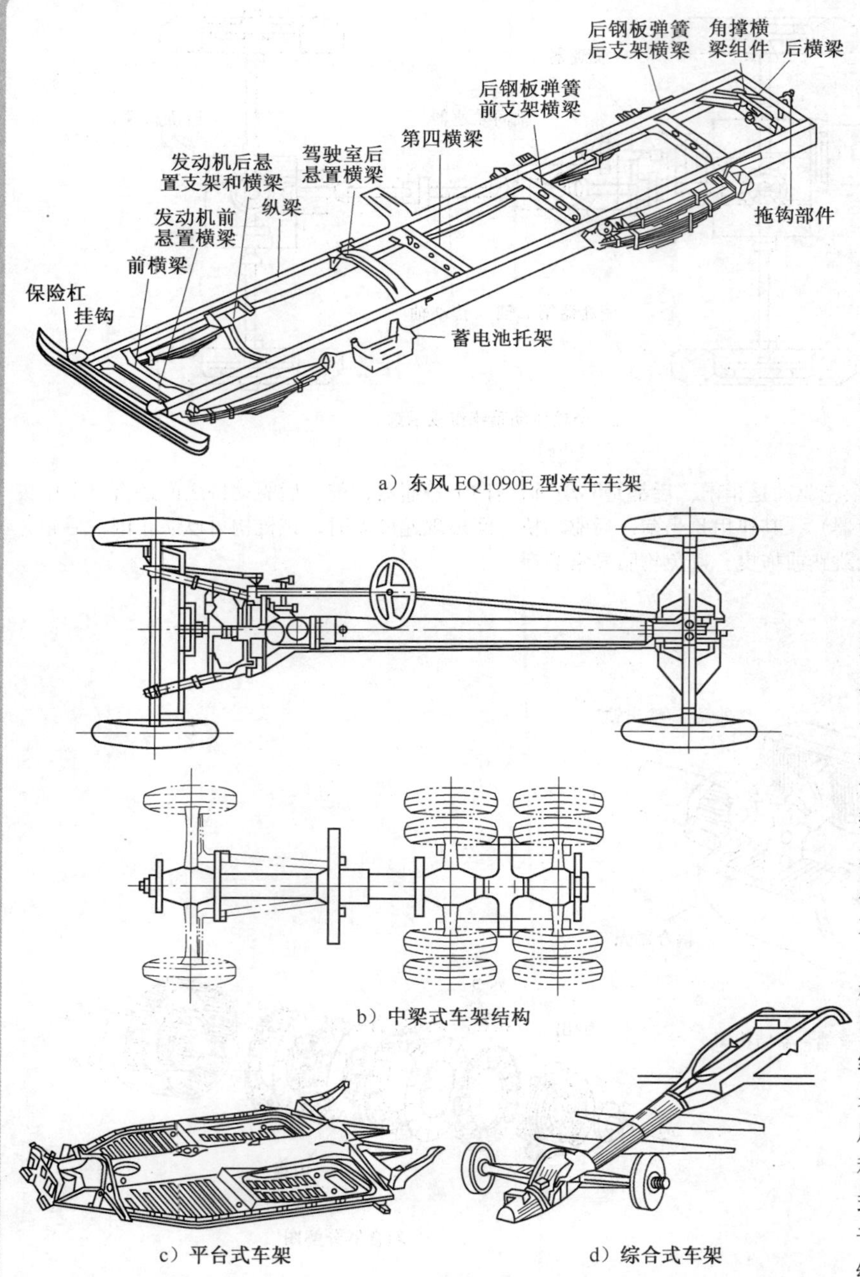

a）东风 EQ1090E 型汽车车架

b）中梁式车架结构

c）平台式车架

d）综合式车架

车架是汽车的基体，绝大部分构件、总成均直接或间接地安装在车架上并固定其相应位置。车架工作时除承受静载荷外，还要承受汽车在行驶时由于路面不平等因素产生的动载荷。

车架的结构形式首先应满足汽车总布置的要求。汽车在行驶过程中其受力情况是复杂多变的，车架应具有足够的强度和适当的刚度。为了使整车轻量化，车架质量要尽可能轻。此外，降低车架高度，以使汽车重心位置降低，有利于提高汽车的行驶稳定性。这一点对乘用车和客车来说尤为重要。

汽车车架结构形式有边梁式、中梁式、平台式、综合式和承载式车身。图a)边梁式车架广泛应用载货汽车和客车。图b）中梁式车架只有一根位于中央贯穿前后的纵梁，又称脊骨式车架。纵梁断面可以制成管形或箱形。有些汽车还用若干根横梁组成车架。其优点是能使车轮有较大运动空间，便于采用独立悬架。

中梁式与边梁式车架与同吨位载货汽车车架相比，整车质量小，重心较低，稳定性好，车架强度和刚度较大。但制造工艺复杂，精度要求高，维护和修理不方便，太脱拉138型汽车采用。平台式车架如图c)所示，因汽车车身中地板与车架形成一个平台，故称平台式车架，车身通过螺栓连接在车架上。图d）为综合式车架，也称复合式车架，它具有中梁式和边梁式车架的特点，也可看作为中梁式车架的变型。

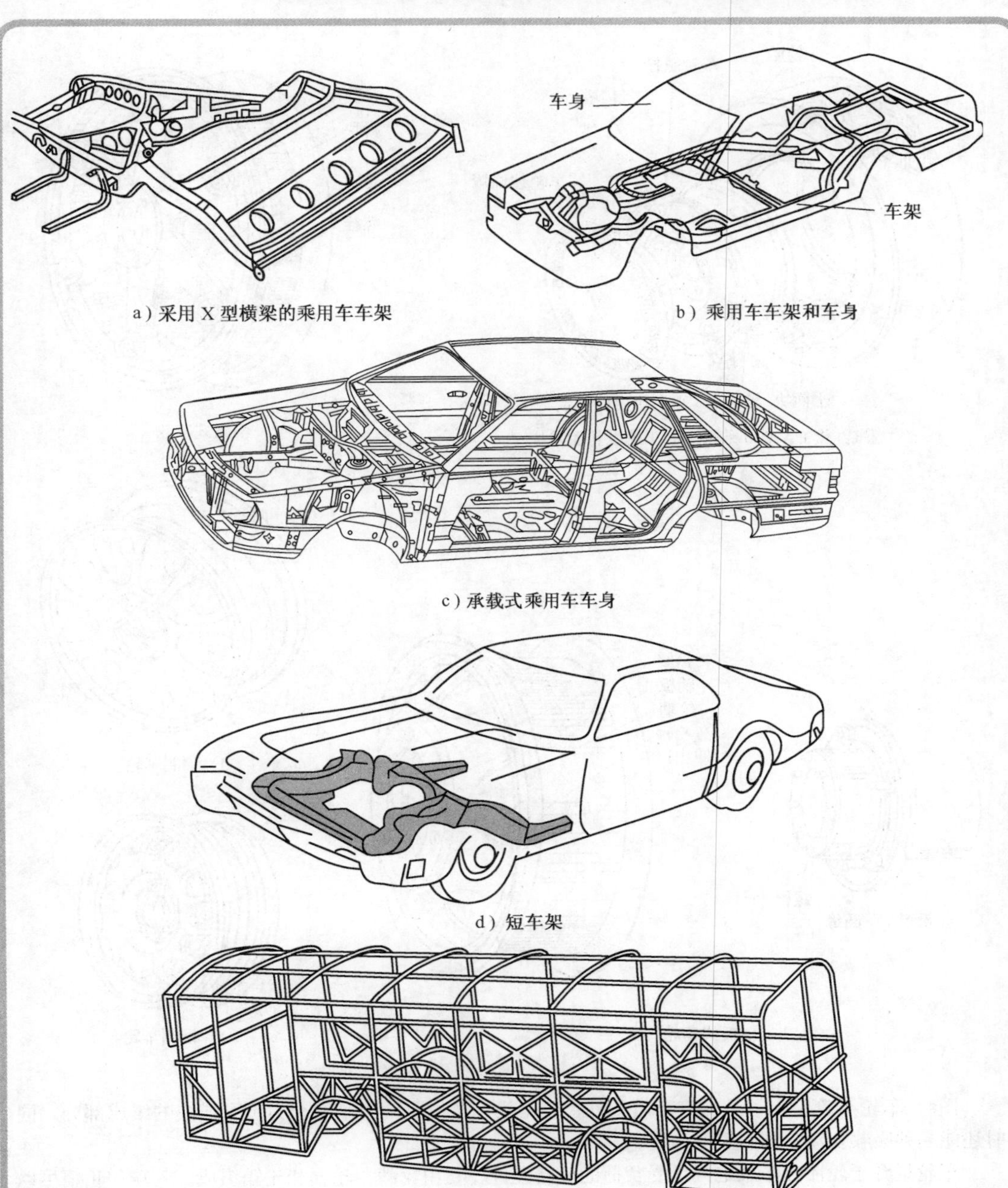

a）采用 X 型横梁的乘用车车架

b）乘用车车架和车身

c）承载式乘用车车身

d）短车架

e）大客车整体承载式车身骨架和底架

乘用车的车架和车身形式多样，如图a） 图d）所示。

现在部分乘用车和大型客车取消了车架，而以车身兼代车架的作用，即将所有部件固定在车身上，所承载的力也由车身来承受，这种车身称为承载式车身。目前大多数乘用车都采用承载式车身。承载式车身由于无车架，减轻了整车质量，可以降低地板高度，方便乘客上、下车。但是传动系和悬架的振动与噪声会直接传入车内，为此，应采取隔音和防振措施。

承载式客车车身骨架和底架如图e）所示，它是无车架式的一种车身结构，是由冲压成型薄钢板焊接组成的箱式车身骨架。

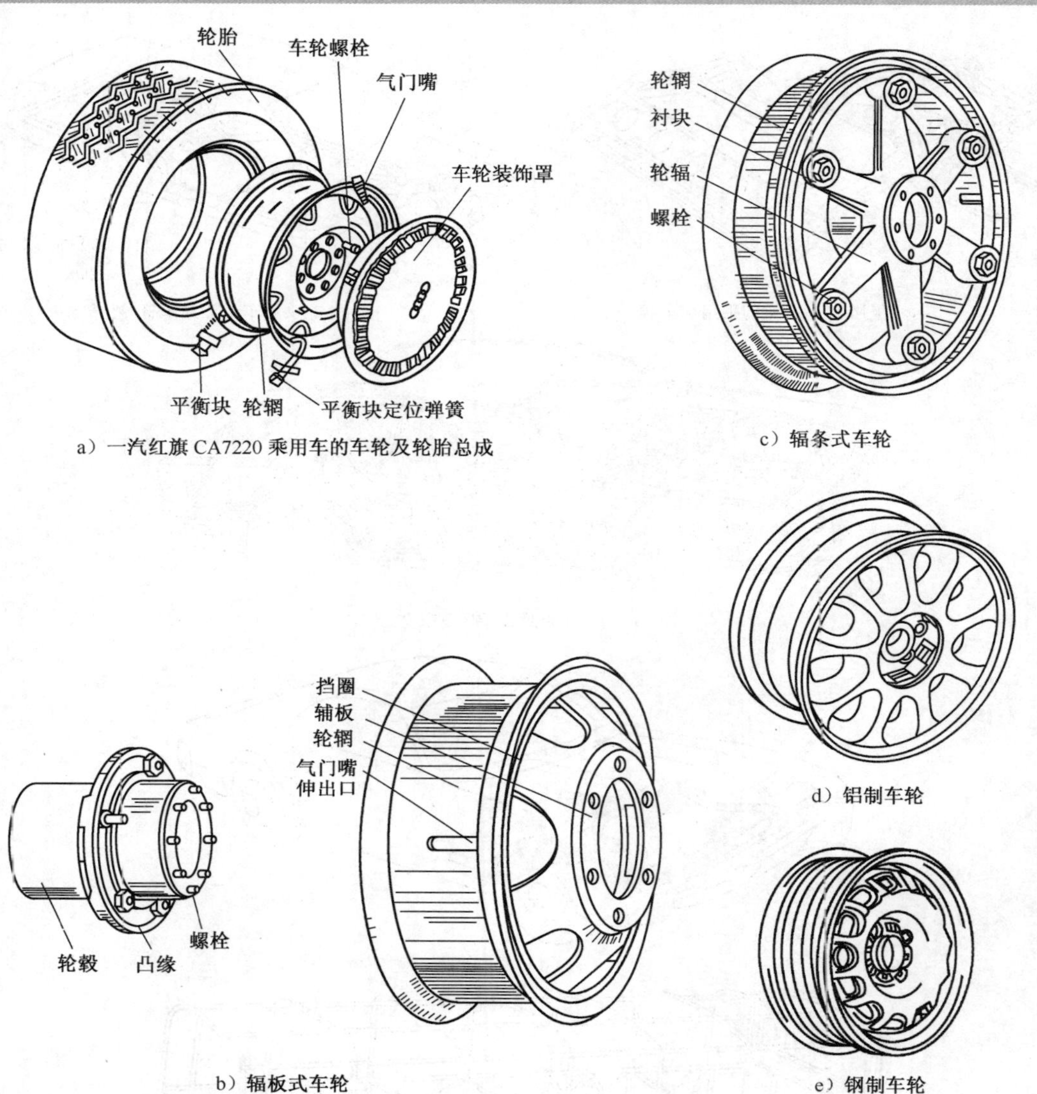

a）一汽红旗 CA7220 乘用车的车轮及轮胎总成

b）辐板式车轮

c）辐条式车轮

d）铝制车轮

e）钢制车轮

图a）车轮与轮胎除了承受汽车质量外，还是汽车产生驱动力和制动力不可或缺的组成部分，同时还能起到吸收振动，即减振的作用。

车轮是介于轮胎和车轴之间承受负荷的旋转元件，它由轮毂、轮辋和轮辐组成。轮辋和轮辐可以是整体式，也可以是可拆卸式。

图b）为辐板式车轮，辐板式车轮大多是冲压制成的，也有铸造的，后者用于重型汽车。

图c）所示的铸造式辐条车轮用于重型汽车，也有的钢丝辐条用于高级乘用车。

根据材质不同，车轮可分为铝合金（图d）、钢制（图e）和镁合金3种类型。

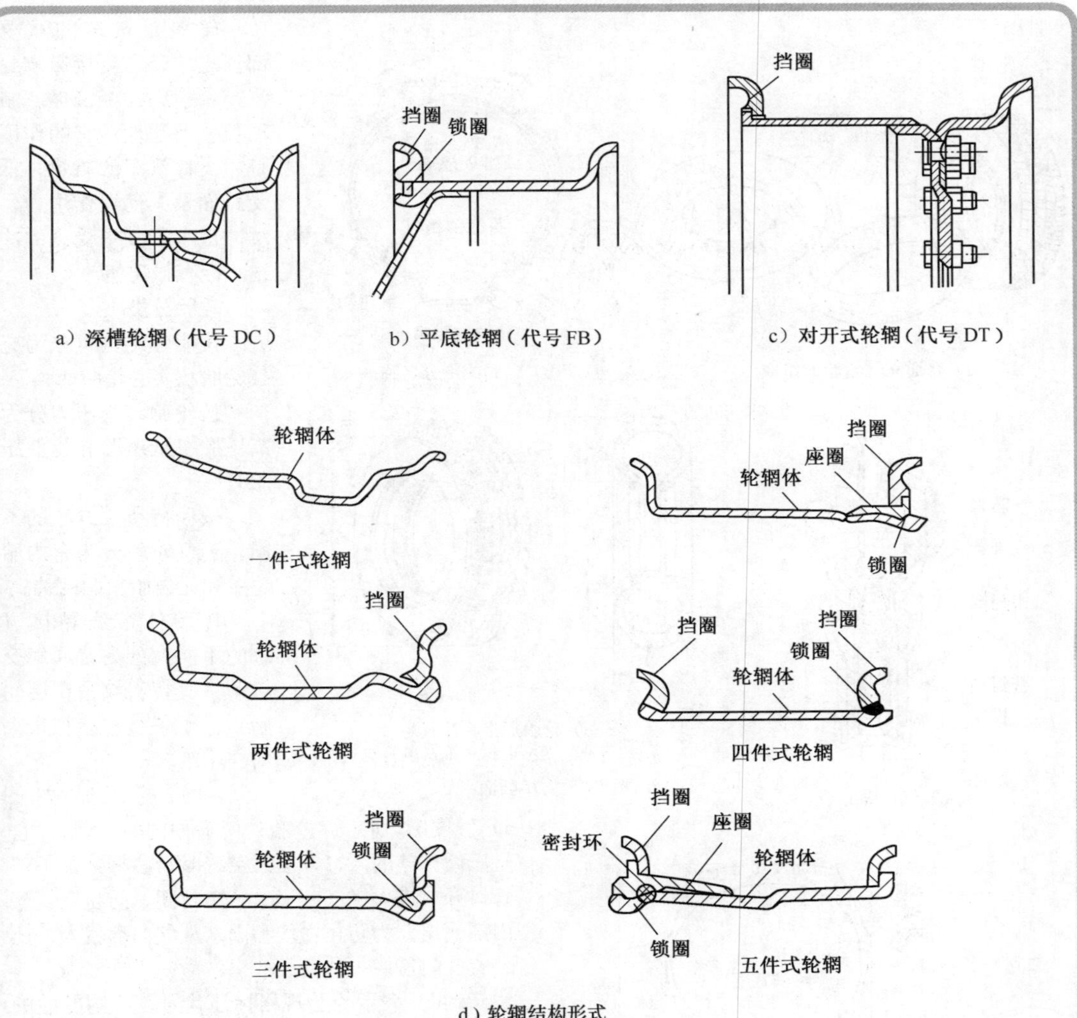

a）深槽轮辋（代号DC）　b）平底轮辋（代号FB）　c）对开式轮辋（代号DT）

一件式轮辋　两件式轮辋　三件式轮辋　四件式轮辋　五件式轮辋

d）轮辋结构形式

轮辋形式很多，常见的几种形式如下：

图a）为深槽轮辋（代号DC）。它是整体式轮辋，断面中部为一深凹槽，便于外胎拆装。其结构简单、刚度大、质量较小，尺寸较小、弹性较大轮胎最适合采用此种轮辋。

图b）为平底轮辋（代号FB），是我国载货汽车广泛应用的一种形式，挡圈是整体式，而用一个开口锁圈来防止挡圈脱出。近几年来，为了满足轮胎负荷提高后的需要，开始采用宽平底轮辋（代号WFB），应用后效果较理想，既提高了轮胎使用寿命，又提高了汽车通过性和行驶稳定性。

图c）为对开式轮辋（代号DT），它由内、外两部分组成。内、外轮辋可以相等，也可以不相等，两者用螺栓联成一体。拆装轮胎时，只需拆卸螺母即可。

轮辋结构主要由几个零件组成。根据轮辋结构可分为一件式轮辋、两件式轮辋、三件式轮辋、四件式轮辋和五件式轮辋，如图d）所示。

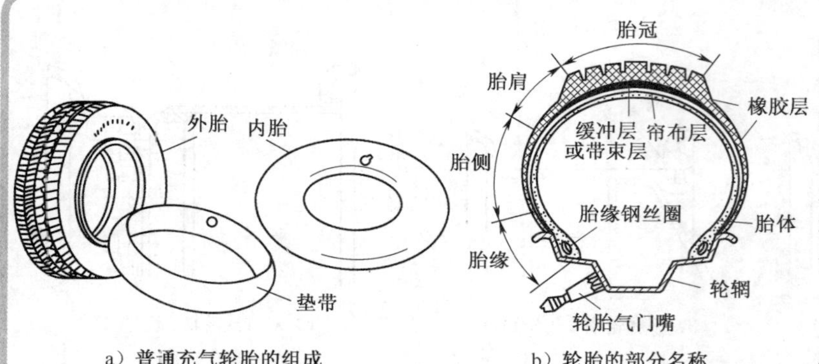

a）普通充气轮胎的组成

b）轮胎的部分名称

轮胎是汽车的重要部件之一，它直接影响到汽车牵引力、经济性、制动性、通过性。它的作用是：支撑汽车的质量，承受路面及其他反作用力，缓冲汽车行驶中受到的冲击，起减振功能。

轮胎分类：

按胎体结构可分为充气轮胎和实心轮胎两种。

按轮胎充气压力分为高压胎、低压胎和超低压胎3种。

按保持空气方法的不同，充气轮胎分为有内胎轮胎和无内胎轮胎两种。

按胎体帘线黏接方式的不同，分为普通斜交轮胎（交替斜纹帘布层轮胎）、子午线轮胎和带束斜交轮胎。

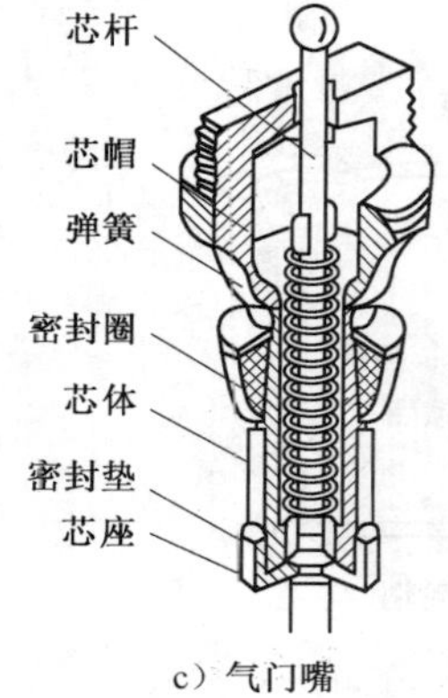

c）气门嘴

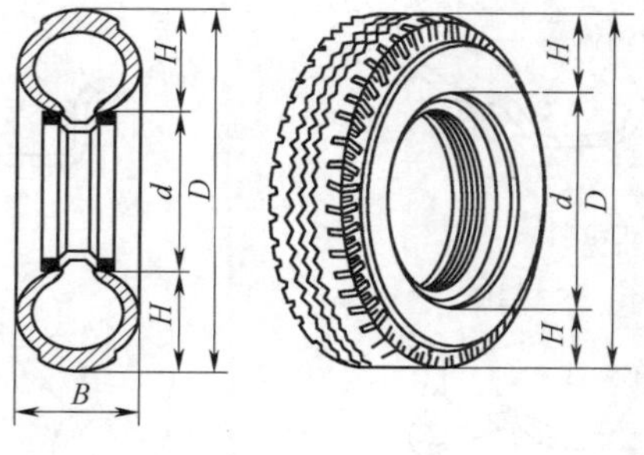

d）轮胎规格标注代号

D-外直径；*d*-内直径（即轮辋直径）；*B*-断面宽度；*H*-断面高度

轮胎的组成如图a）、图b）所示。轮胎气门嘴如图c）所示，它是压缩空气的入口，压入空气时，芯杆被推下，管口开放进入空气，平时管口封闭，防止空气从内部漏出。为防止尘埃和雨水从气门嘴侵入，还装有气门盖。

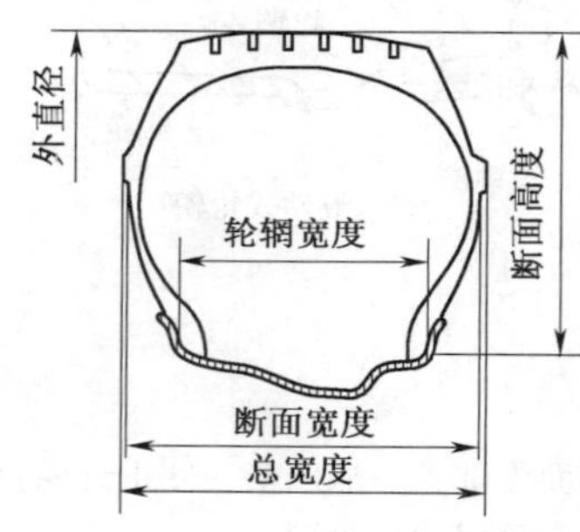

e）轮胎主要结构尺寸

图d）表示轮胎规格标注代号，我国轮胎的规格标志有英制和公制两种。一般普通断面斜交轮胎使用英制规格标志（乘用车不采用斜交胎，车速100km/h以下的货车采用斜交胎）。一般子午线乘用车轮胎使用公制规格标志。为了统一，国际标准化组织（ISO）规定新轮胎的名义断面宽度单位为公制规格标志（mm），轮辋名义直径单位为英制规格标志（in）。

高压胎用“$D\times B$”表示，其中“×”表示高压胎。低压胎用“*B*—*d*”表示，其中“—”表示低压胎。

轮胎主要结构尺寸如图e）所示。

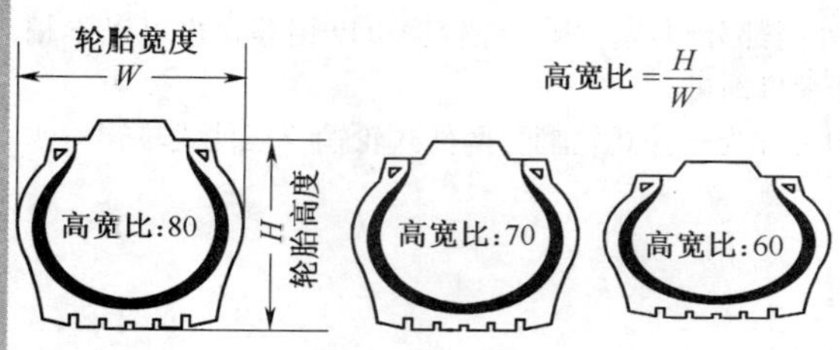

f）轮胎的高度和宽度比（扁平率）

轮胎的扁平率即高宽比=$\frac{H}{W}$，如图f）所示，扁平率=扁平比×100%，目前汽车轮胎发展方向是高度下降，宽度增大，抗横向稳定性提高，目前乘用车轮胎扁平率向50系列发展。

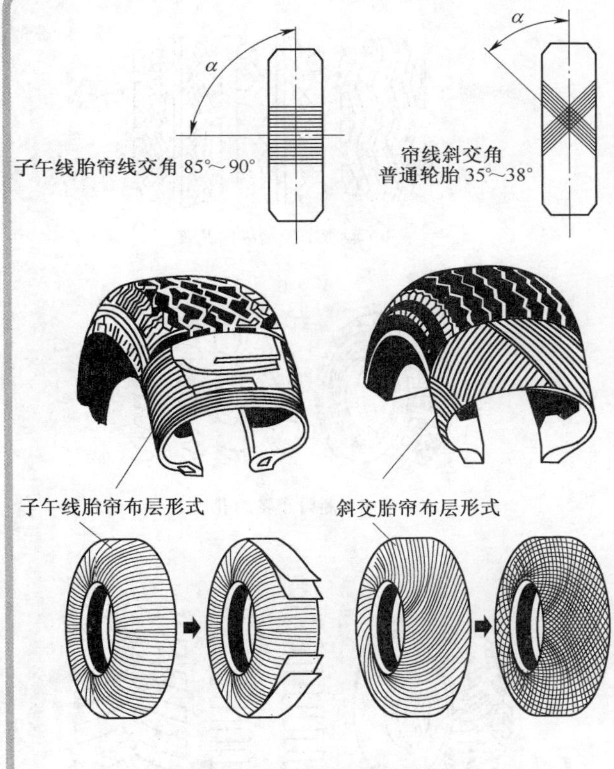

α
子午线胎帘线交角 85°～90°
α
帘线斜交角
普通轮胎 35°～38°

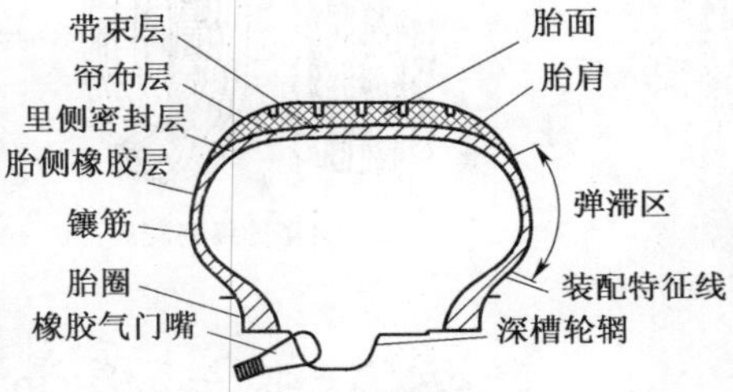

带束层
帘布层
里侧密封层
胎侧橡胶层
镶筋
胎圈
橡胶气门嘴
胎面
胎肩
弹滞区
装配特征线
深槽轮辋

b）无内胎的子午线胎

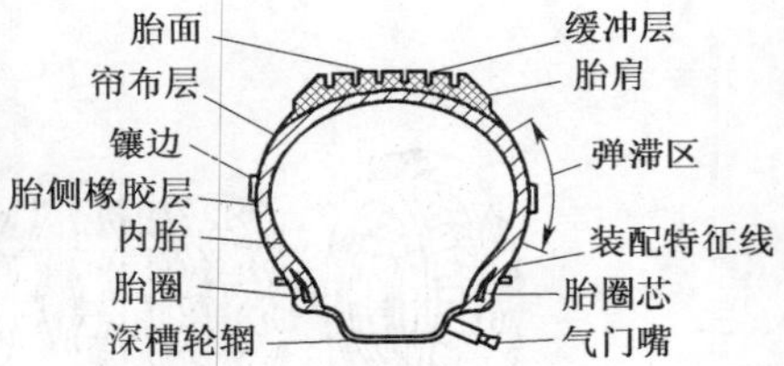

子午线胎帘布层形式
斜交胎帘布层形式

a）子午线轮胎与普通斜胶轮胎结构比较

胎面
帘布层
镶边
胎侧橡胶层
内胎
胎圈
深槽轮辋
缓冲层
胎肩
弹滞区
装配特征线
胎圈芯
气门嘴

c）带内胎的斜交胎

子午线就是地球上连接南北极的经线。因子午线轮胎帘布层的帘线从轮胎的一侧经过胎面到另一侧胎边，帘线层排列与胎冠中心线呈85°～90°，这种圆弧的分布形式像子午线，故称子午线轮胎。子午线胎与普通斜交轮胎对比如图a）所示。子午胎的优点是：滚动阻力小，节省燃料，耐磨性好，使用寿命长；轮胎高速旋转时变形小，胎温升高慢，有利于安全行车，故得到广泛应用。它的缺点：胎侧薄，变形大，故胎侧与胎圈受外力后，胎侧与轮辋接触处容易产生裂纹，侧面稳定性差。

无内胎子午线胎如图b）所示，在外观上与普通轮胎相似，不同的是外胎内壁上附加一层厚约2~3mm的专门用来封气的橡胶密封层，它是用硫化方法黏附上去的。在密封层内表面上，贴着一层由特殊混合物制成的自黏层，当轮胎穿孔时，自黏层能自行黏合刺穿孔。

依照ISO国际标准，汽车轮胎规格应具备以下内容：[断面宽标号]/[扁平率标号][轮胎结构标号][适用轮辋直径标号][载荷指数][速度记号]。我国已制订乘用车与载货汽车轮胎系列标准。现以乘用车“195/60 R14 85H”为例说明，其中“195”表示轮胎截面宽度（mm），“60”表示轮胎高宽比（%），“R”表示子午线结构标志，“14”表示轮辋直径（英寸），“85”表示载荷指数（最大载荷5.05kN），“H”表示车速级别标志（最高速度210km/h）。

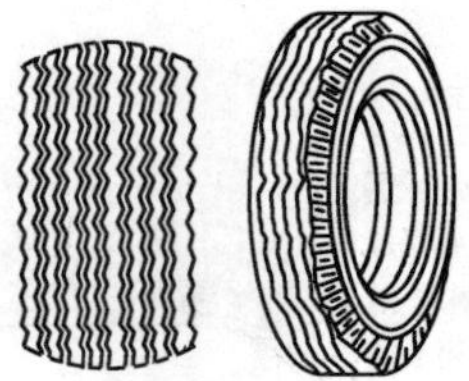

a）典型的纵向花纹

b）载货车轮胎纵向花纹

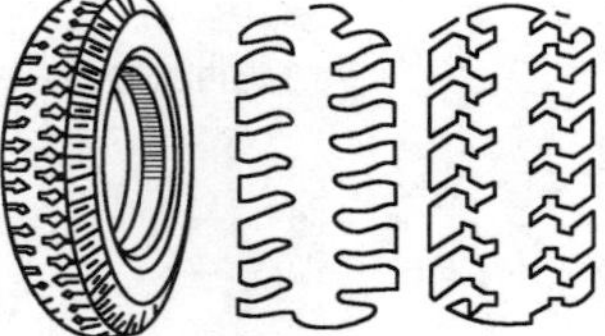

c）载货车轮胎横向花纹

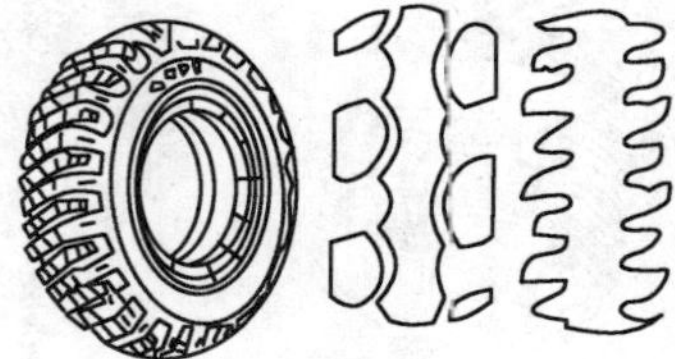

d）越野车轮胎花纹

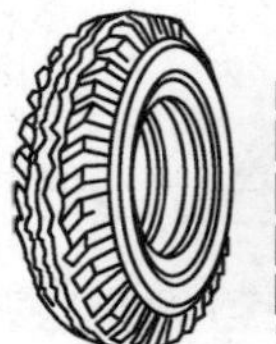

e）混合花纹

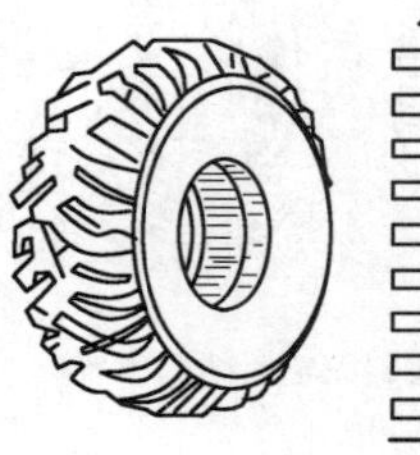

f）马牙花纹、人字花纹

g）拱形胎花纹

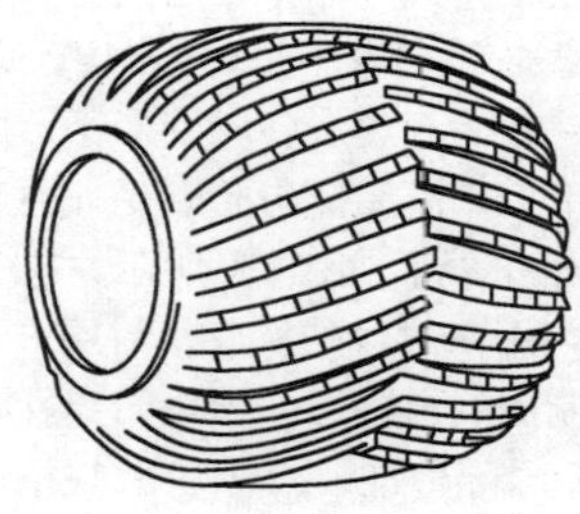

h）低压特种花纹

轮胎的花纹形状和花纹的深度十分重要，它直接影响到制动和转向性能，关系到行车安全。可根据不同的运行条件（路面和气候）自行选择适宜的轮胎。不同花纹形状的轮胎在确保驱动力、减少滚动阻力、防止侧滑、减少噪声等方面作用均不同。图a)　图f)所示花纹适用于不同车种与行驶路面。轮胎花纹深度关系到行驶安全，根据技术要求，乘用车轮胎花纹深度小于1.6mm时，须更换新胎（已磨到防侧滑标记）。大型货车花纹深度小于3.2mm时须更换新胎。为适应软地面行驶的特种需要，部分特种车辆的轮胎胎面断面要求更宽，接地压力更低，附着性更好，如图g）、图h）所示。

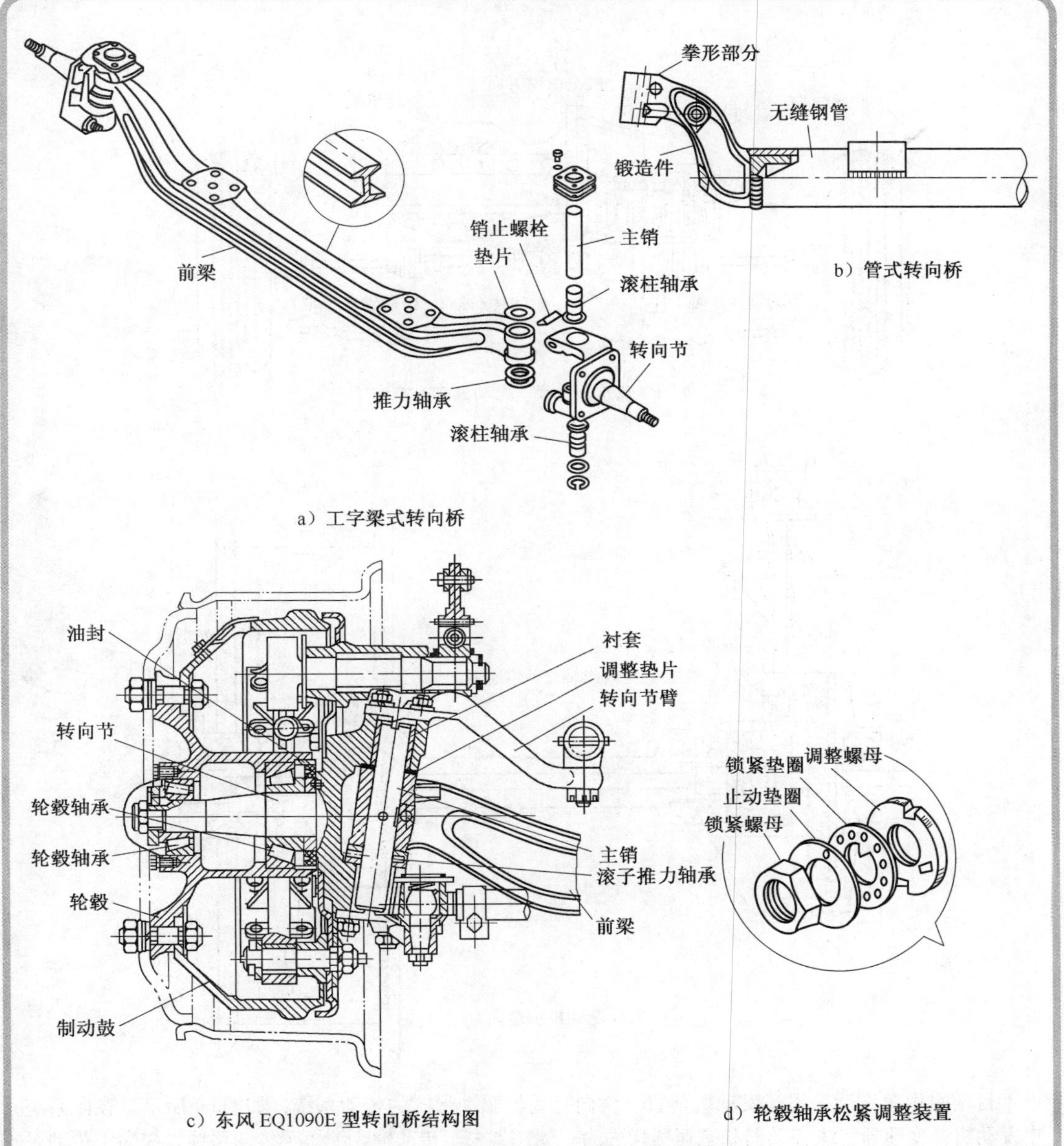

a）工字梁式转向桥

b）管式转向桥

c）东风 EQ1090E 型转向桥结构图

d）轮毂轴承松紧调整装置

车桥（也称车轴）通过悬架和车架（或承载式车身）相连，它的两端安装车轮，其功用是传递车架与车轮之间各方向作用力及力矩。根据车桥上的车轮功用，可分转向桥、驱动桥、转向驱动桥和支持桥4种类型。

转向桥是利用车桥中的转向节，使车轮可以偏转一定角度，以实现汽车的转向。它除承受垂直载荷外，还承受纵向力和侧向力及这些力产生的力矩。转向桥通常位于汽车的前部，因此也称前桥。

各种载货型汽车的转向桥基本相同。转向桥主要由前梁（断面是工字梁）、转向节、主销、衬套及滚柱轴承、推力轴承等组成，如图a）所示。

前轴的断面形状有工字形，也有由无缝钢管与拳形部分铸造件焊接而成的管式转向桥，如图b）所示。东风EQ1090E型转向桥结构如图c）所示。轮毂轴承松紧度调整装置如图d）所示，该装置能确保调整后轴承松紧度可靠，并能锁住保持不变。

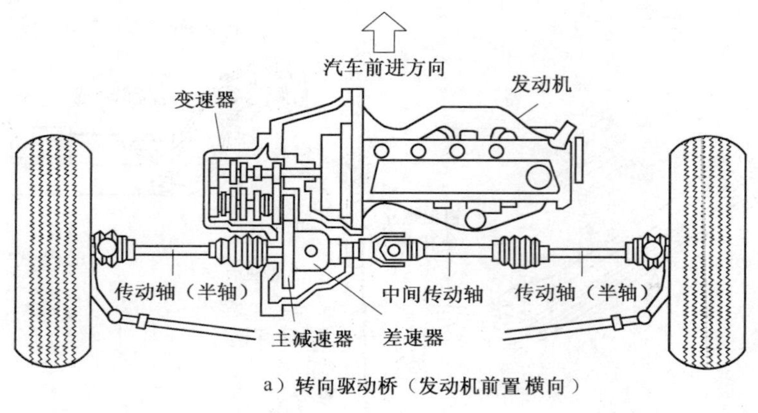

a）转向驱动桥（发动机前置横向）

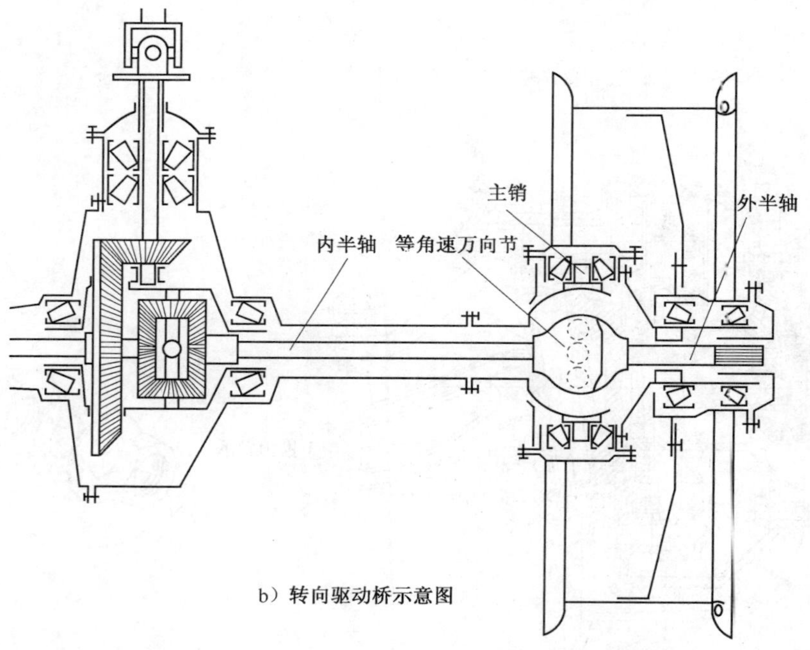

b）转向驱动桥示意图

目前乘用车广泛采用了发动机前置（横向）前轮驱动形式的传动系统，如图a）所示。在此系统中发动机、变速器、主传动器和差速器构成为一体，省去了传动轴，缩短了传动路线，提高了传动系统的机械效率。在这种一体式传动中，它同时完成变速、差速和驱动车轮等功能。这种结构称为变速驱动桥，同时因为它又驱动转向轮，因此也称为转向驱动桥。转向驱动桥不仅使结构紧凑，也大大减轻了传动系统的质量，有利于汽车底盘的轻量化。由于变速器、主减速器、差速器等均安置在同一壳体中，变速器一般为两轴式。变速器的第二轴（输出轴）上安装有主减速器的主动齿轮。其动力传动路线是：动力从发动机曲轴、飞轮输入给第一轴，通过一定挡位的齿轮变速后，把动力传给第二轴。再经第二轴上的主减速器的主动齿轮传给主减速器的从动齿轮、差速器、差速器中的行星齿轮轴、行星齿轮、半轴齿轮及等角速万向节，最后经左右传动轴，传给左右驱动车轮。

图b）是转向驱动桥示意图，从图中可以清晰看出动力传递路线，转向主销分为上、下各半截，与转向节相配合。

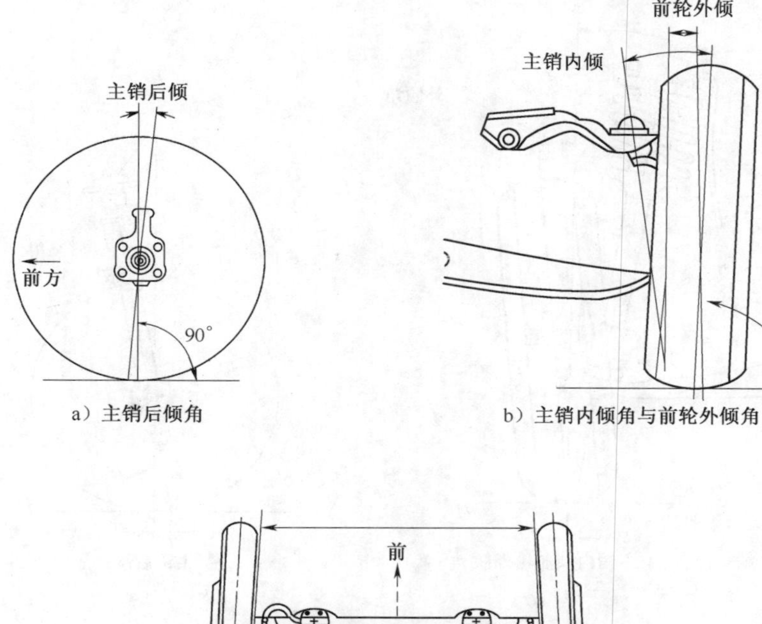

a）主销后倾角　b）主销内倾角与前轮外倾角

c）前轮前束

前轮定位即转向轮、前轴和转向节三者之间相对安装位置正确。

前轮定位内容（或称参数）包括主销后倾、主销内倾、前轮外倾和前轮前束。

它的功用是保持汽车直线行驶的稳定性，转向轻便且能自动回正，减少轮胎与转向机件的磨损。

在汽车的纵向平面主销上部有向后倾斜的现象称主销后倾，主销后倾角如图a）所示。一般是由前轴、钢板弹簧和车架三者装配在一起时，使前轴断面向后倾斜而形成的。有的车型利用在前轴钢板弹簧底座装楔形垫片，或前轴钢板弹簧座制成一定倾斜度，也有的利用前钢板吊耳前后位置高度差来形成主销后倾角。其作用是便于转向后自动回正。主销后倾角是个变量，当汽车装载货物后，由于汽车后部高度下降，使得主销后倾角增大，汽车稳定性增强。如果主销后倾角过大，会使汽车转向稳定性变差。

在汽车的横向平面内，主销上部向内倾斜的现象称主销内倾，主销内倾角如图b）所示。主销内倾角是在前梁设计中通过前轴拳部通孔的位置实现的，在使用中不能调整。车轮外倾由转向节轴颈的轴线与水平面成一定夹角来实现的，使用中不能调整。

图c）为前轮前束，汽车安装两个前轮后，在通过车轮轴线与地面平行的平面内，两车轮前端略向内束的现象称为前轮前束。前轮前束通过调整转向系横拉杆的长度来实现。使用中应经常测量车轮的前束，如果发生改变，应通过调整转向系横拉杆的长度来校正。应该注意的，各汽车制造厂对前束的测量位置均有规定，必须按规定测量点进行测量。前束目的是抵偿外倾不良影响，使汽车保持直线行驶。

四轮定位时，后轮的外倾角和前束，其作用原理与前轮定位相同，目的是实现车轮与路面间的纯滚动，使前后轮胎行驶轨迹重合，如一汽红旗CA7220、奥迪100、上海桑塔纳2000、一汽奥迪200、凌志LS400等乘用车均采用了后轮定位。

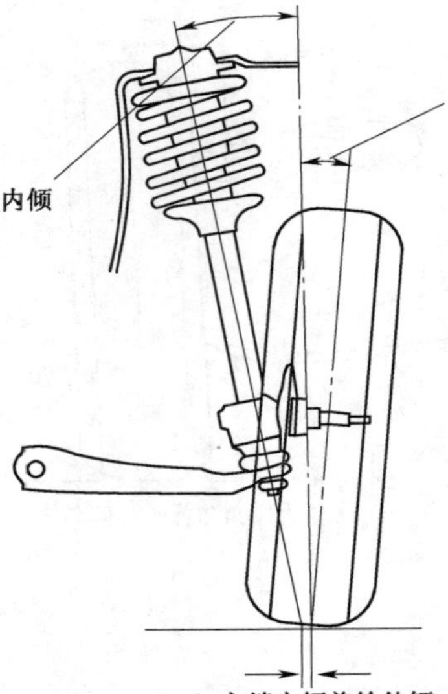

a）主销内倾前轮外倾

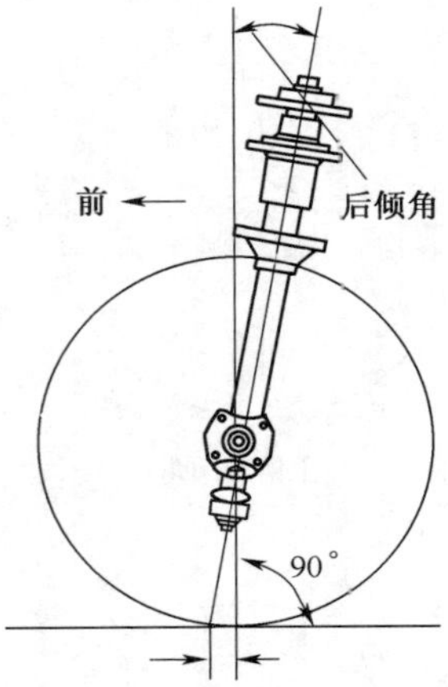

b）主销后倾

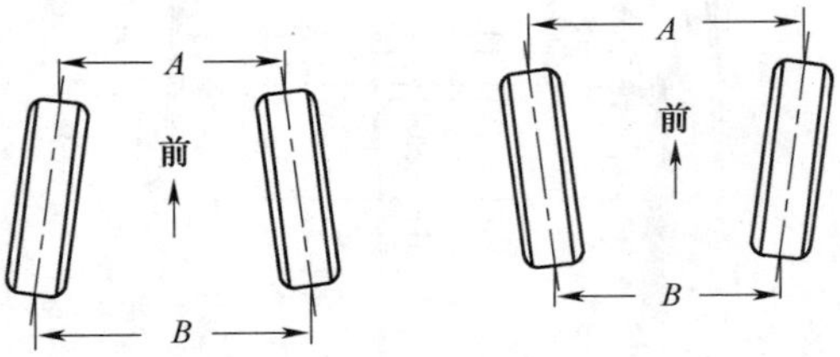

正前束

负前束

c）前束

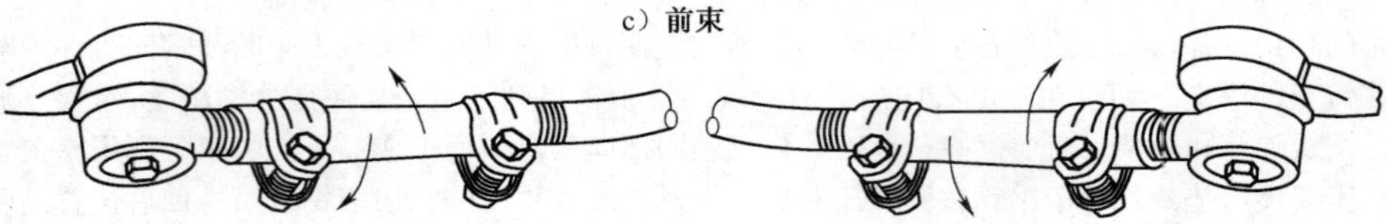

d）转动横拉杆，调整前束

外倾——车轮平面相对于地面垂线朝外倾斜。外倾角一般约为0.5° ～ 2° 。前轮为正外倾，后轮为负外倾，如图a）所示。

它的优点是：转向滚动半径较小，使车轮轮毂轴承紧贴轮毂，降低车轮向外飞出的趋势。负外倾可以降低汽车重心，使汽车具有良好的侧偏特性。但外倾过大会导致轮胎偏磨损。

从图a）中可以看出，主销内倾，它是主销相对地面垂线向内倾斜。内倾角一般为2° ～ 8° 。主销内倾使车轮具有自动回正作用，由于车轮滚动半径变小，需要转向力矩也随即变小。

主销后倾——主销轴线沿汽车纵轴线方向相对地面垂直朝后倾斜，即主销轴线与地平面交点在车轮的着地点前方，如图b）所示。后倾角一般为0° ～ 6° 。它能使车轮转弯后自动回正，避免车轮的摆振。

前束有正、负（即前“八”字，后“八”字）之分，如图c）所示。前轮驱动时前束应为零，甚至为负值（视具体车型而定）。它能消除连接处的间隙，避免车轮抖动。若前束值过大会导致轮胎快速磨损。可改变横拉杆长度来调整前束（图d）。

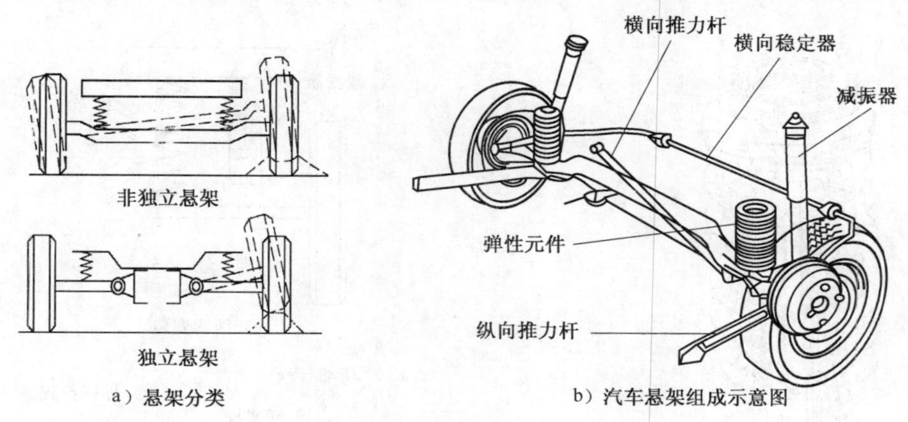

a）悬架分类　　b）汽车悬架组成示意图

悬架是车架（或承载式车身）与车桥（或车轮）之间的所有传力连接装置的总称。它的作用是弹性地连接车桥与车架（或车身），缓和行驶中车辆受到的冲击，保证乘员舒适与货物完好；衰减由弹性系统引起的振动，传递垂直、纵向、侧向反力及其力矩；并起导向作用，使车轮按一定轨迹相对车身跳动。

悬架分类：按位置分前悬架、后悬架；按汽车导向机构分非独立悬架、独立悬架，如图a）所示。

悬架一般由弹性元件、导向机构和减振器组成，如图b）所示。它们分别起缓冲、导向和减振作用，共同完成力和力矩传递。乘用车为防止车身转向时发生过大的横向倾斜，装有横向稳定器。

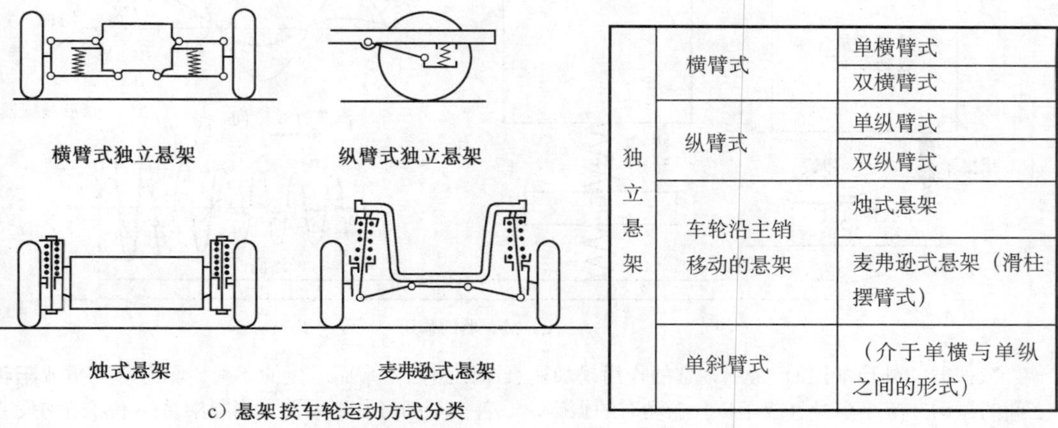

c）悬架按车轮运动方式分类

独立悬架	横臂式	单横臂式
		双横臂式
	纵臂式	单纵臂式
		双纵臂式
	车轮沿主销移动的悬架	烛式悬架
		麦弗逊式悬架（滑柱摆臂式）
	单斜臂式	（介于单横与单纵之间的形式）

非独立悬架的结构特点：两侧的车轮由一根整体式车桥相连接，车轮连同车桥一起通过弹性悬架悬挂在车架上。

独立悬架特点：采用断开式车桥，两侧车轮可以单独运动，互不干扰。

独立悬架按车轮运动形式主要可分成3类（图c）：

（1）车轮在汽车横平面内摆动悬架（横臂式）；

（2）车轮在汽车纵向平面内摆动悬架（纵臂式）；

（3）车轮沿主销移动的悬架又分两种：一种是车轮沿固定不动的主销轴线移动，称烛式悬架；另一种是车轮沿摆动主销轴线移动的麦弗逊式悬架。

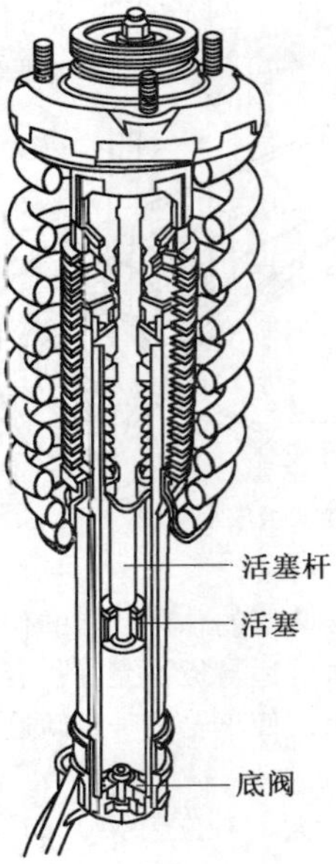

减振器作用与原理

a）减振器的外形

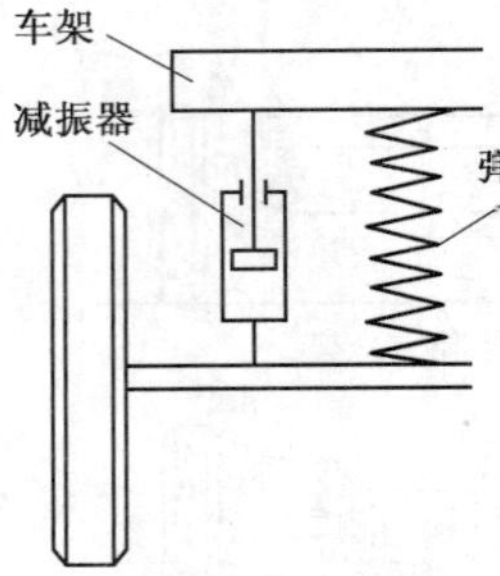

b）减振器安装

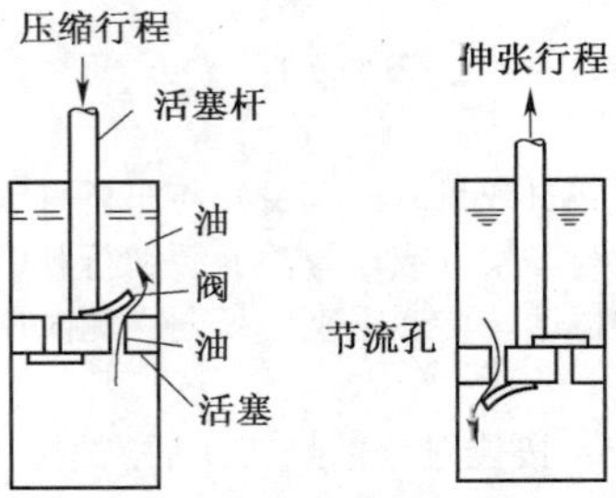

c）减振器的工作原理

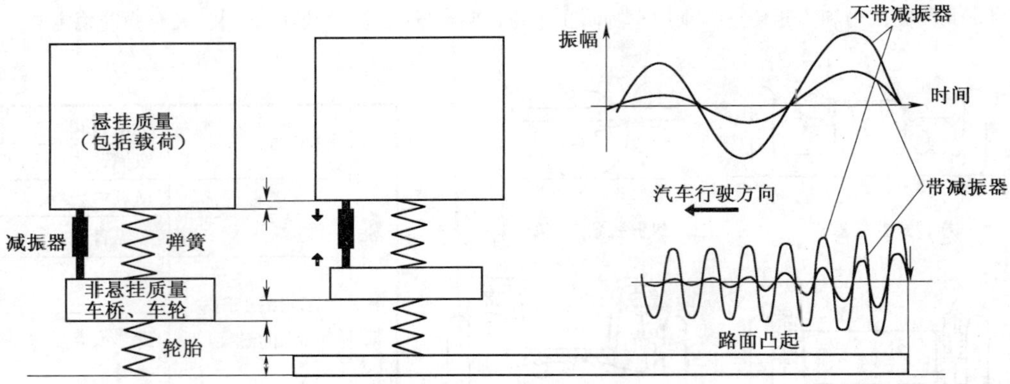

d）减振器的作用

减振器的外形如图a）所示，它的作用是加速衰减因路面不平而产生的车架、车身与车桥或车轮之间的振动，减小车身（或车桥）振动时的振幅，改善汽车的行驶平顺性，消除乘员的不舒适和疲劳感。

减振器与弹性元件并联，安装在车架（或车身）与车桥之间，如图b）所示。当车轮与车架发生相对运动时，起减振作用。

减振器的工作原理如图c）所示。当车架与车桥作往复相对运动时，活塞在缸筒内也作往复运动，油液便反复地从一个内腔通过一些窄小的孔隙流入另一个内腔。此时，孔壁与油液间摩擦及液体分子内摩擦便形成对振动的阻尼力，把振动能量转化为热能，该热能被油液和减振器壳体所吸收，然后散发到大气中。

图d）用有无减振器作用对比说明有了减振器在凸起路面行驶时的作用，短时间内，减振器可有效减小振幅，达到行驶平顺的目的。

减振器可以分为单作用式、双作用式、充气加压式和阻力可调式。

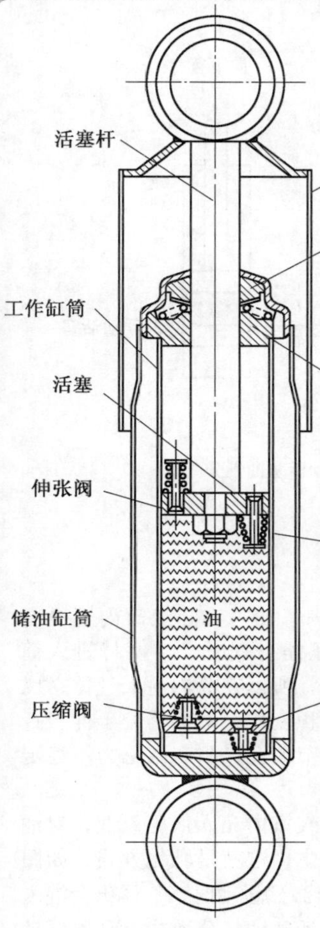

a）减振器结构图

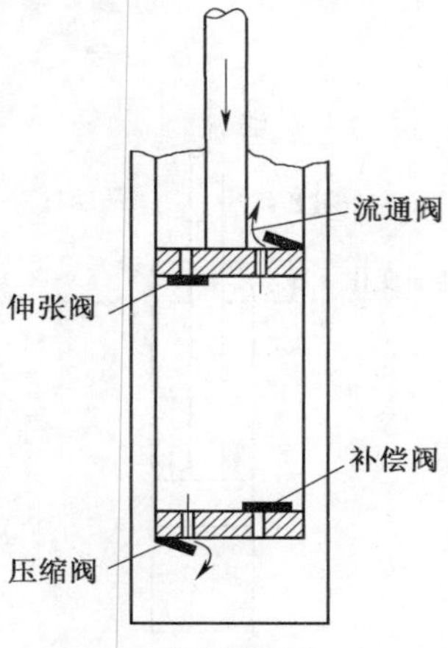

b）压缩行程

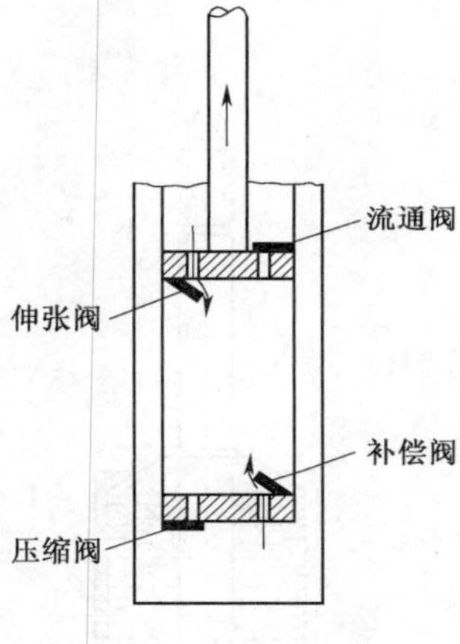

c）伸张行程

在压缩（车轿向上运动，向车架跳动）和伸张（车桥从上向下运动）两行程内均起减振作用的称为双向作用式减振器。一般由几个同心缸筒、活塞和若干个阀所组成，如图a)所示。

图b）所示为压缩行程，当车轿靠近车架，减振器受压缩，活塞下移，工作缸下腔容积减小，上腔容积增大。下腔油压高于上腔，油液压开流通阀进入上腔。由于活塞杆占去上腔部分容积，因此，使上腔增加的容积小于下腔减小的容积，致使下腔油液不能全部流入上腔，而多余的油液则从压缩阀进入储油缸筒。这些阀的流通面积不大，因而便造成一定的阻尼力。

图c）所示为伸张行程，当车桥远离车架，减振器被拉长，活塞上移，使上腔容积减小，下腔容积增大，上腔油压高于下腔，油液推开伸张阀流入下腔。同样，由于活塞杆的存在致使下腔产生一定的真空度，这时，储油缸筒内的油液在真空吸力的作用下打开补偿阀流入下腔。油液流经这些阀时便产生了阻尼力。

双向筒式减振器主要由工作缸筒、储油缸筒、活塞杆、活塞及4个阀门组成。

为了确保减振器阻尼力大小和弹性元件缓冲作用相协调，以防加剧两者相互对立，减振器结构设计中考虑了以下两个问题：

（1）当车架与车轮相接近，即压缩时，减振器阻尼力较小，可将压缩阀孔径尺寸变大，弹簧较软，以便充分利用钢板弹簧弹性来缓冲吸振。

（2）当车架与车轮相离开，即伸张时，将减振器阻尼力变大，把伸张阀孔尺寸变小，弹簧较硬，起节流阻尼作用，可以有效保护钢板弹簧不被损坏。

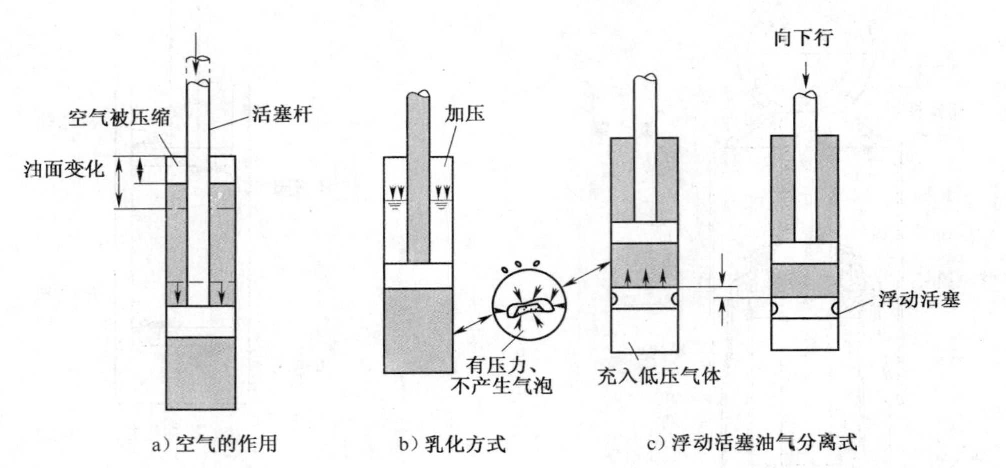

a）空气的作用　　b）乳化方式　　c）浮动活塞油气分离式

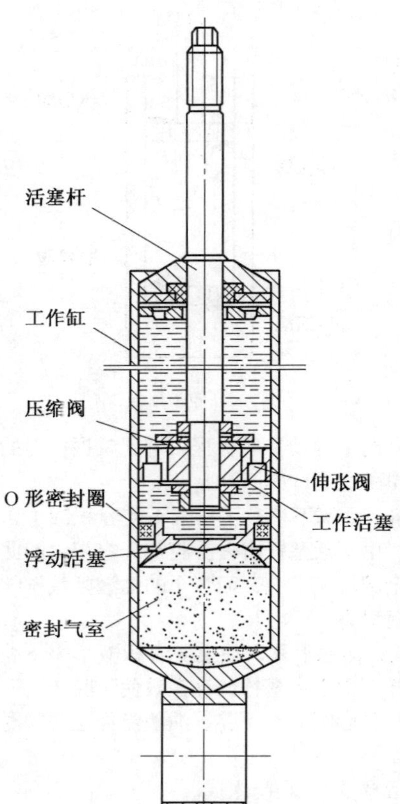

d）充气式减振器组成

图a）所示的筒中虽充满了油，实际上筒内还设有气室部分。当减振器处于压缩行程时，活塞杆进入筒内，必然会减少筒内的容积，所以在筒内封入气体，以吸收活塞杆伸张时产生的容积变化。减振器处于伸张行程时，混入油中的气体通过节流孔，引起阻尼力不稳定（设法消除空气）。

为了防止这一现象，在气室内充入低压氮气，对油施加压力，以减少气泡的产生，这就是乳化方式，如图b）所示。即使这样，减振器激烈运动时，气体仍会混入油中，所以还可以采用浮动活塞油气分离式，利用浮动活塞将油室和气室分隔开，向油施加压力。

充气式减振器如图d）所示。在缸筒的下部装有一个浮动活塞，在浮动活塞与缸筒一端形成的密闭气室中，充有高压（2~3MPa）氮气。在浮动活塞的上面是减振器油液。浮动活塞上装有大断面的O形密封圈，它把油和气完全分开，故此活塞亦称封气活塞。工作活塞上装有随其运动速度大小而改变通道截面积的压缩阀和伸张阀。此两阀均由一组厚度相同、直径不等、由小到大排列的弹簧钢片组成。

当车轮上下跳动时，减振器的工作活塞在油液中作往复运动，使工作活塞的上腔和下腔之间产生油压差，压力油便推开压缩阀或伸张阀来回流动，阀的阻尼作用消耗了振动能量，使振动衰减。

活塞杆的进出而引起的缸筒容积的变化，由浮动活塞的上下运动来补偿，因此这种减振器不需储液缸筒，所以亦称单筒式减振器。

钢板弹簧也称片式弹簧。它具有结构简单、使用方便、维修简易等优点，并可起到导向作用，因而省去导向装置，近年来，单片或2~3片的钢板弹簧在中、轻型载货汽车上得到广泛应用。

钢板弹簧作为弹性元件，除了起缓冲减振作用外，还可以传递力和力矩。工作时利用弹簧片与片之间的摩擦阻尼起到衰减振动作用。

钢板弹簧的中部被U形螺栓刚性地固定在车桥的上部，其两端则通过钢板弹簧销与车架支座活动铰接，起传力及导向作用。在后悬架中通常采用副钢板弹簧总成，当载货汽车后悬架载质量变化较大时，能保持悬架的频率不变或变化不大。副钢板弹簧总成一般装在主钢板弹簧总成上方，当后悬架负荷较小时，仅由主钢板弹簧起作用。在负荷增加到一定程度时，副钢板弹簧总成与车架上的支架接触，开始起作用（图a）。

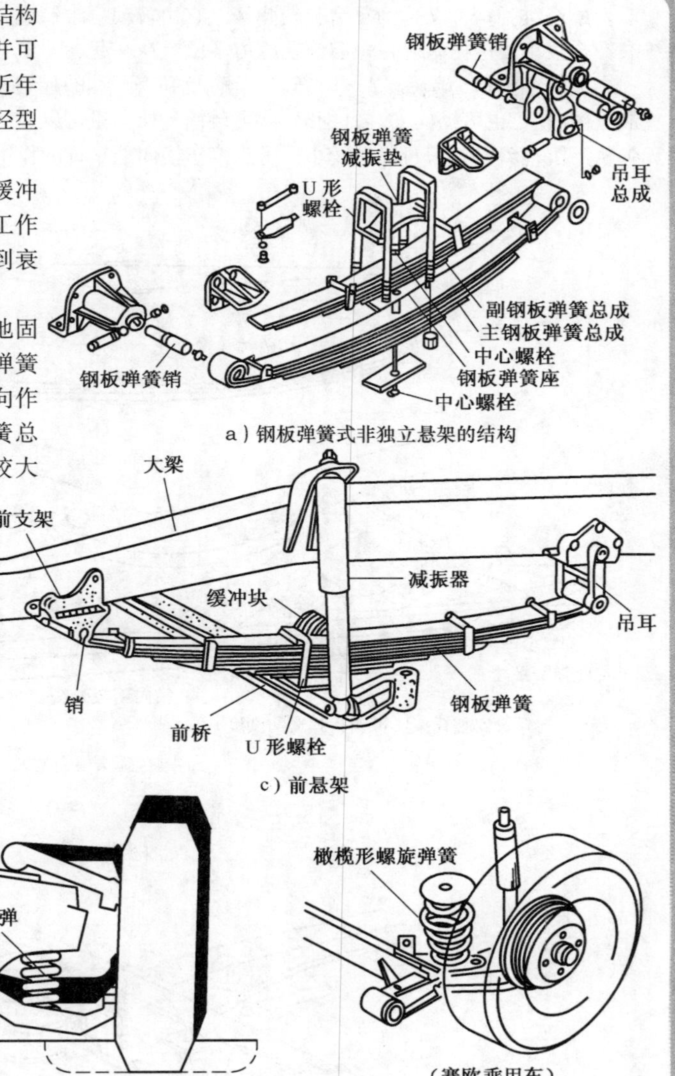

a）钢板弹簧式非独立悬架的结构

b）螺旋弹簧

c）前悬架

d）悬架在运动

e）螺旋弹簧在乘用车后悬架中的应用

螺旋弹簧是由特殊的弹簧钢杆卷制而成的，可以做成圆柱形或橄榄形（圆锥形）（图b），也可以做成等螺距式或不等螺距式。圆柱形等螺距螺旋弹簧的刚度不变，圆锥形或不等螺距螺旋弹簧的刚度是可变的。螺旋弹簧与钢板弹簧相比，具有以下优点：无需润滑，不忌泥泞；安置时所需纵向空间不大，弹簧质量小。但螺旋弹簧本身没有减振作用，必须另装减振器。另外，它只能承受垂直载荷，故必须装设导向机构以传递垂直以外的各种力和力矩。弹簧从压缩到反弹进行往复运动，每次压缩和反弹行程越来越小，这是由于弹簧分子结构的摩擦和悬架枢轴点的摩擦造成的。悬架运动状态如图d）所示，在悬架上加装减振器，可使颠簸后的弹簧运动减弱并迅速停止。螺旋弹簧多用于非独立悬架和乘用车后悬架中，如图e）所示。

合成纤维弹簧

合成纤维弹簧，又称为复合材料弹簧。它由玻璃纤维制成，用韧性聚酯树脂叠连在一起，玻璃纤维长铰合线束浸透树脂缠在一起或在压力下压合在一起。

合成纤维弹簧为单片式，非常轻，具有较好平顺性的控制特性。一些乘用车已采用，它可以横向安装（图a），也可纵向安装（图b）；可装前悬架，也可以装后悬架。它的优点是行驶平顺无噪声，无弹簧下沉现象，且车身侧倾较小，可起汽车横向稳定杆的作用。

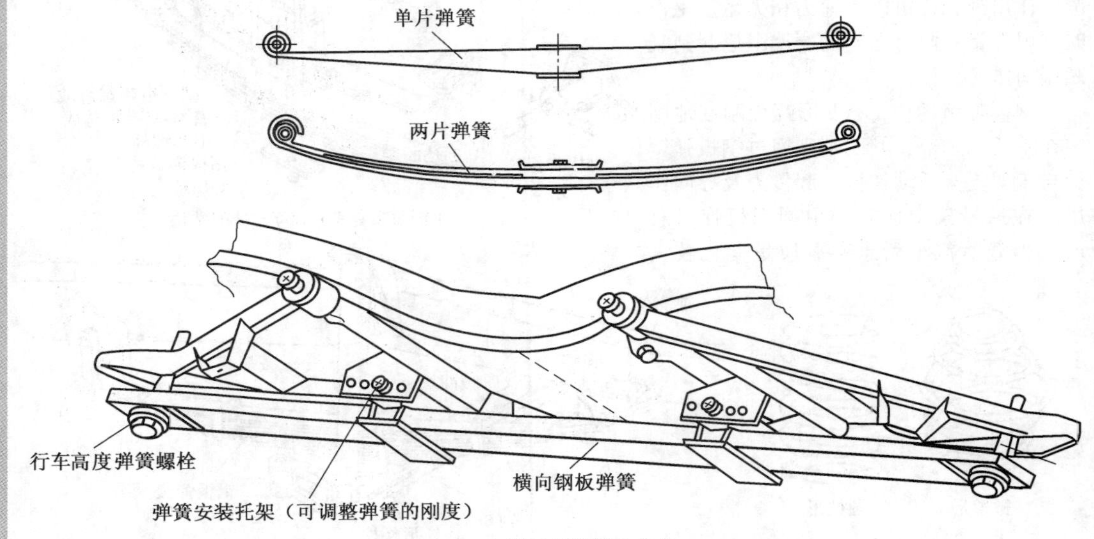

a）单片弹簧横向安装

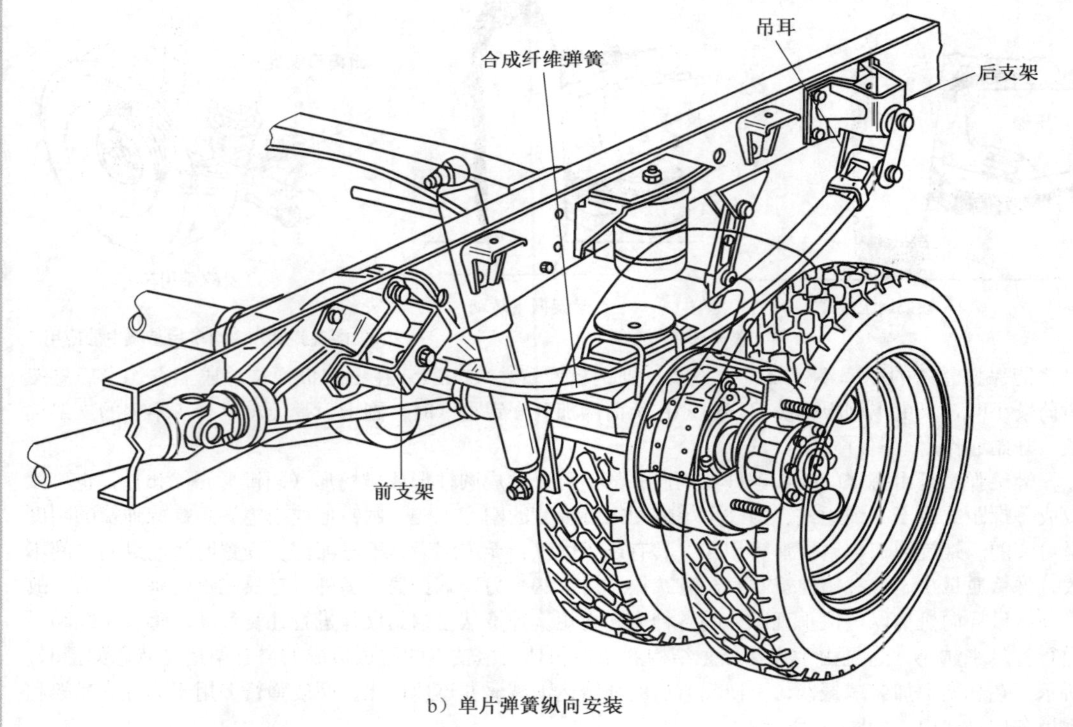

b）单片弹簧纵向安装

气体弹簧可分空气弹簧和油气弹簧。利用空气作弹簧的空气弹簧是在一个密封有弹性的容器中充入压缩气体，一般气压为0.5~1MPa，利用空气的可压缩性实现其弹簧作用。空气弹簧又有囊式和膜式两种。

图a)所示囊式空气弹簧由有帘线的橡胶气囊和密闭在其中的压缩空气构成。图b）所示膜式空气弹簧由橡胶片和金属压制件组成，适用于乘用车。

空气弹簧应用的实例如图c）、图d）、图e）所示。气囊可制成两节或三节。节数越多，弹性越好。节与节之间围有钢质腰环，防止中间部分向外扩张和两节相互碰擦。空气弹簧的刚度是可变的，随着载荷的增加而增加。

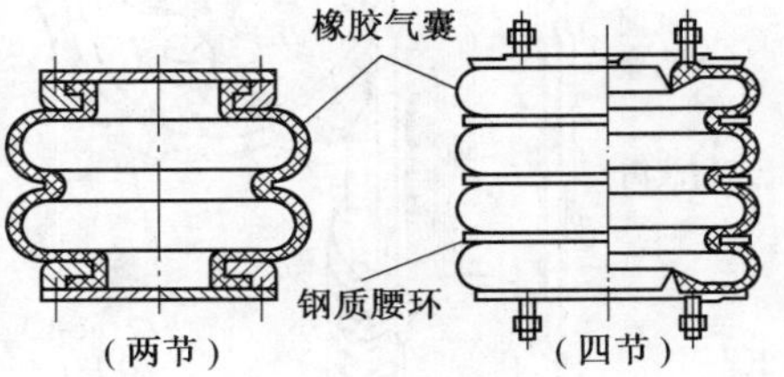

橡胶气囊
钢质腰环
（两节）
（四节）

a）囊式空气弹簧

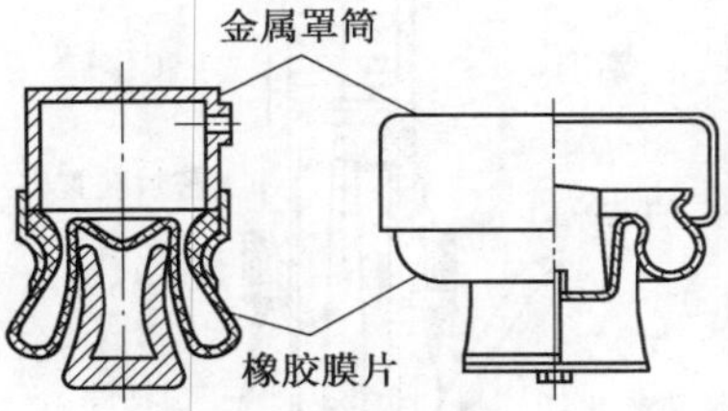

金属罩筒
橡胶膜片

b）膜式空气弹簧

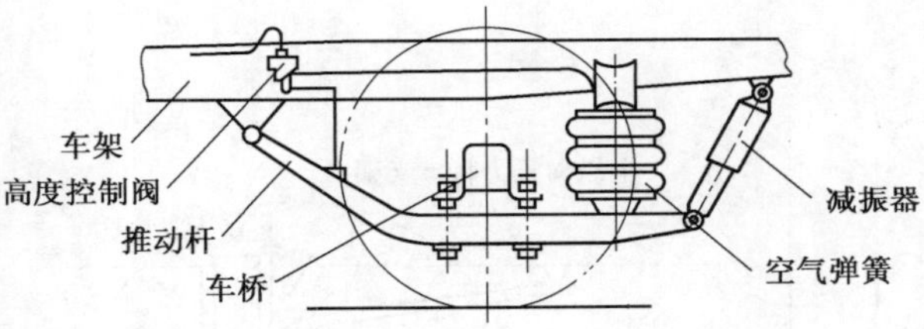

车架
高度控制阀
推动杆
车桥
减振器
空气弹簧

c）空气弹簧悬架在载货汽车上的应用示意图

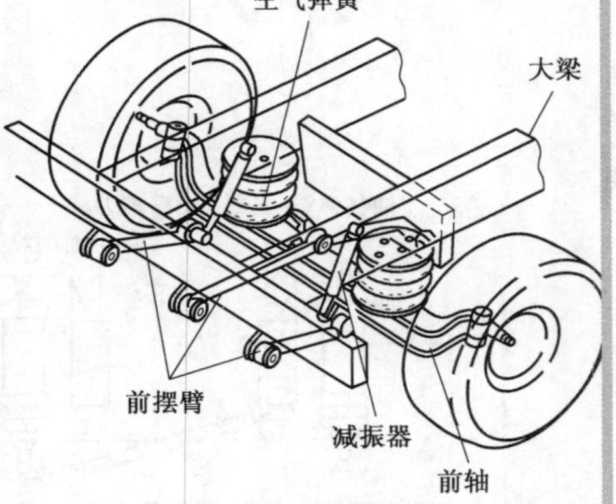

空气弹簧
大梁
前摆臂
减振器
前轴

d）空气弹簧非独立悬架

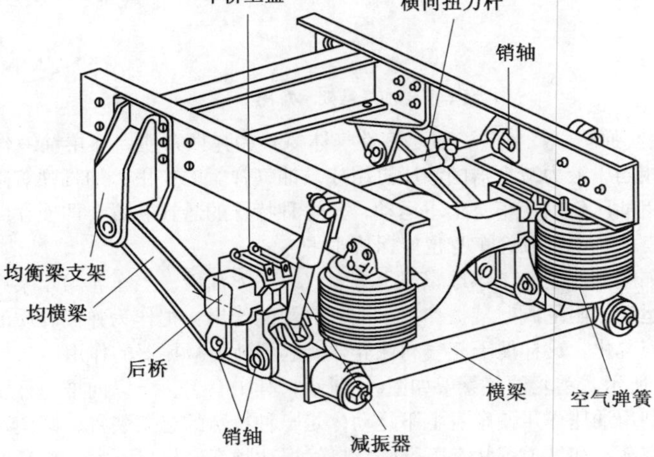

车桥上盖
横向扭力杆
销轴
均衡梁支架
均横梁
后桥
销轴
减振器
横梁
空气弹簧

e）大型客车后桥空气弹簧悬架

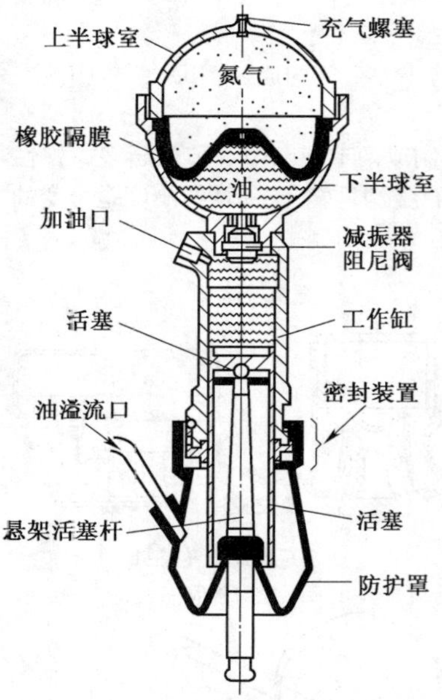

油气弹簧

a）油气弹簧

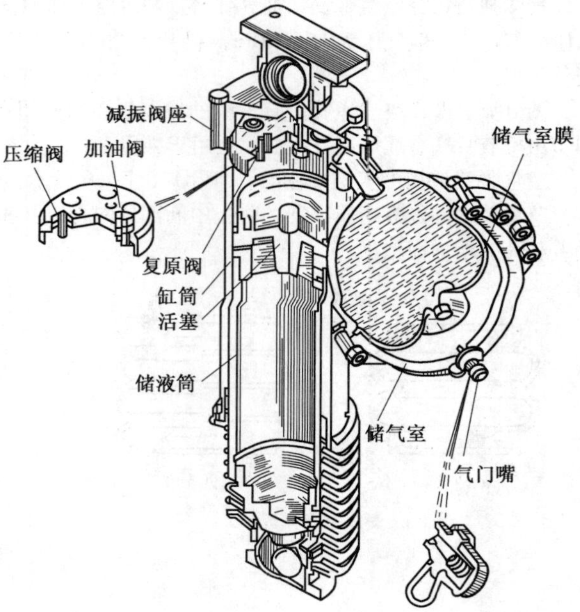

b）油气悬架

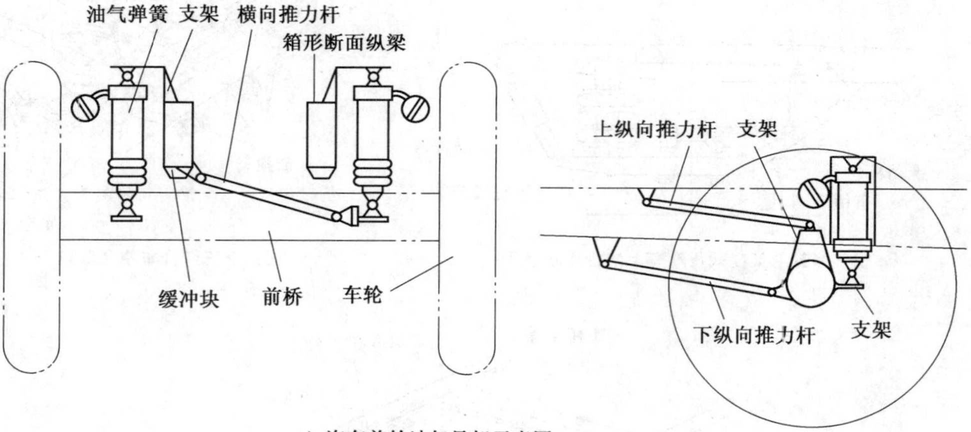

c）汽车前轮油气悬架示意图

如图a）所示，油气弹簧以气体（一般是惰性气体氮）为弹性介质，而用油液作为传力介质。它一般是由气体弹簧和相当于液力减振器的液压缸组成。油气弹簧的作用：油气弹簧除了能减缓车轮的冲击振动外，还可利用油压作用使车身上下运动，是一种特殊的悬挂装置。即使在路况差的路面上及载荷状态和坡道等不良状态下行驶，车身也能保持水平。

油气弹簧用橡胶隔膜分成上、下半球室，上方氮气，下方油液。当车轮与车架产生相对运动时，活塞在工作腔上、下运动，阻尼阀起减振作用。油气隔膜的作用：把作为弹性介质的高压氮气和工作液分开，以避免工作液乳化，这样便于充气和保养，能起到液力减振器的作用。

油气悬架如图b）所示，前轮油气悬架如图c）所示，其中有上、下纵向推力杆，当车桥与车架相接近（或远离时），利用油压作用使车身上下运动，是一种特殊的悬架装置，即使在路况差的路面上及载荷状态（重载或空载）和坡道等状态下行驶，自然振动频率变化也不大，车身也能保持水平。

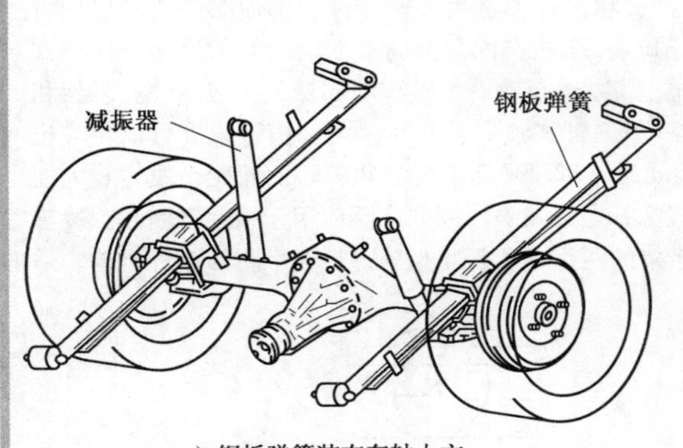

a）钢板弹簧装在车轴上方

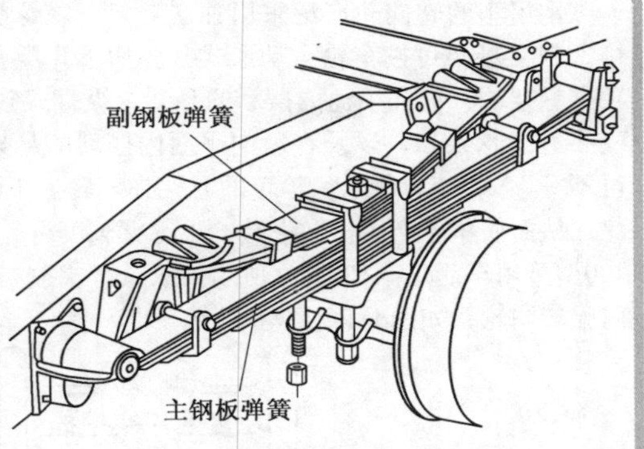

b）具有主、副钢板弹簧的后悬架

采用钢板弹簧为弹性元件的非独立悬架，一般纵向布置钢板弹簧，如图a）、图b）所示。这种悬架广泛应用于货车，乘用车一般适用于后桥。钢板弹簧在行驶中受到路面冲击振动后，长度会发生变化，利用钢板弹簧总成与车架不同的连接方式（吊耳支架式、滑块支承式和橡胶块支承式）的间隙进行摆动或滑动，可以加速振动的衰退，若在前悬架中装有减振器则减振效果更好。

螺旋弹簧非独立悬架适用于乘用车的后悬架，如图c)、图d)所示。以螺旋弹簧为弹性元件悬架，只承受垂直载荷，故要加设导向传力结构和减振器，一般以其纵、横向推力杆作为悬架的导向机构，用来承受和传递车轴和车身之间的纵向和横向作用力及其力矩。增强横向推力杆的安装强度，可加强杆的作用，并可使车身受力均匀。若采用空气弹簧作非独立悬架，与螺旋弹簧相似，应配备导向机构和减振器。

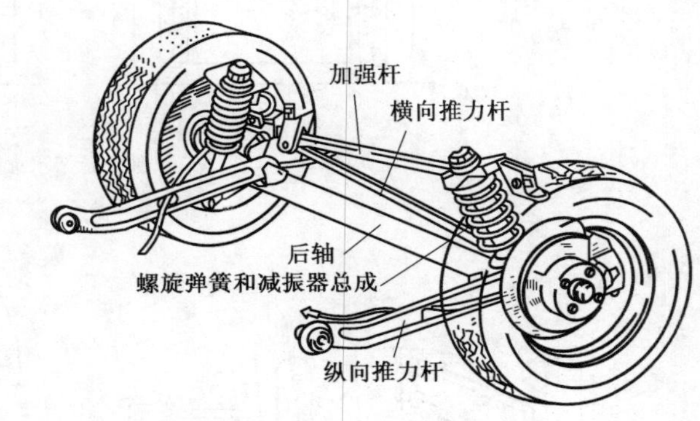

c）奥迪 100 型乘用车后悬架

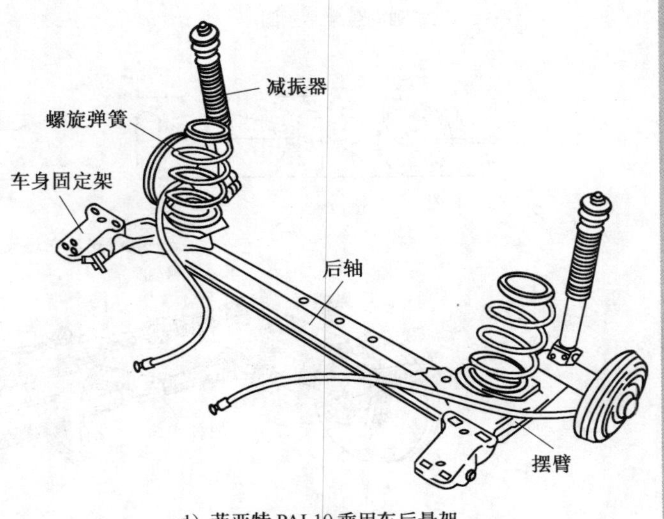

d）菲亚特 PAL10 乘用车后悬架

乘用车的转向轮广泛采用独立悬架，以螺旋弹簧和扭杆弹簧为弹性元件，因而必须要有导向机构。独立悬架可按车轮运动形式分为如下几类（图a）：车轮在汽车横向平面内摆动的悬架（横臂式独立悬架）、纵向平面内摆动的悬架（纵臂式独立悬架）、车轮沿主销移动的悬架（包括烛式悬架和麦弗逊式悬架），以及在斜向平面内摆动的悬架（单斜臂式独立悬架）。两个横臂长度可以相等也可不等，如图b）所示。等臂的悬架在车轮上下跳动时，车轮平面不发生倾斜，而轮距会发生较大变化，从而使车轮产生横向滑移。不等臂长度可有效弥补上述缺陷，因此广泛应用于乘用车前轮。凌志400型乘用车后悬架如图c）所示。双纵臂式独立悬架的两个纵臂长度相等，形成平行四连杆机构，适用于转向轮，如图d）、图e）所示。

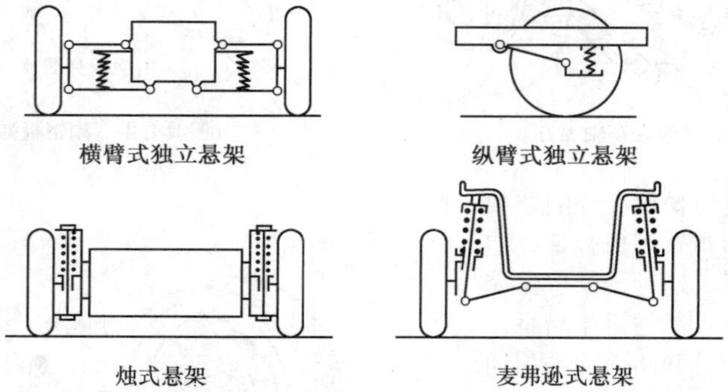

横臂式独立悬架　纵臂式独立悬架

烛式悬架　麦弗逊式悬架

a）独立悬架示意图

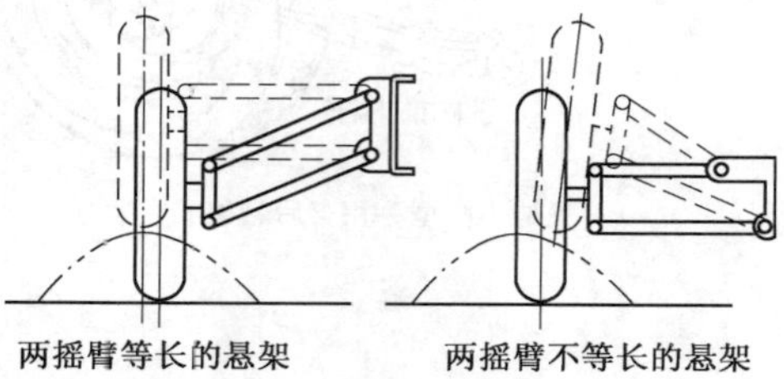

两摇臂等长的悬架　两摇臂不等长的悬架

b)双横臂式独立悬架示意图

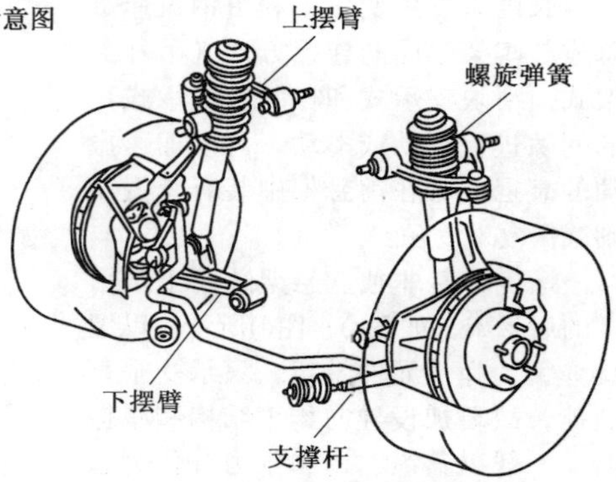

上摆臂　螺旋弹簧　下摆臂　支撑杆

c）双横臂式独立悬架

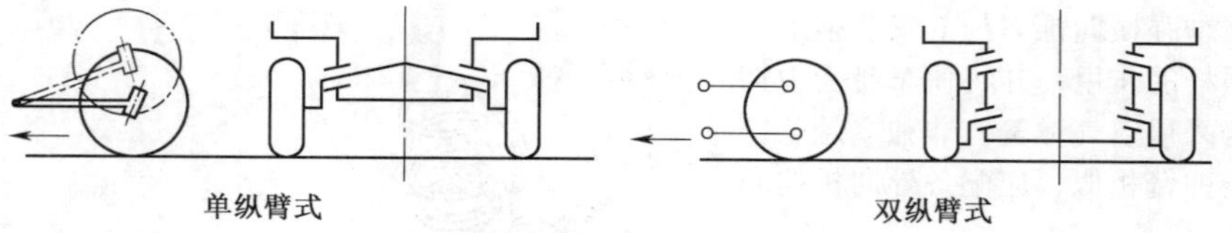

单纵臂式　双纵臂式

d）纵臂式独立悬架

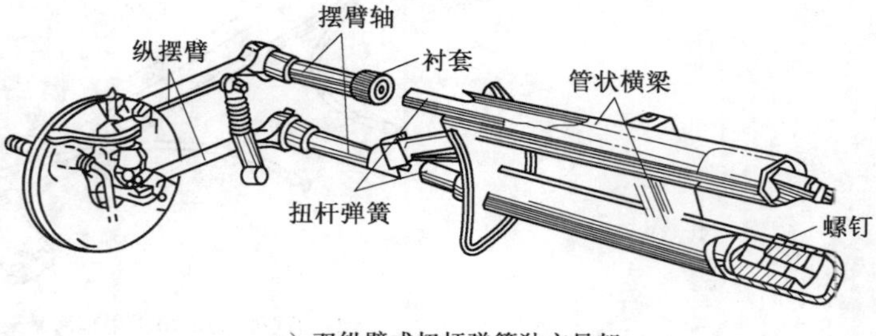

摆臂轴　纵摆臂　衬套　管状横梁　扭杆弹簧　螺钉

e）双纵臂式扭杆弹簧独立悬架

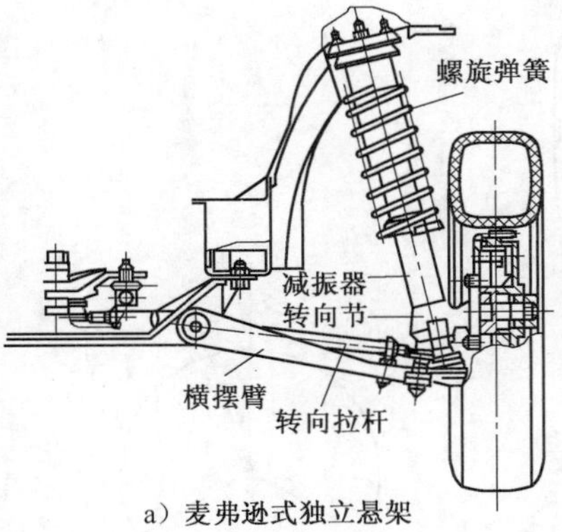

a）麦弗逊式独立悬架

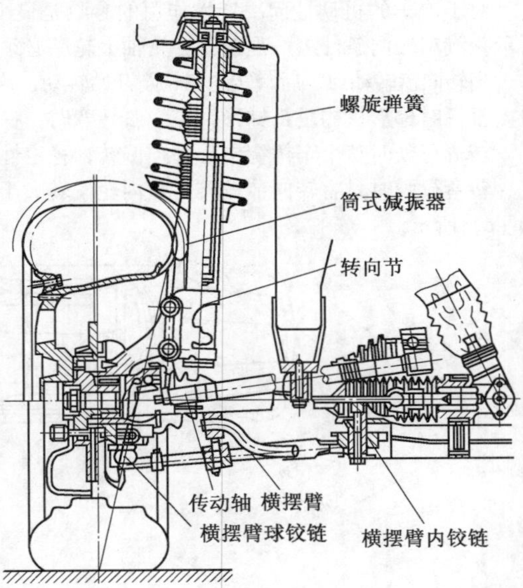

b）麦弗逊式独立悬架（捷达乘用车）

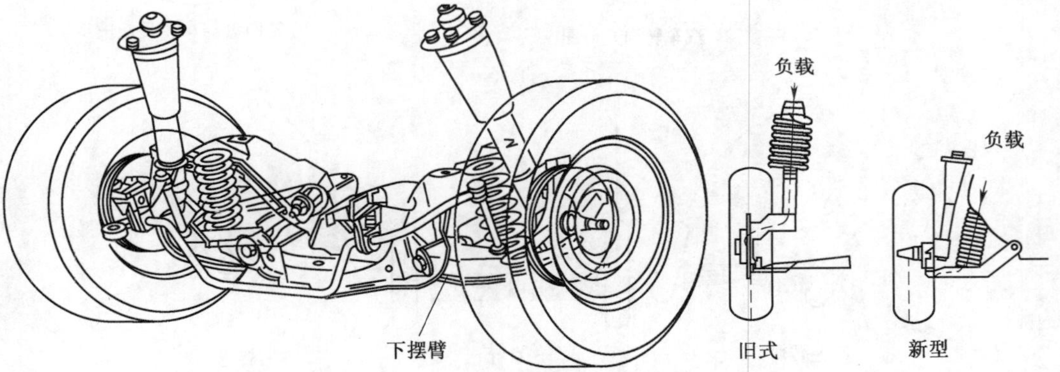

c）改进后麦弗逊式独立悬架

图a）、图b)均是麦弗逊式悬架，它没有传统的主销实体，车轮和转向节沿横摆臂的半径运动，因此当车轮上下跳动时，主销的倾角和轮距都会发生一些变化。车轮所受的侧向力通过转向节由横摆臂承受，其余由减振器承受。

改进后的麦弗逊式悬架如图c）所示，前悬架作了改进，把螺旋弹簧倾斜一定角度后，滑柱与弹簧分开安装，将弹簧装在下摆臂上（传统的做法是将弹簧装在滑柱上），允许微小的路振通过底盘来吸收。

对于汽车的机动性起决定性作用的参数是最小转弯半径。内、外轮的转弯半径不一样，如图a）所示。汽车转向条件之一是前、后轮轴上轮胎必须相交于一点（*O*点），这是瞬时转向中心。

当转向盘转动18°后，转向车轮刚开始转动，这说明动作迟后，驾驶员要心中有数，如图b）所示。

直行时梯形机构是正梯形，左、右转弯时，梯形机构变化，梯形角不一，如图c）所示。

转弯行驶时整个车桥绕中心轴颈偏转，稳定性差，仅适用于挂车，如图d）所示。

转弯行驶时只有转向节偏转，且内轮偏转大于外轮。轴距变化小，稳定性好，适用于所有汽车，如图e）所示。

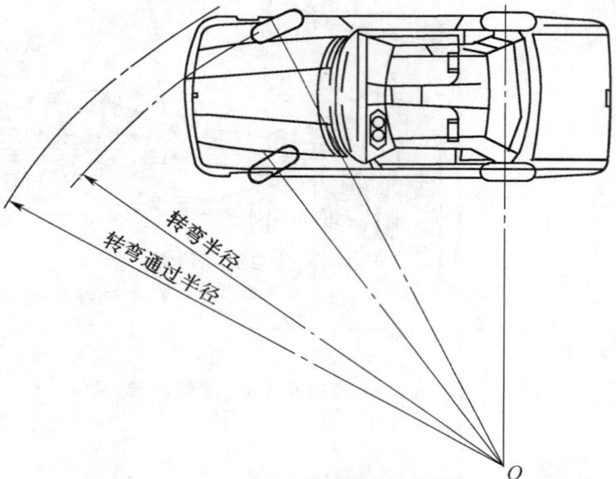

a）汽车转向几何图

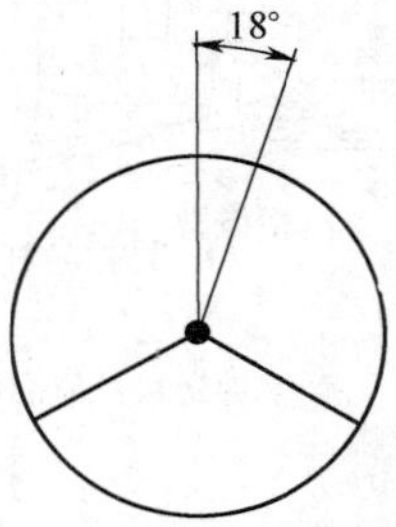

b) 转向盘与车轮反应关系

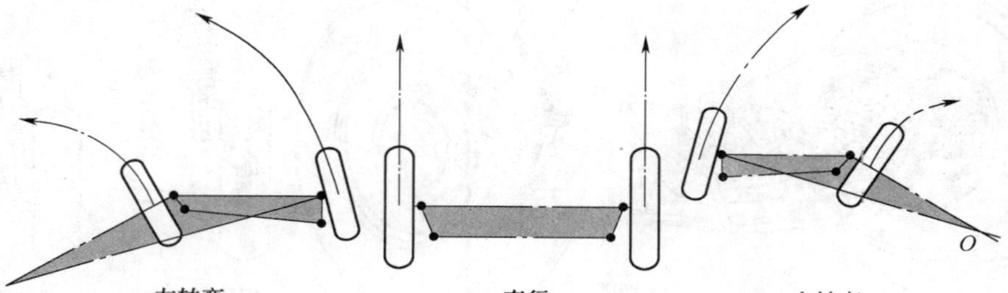

c) 汽车行驶中梯形机构变化

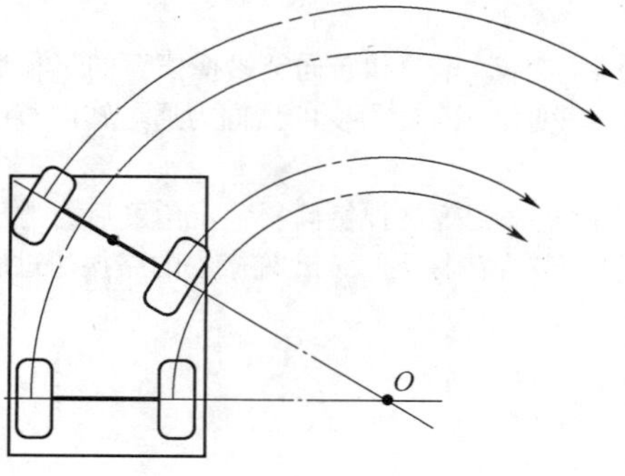

d）转盘转向（挂车）

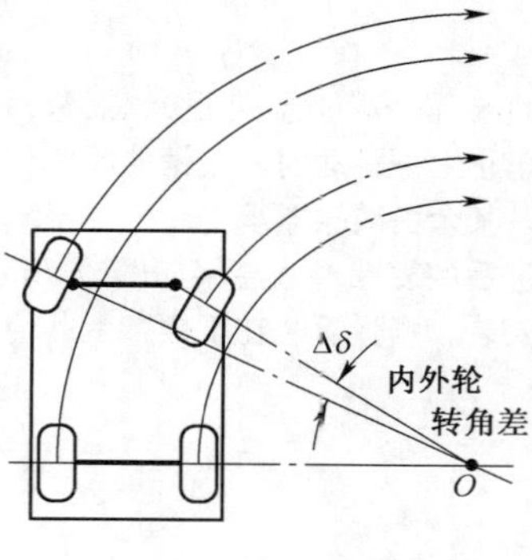

e）转向节转向（汽车）

机械转向系的作用是使驾驶员体力（手力）转为机械转向动力。

汽车行驶方向的改变是通过转向轮（一般是前轮）在路面上左右偏转一定角度来实现的。控制转向轮偏转的一整套机构称为汽车转向系。

转向系由转向器、转向传动机构和转向操纵机构 3 部分组成。转向器起减速增矩和改变力的传递方向的作用。而转向传动机构由转向垂臂、转向纵拉杆、转向节臂、梯形臂和转向横拉杆组成。转向节臂、转向横拉杆和前轴形成转向梯形结构，其作用是可保证左、右两转向轮偏转角具有一定的相互关系。驾驶员操纵转向器的工作机构主要是转向盘、转向轴等，如图a）所示。

转向梯形机构由前轴（工字梁）、横拉杆、左、右梯形臂组成。

图b）所示的梯形机构在前轴之后，横拉杆与梯形臂水平面夹角$\theta > 90^{\circ}$。应用较广泛。

图c）梯形机构在前轴之前，此时$\theta < 90^{\circ}$（发动机位置安装较低时采用）。

图d）所示的转向传动机构适用于转向摇臂不作前后摆动而是左右摇动的车型。

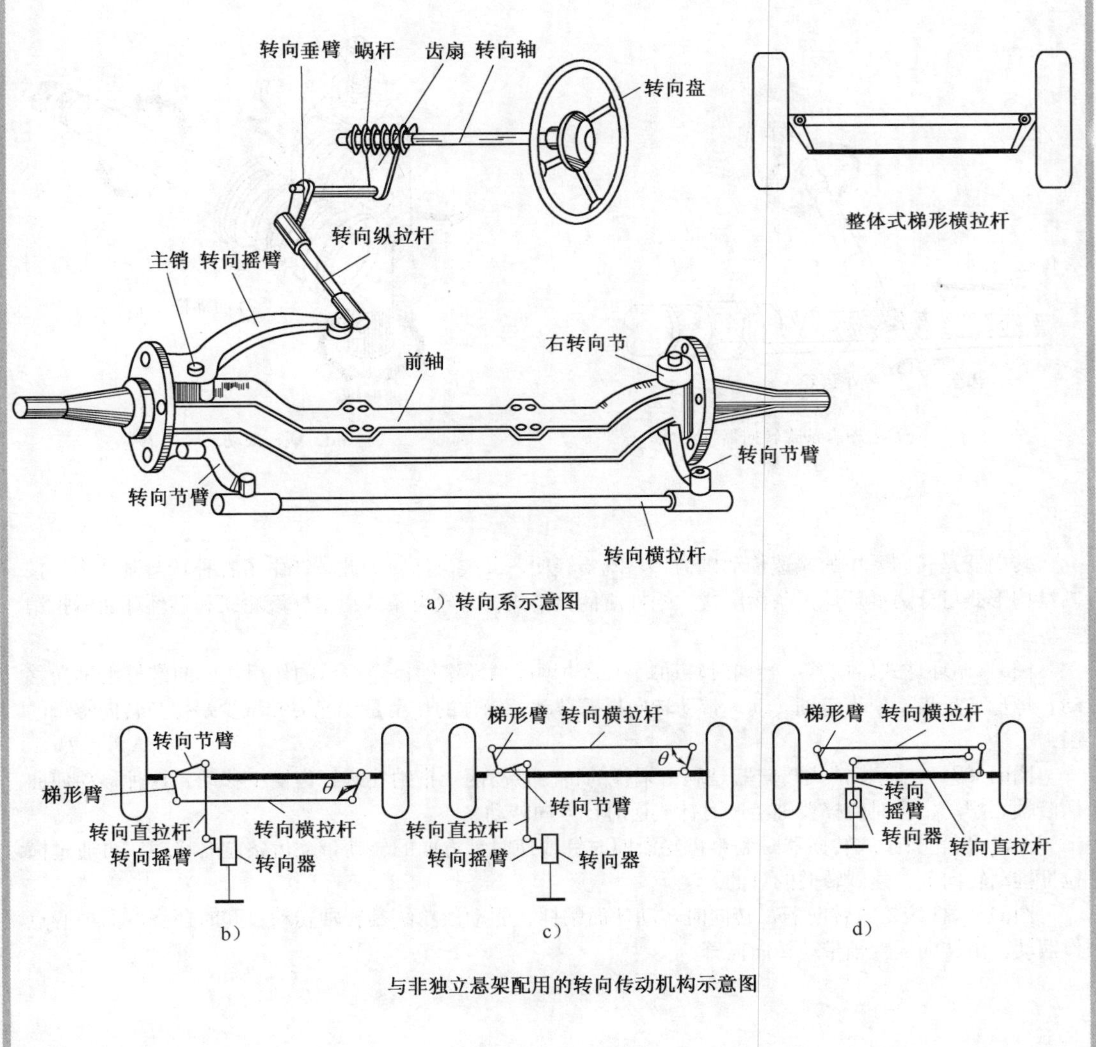

a）转向系示意图

b） c） d）

与非独立悬架配用的转向传动机构示意图

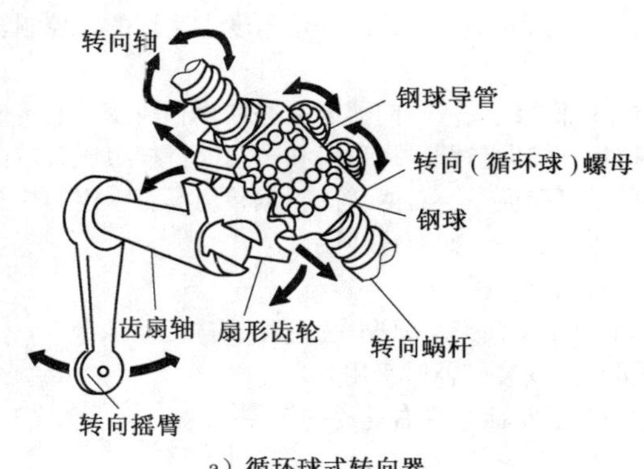

a）循环球式转向器

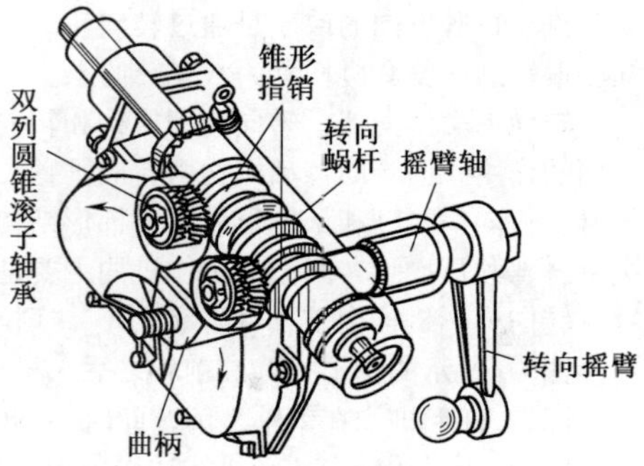

b）蜗杆曲柄指销式转向器

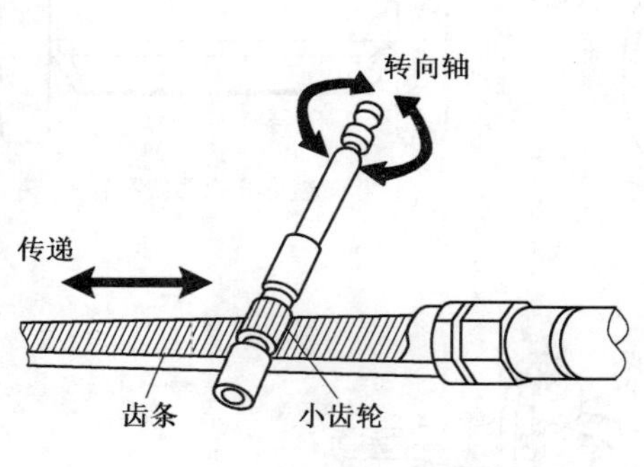

c）齿轮齿条式转向器

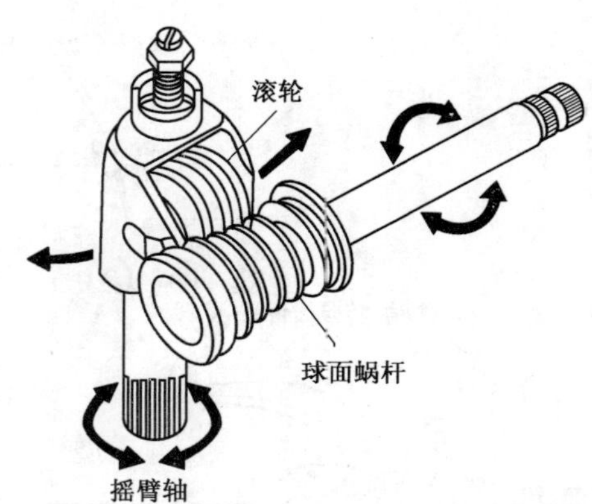

d）蜗杆滚动式转向器

转向器是转向系中的减速传动机构，它既要轻便，又要灵活，为此，产生了各种转向器结构，按其结构形式可分为循环球齿条齿扇式、蜗杆曲柄指销式、齿轮齿条式、蜗杆滚轮式和循环球曲柄指销式等。

图a）循环球式转向器：转向时转动蜗杆带动钢球循环滚动，经钢球的作用促转向螺母沿轴向移动，螺母通过齿扇使齿扇轴转动，带动转向摇臂摆动。钢球的作用是传递力并减少蜗杆与转向螺母的阻力。

图b）蜗杆曲柄指销式转向器是利用蜗杆的转动带动两个指销在蜗杆齿槽中移动，这种移动使曲柄沿轴心摆动，同时使摇臂轴沿顺时针或逆时针方向转动。

图c）齿轮齿条式转向器是利用齿轮沿顺时针或逆时针方向的转动带动齿条左右移动，再通过横拉杆推动转向节，达到转向的目的。

图d）蜗杆滚轮式转向器，转向时转动球面蜗杆，驱动滚轮绕其转轴转动，同时还绕球面中心点作摆动，由转向摇臂轴带动转向摇臂。

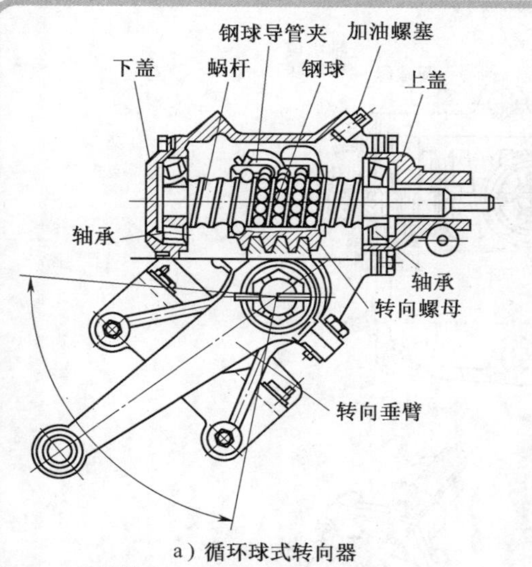

a）循环球式转向器

循环球式转向器是目前国内外较为流行的一种转向结构形式（图a）。

该转向器有两级传动副：第一级是螺杆螺母传动副，第二级是齿条齿扇传动副。为了减少摩擦，转向螺杆与螺母之间装入钢球。当转动转向螺杆时，通过钢球将力传递给螺母，螺母沿轴向移动。同时，在螺杆、螺母与钢球间摩擦力作用下，所有钢球在螺旋管道内通过滚动，形成“球流”。两列钢球只允许在各自的封闭流道内循环，而不能脱出。螺母外表面有倾斜的等厚齿条，与之相啮合的是变齿厚的齿扇，齿扇与摇臂轴制成一体，支撑在壳体内的衬套上。当螺母轴向移动时，通过齿条和齿扇使转向摇臂轴转动。这种结构特点：转动转向盘在任何位置传动比都是相同的。

循环球—齿条齿扇式转向器如图b）所示。

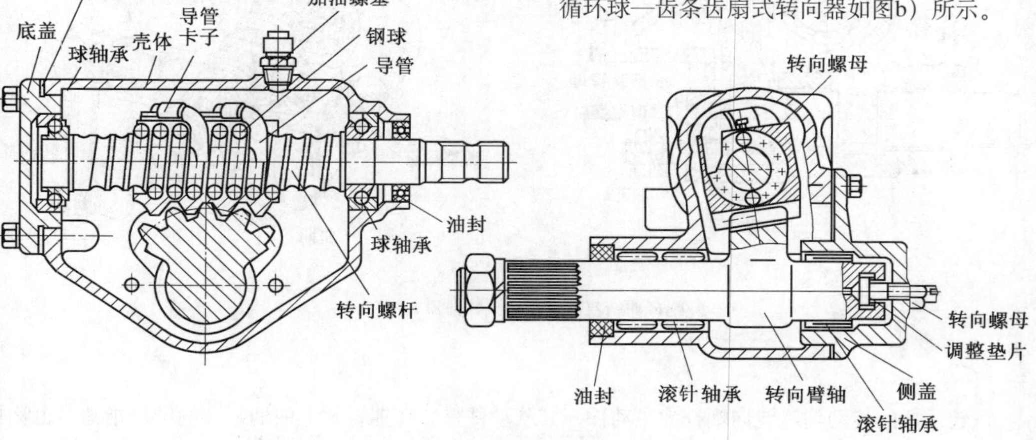

b）循环球—齿条齿扇式转向器

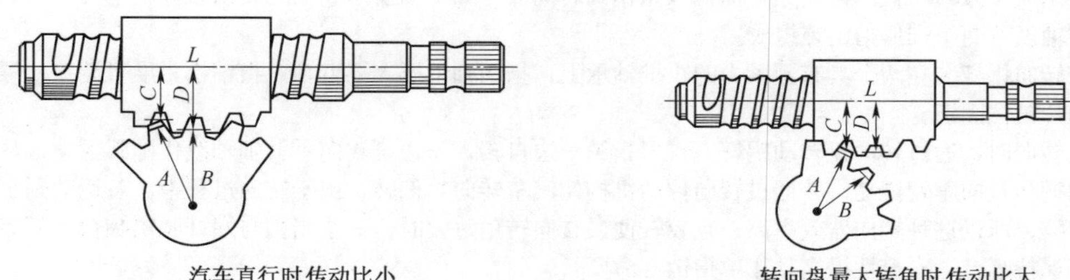

c）变传动比循环球—齿条齿扇式转向器

有的汽车采用可变传动比，如图c）所示，它的齿条的齿顶（节圆）面是一个鼓形弧面，齿扇上的每一个齿的节圆半径不等，中间齿节圆半径小，两端齿节圆半径大。故直线行驶（传动比大）轻便，处于最大转角时可以满足转向灵活的要求。

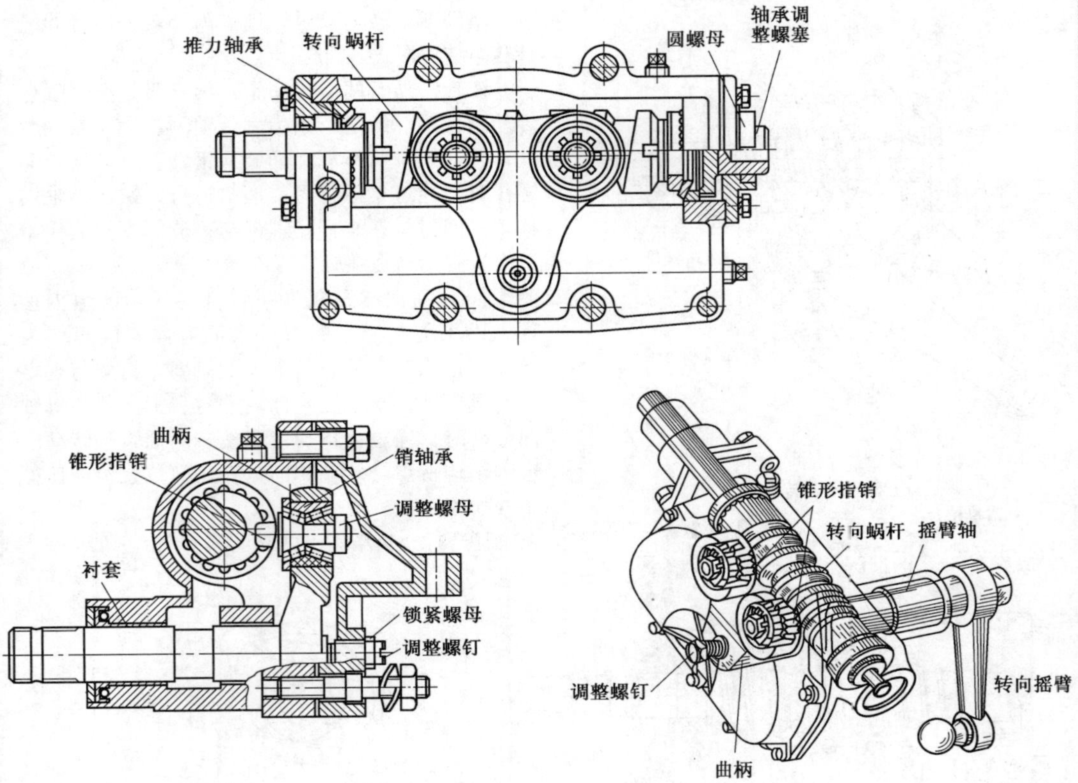

蜗杆曲柄双锥形指销式转向器

该转向器的传动副以转向蜗杆为主动件，其从动件是装在摇臂轴上曲柄端部的锥形指销（也称指销）。转向蜗杆转动时，与其啮合的指销（两个）即绕摇臂轴线作圆弧运动，并带动摇臂轴转动。

东风AQ1090E汽车采用蜗杆曲柄双指销式转向器，如上图所示。它主要由带球轴承的转向蜗杆、摇臂轴以及两个锥形指销等组成。

转向蜗杆装在两个具有预紧力的止推轴承上，指销轴承压入摇臂轴。指销松紧度可调整，螺母通过销片锁住固定。

转向时，通过转向盘转动蜗杆，锥形指销一边自转，一边绕转向垂臂轴轴线作圆弧运动，从而带动曲柄和转向垂臂摆动，并通过转向传动机构使汽车转向轮偏转。由于转向过程中，各运动副全是滚动摩擦，所以这种转向器效率高，且较轻便。转向转角过大时，一个指销与蜗杆脱离啮合，而另一指销仍保持啮合，安全性提高且比单指销寿命要长。

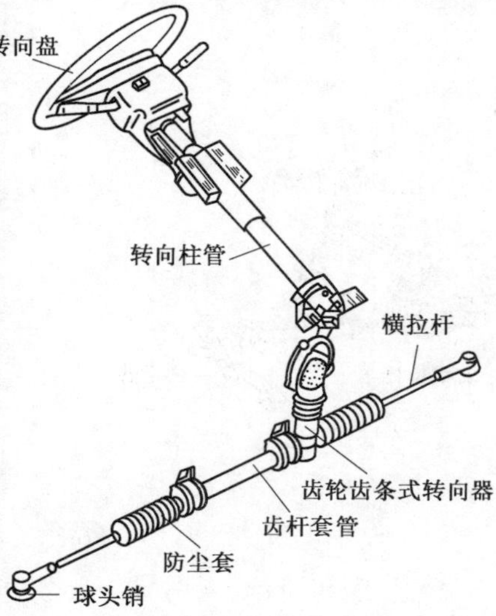

a）垂直式结构

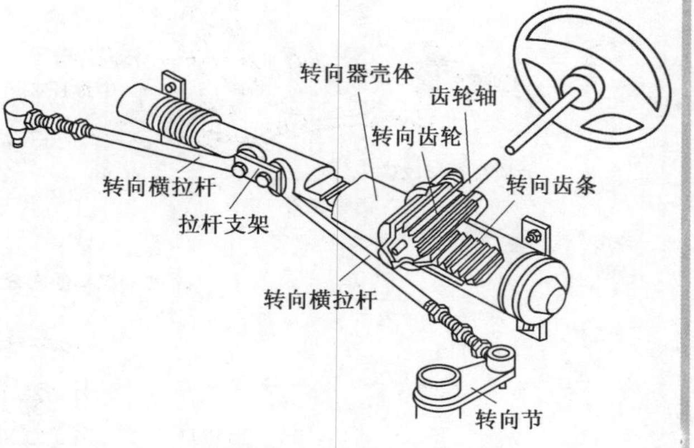

b）水平式结构

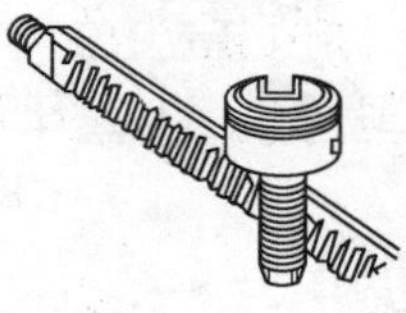

c）垂直式传动原理

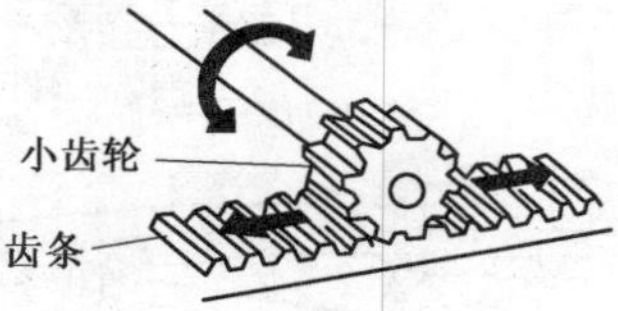

d）水平式传动原理

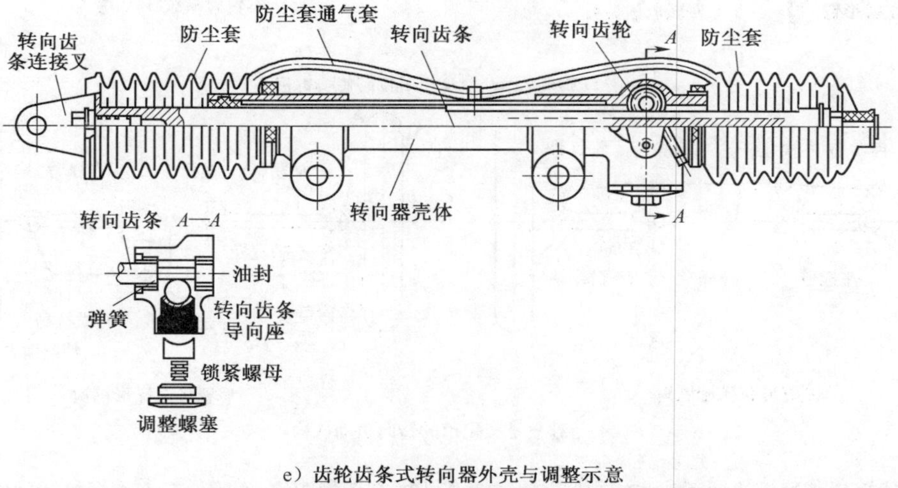

e）齿轮齿条式转向器外壳与调整示意

齿轮齿条式转向器结构形式有两种，如图a）、图b）所示。其齿轮齿条副传动原理如图c）、图d）所示。图c）是垂直式，图d）是水平式。

齿轮齿条式转向器在齿条外边有罩壳和橡胶波纹管。整个系统通过外罩两端和车身部分连接在一起。通过调整弹簧产生预紧力可保证齿轮与齿条压靠在一起，无间隙啮合。一旦磨损，可通过转向齿条导向座来完成啮合，如图e）所示。

该结构优点：①结构简单，齿条本身具有转向传动杆系作用，无需独立横拉杆。②操作灵活，直接啮合，间隙能够自调。③滑动和转动阻力小，传递性能好，转向轻便。④维护简单，总成全封闭，避免杂质进入，免于维护。

循环球式转向器输出机构

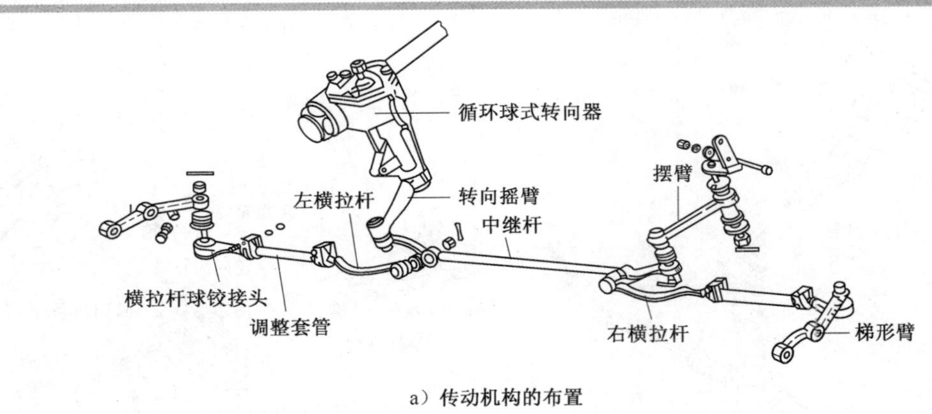

a）传动机构的布置

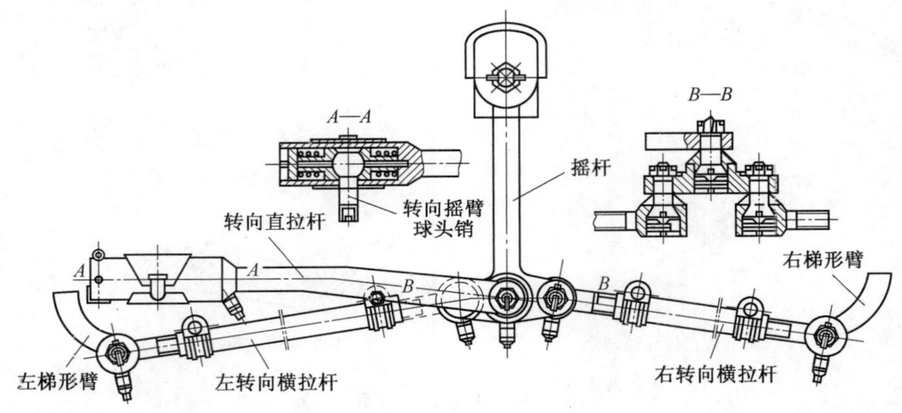

b）红旗 CA7560 型乘用车转向传动机构

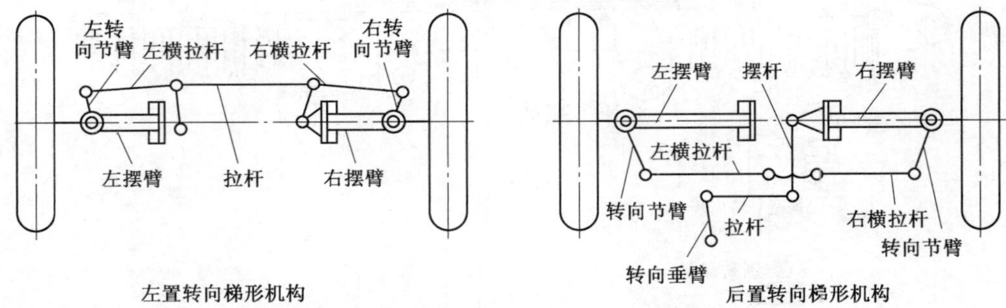

c)与独立悬架配用的转向传动机构

与独立悬架配用的循环球式转向器，其传动机构的布置如图a）所示，左、右横拉杆分别通过球头铰接与左、右梯形臂相连，构成梯形转向机构。当转动转向盘时，转向摇臂摆动，使左、右横拉杆和中继杆一起作横向摆动，两边的转向梯形臂通过转向节带动转向轮偏转，实现汽车转向。

红旗CA7560型乘用车的转向传动机构即采用的是图a）方案，其具体结构如图b）所示。图中摇杆（或摆臂）一端通过轴套与车身连接，可以自由摆动，另一端由球头、转向直拉杆外端与摇臂球头销相连；而左、右横拉杆另一端分别与左、右梯形臂相连。

梯形机构有两种形式，前置式和后置式，如图c）所示。它以断开式左、右摇臂为基准，横拉杆位置在前方称前置式，反之，为后置式。

齿轮齿条式转向器输出方式

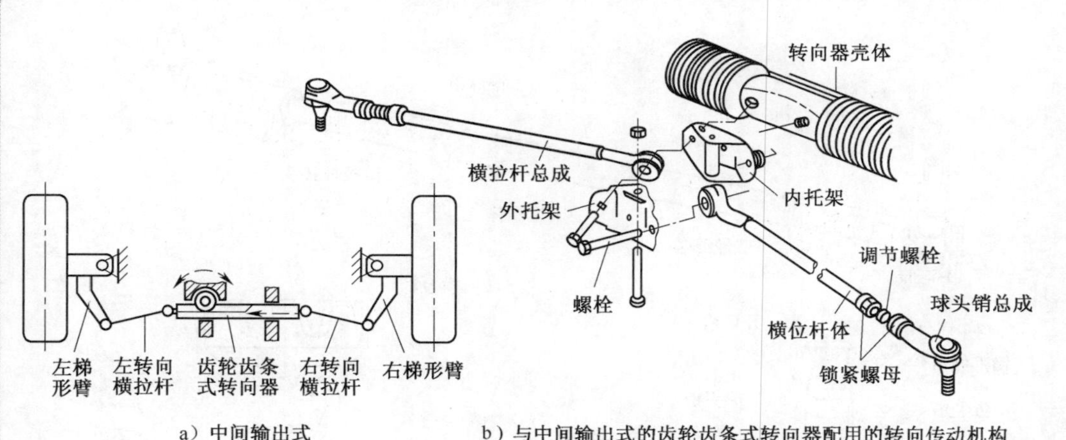

a）中间输出式

b）与中间输出式的齿轮齿条式转向器配用的转向传动机构

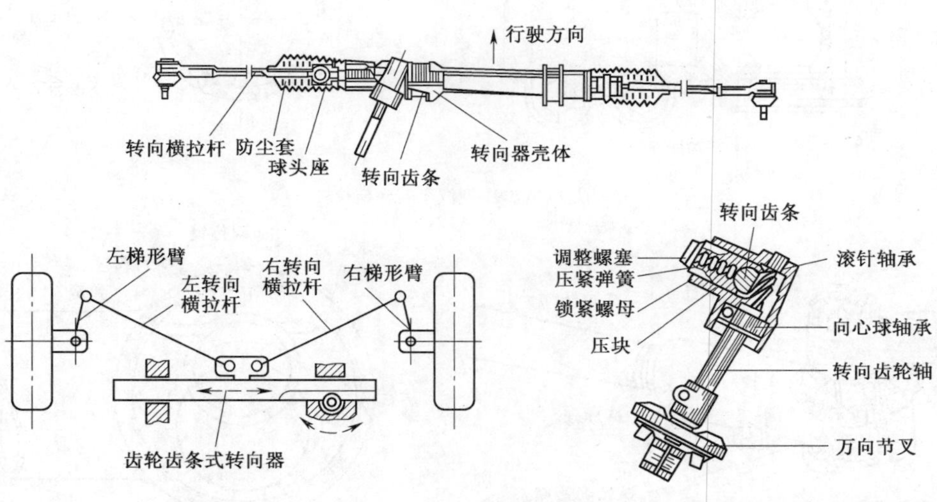

c）两端输出式

d）与两端输出的齿轮齿条式转向器配用的转向横拉杆

齿轮齿条式转向器输出方式有中间输出式（图a）和两端输出式（图c）两种。

与中间轴输出的齿轮齿条式转向器配用的转向传动机构，左、右横拉杆体、外托架、内托架、转向壳体通过螺栓连接在一起，左右外端球头销与转向节铰接（图b）。

图c）和图d）所示齿轮齿条式转向器为两端输出方式，当转向器的转向盘传动副主动件转向齿轮轴转动后，与水平布置齿条相啮合，能左、右移动，两端球头销连接转向节转动，使转向轮偏转，实现汽车转向。

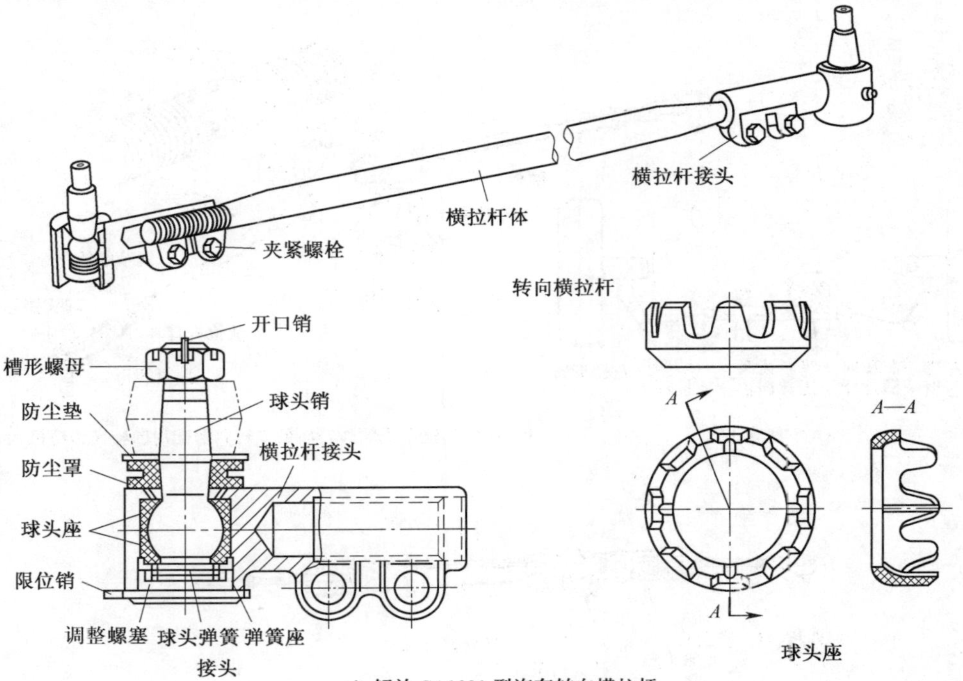

a）解放CA1091型汽车转向横拉杆

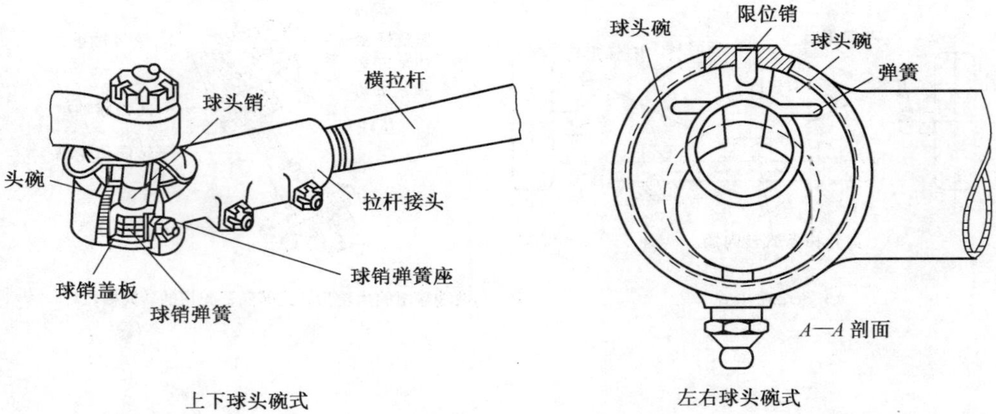

b）球头碗形状

横拉杆是联系左、右梯形臂并使其协调工作的连接杆，如图a）所示。在行驶中反复承受拉力和压力，因而多采用高强度冷拉钢管制造，在保证传递横向力的同时，也能有一定角度变化。它由横拉杆体旋装在两端接头组成。接头装有球头销、球头弹簧、调整螺塞等。

横拉杆体两端的螺纹，一端为右旋螺纹，另一端为左旋螺纹，转动横拉杆体，即可以改变横拉杆总长度从而调整前束。横拉杆球头结构有上下球头碗式和左右球头碗式两种，球头座的形状如图b）所示。装配时两球头座的凹凸部分互相嵌合，其中球头销弹簧保证两球头座与球头销紧密接触，并起缓冲作用，其预紧力由螺塞调整。确保球头销磨损后，靠弹簧弹力自行消除间隙。

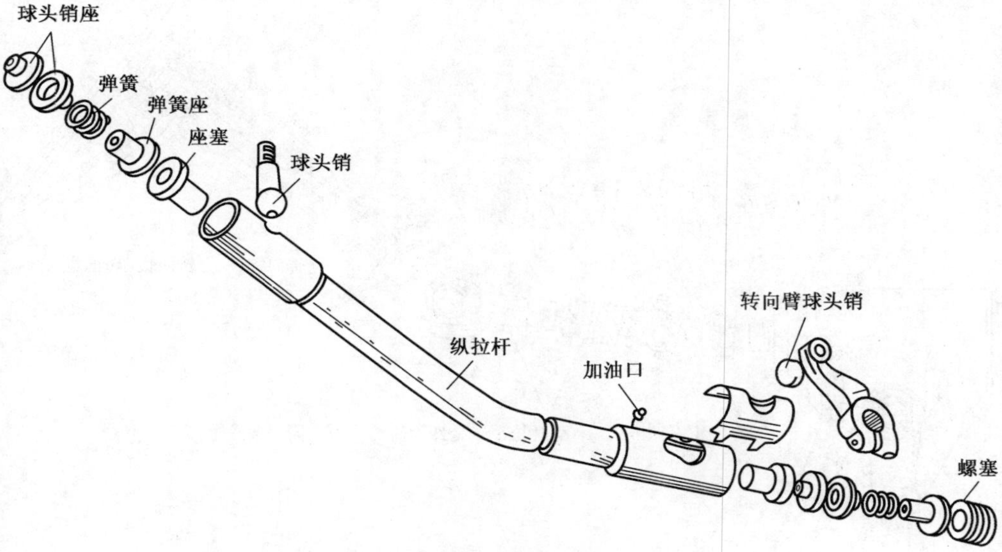

a）转向纵拉杆

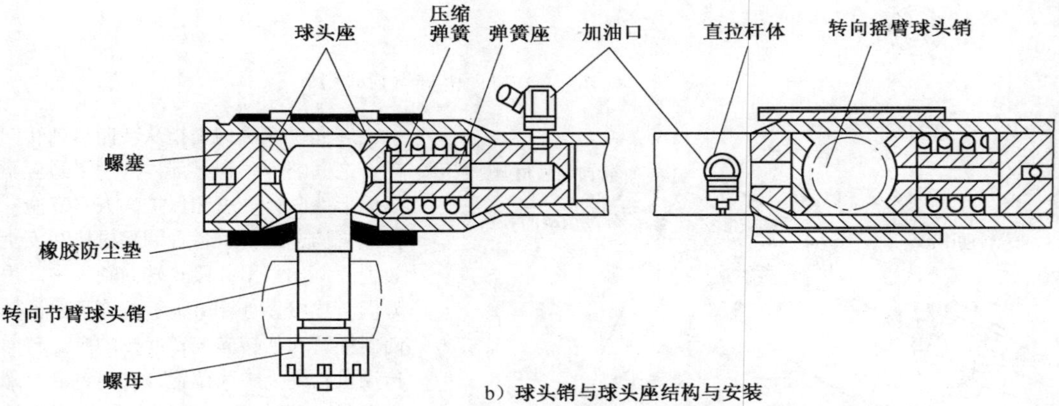

b）球头销与球头座结构与安装

转向纵拉杆如图a）所示，其作用是将转向摇臂传来的力传给转向梯形臂或转向节臂。转向轮偏转或因悬架弹性变形而相对于车架跳动时，纵拉杆（或称直拉杆）、摇臂及转向节臂会产生相对运动，为了不发生运动干涉，故三者的连接均采用球头销方式。

拉杆由两端扩大的钢管制成，在扩大的端部，装有由球头销、球头碗、弹簧座、弹簧和螺塞等组成的球关节。球头销的锥形柱部用螺母与转向节垂臂或转向节固定在一起，球头销的球头部通过钢管上的圆孔伸入钢管内前后两个球头碗之间。在螺塞和弹簧的作用下，球头碗与球头部相紧靠。旋转螺塞可调节弹簧的预紧力。预紧力的目的是当球头销与球头碗磨损后，可以自行消除间隙。直拉杆另一弹簧座的小端与球头碗背部有不大的缝隙，以限制弹簧的过载，并用以防止弹簧损坏时球头部从钢管孔中脱出。另有开口销起安全保险作用。

为了球头部和球头碗的润滑，钢管上还装有加注润滑脂的加油口。在球头销伸出端套有防尘胶片，并用铁皮包扎在钢管上，以防止润滑脂流出和尘土侵入。弹簧的安装位置在靠螺塞的地方。在工作中，弹簧缓冲了转向车轮传来的冲击和振动，同时保证球头和球头碗磨损后能自动消除间隙。

如图b）所示，压缩弹簧分别装在球头销同一侧，这样，两个压缩弹簧可分别沿轴线在不同方向上起缓冲作用。

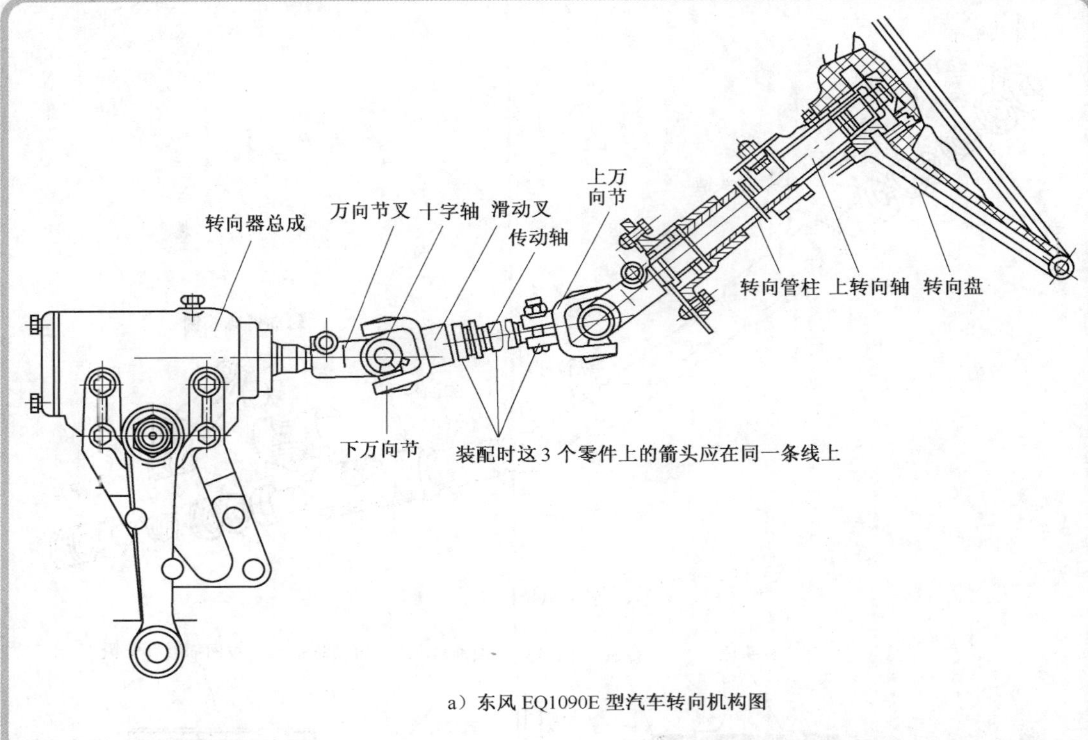

a）东风 EQ1090E 型汽车转向机构图

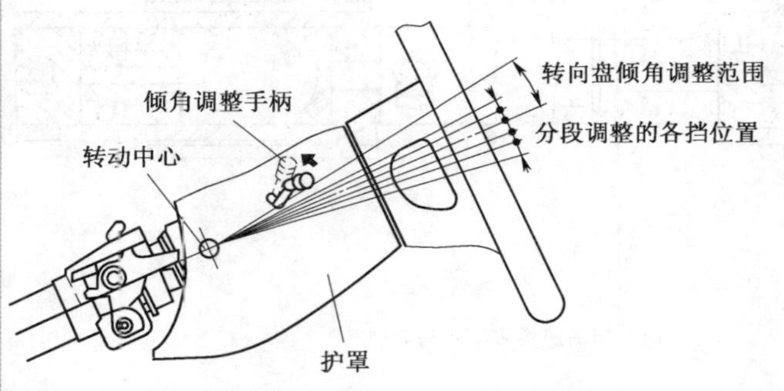

b）转向盘倾角调整位置及分段位置

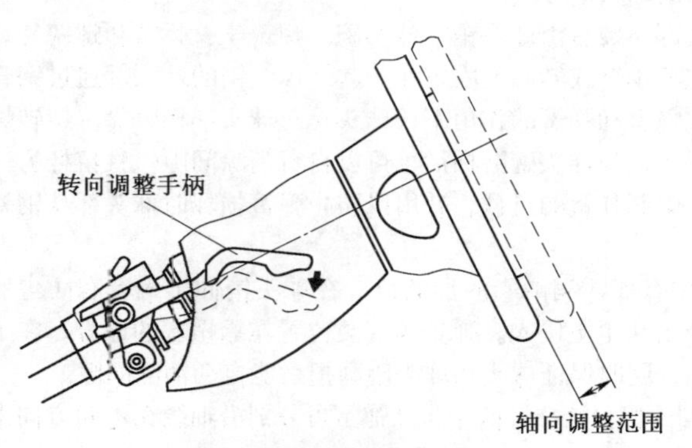

c）转向盘轴向调整范围

转向操纵机构是指从转向盘到转向摇臂之间的一系列零部件。为了适应不同体形驾驶者操纵和保护其人身安全，操纵机构还配备了各种调整机构和安全装置。例如采用分段式转向轴，中间用万向节连接，如图a)所示。为了保证转向器摇臂和从转向摇臂起始的全套转向传动机构处于中间位置，在摇臂的外端面和转向臂上孔外端面上各刻印有短线，作为装配标记。装配时应将零件的标记短线对齐。

图b）为转向盘倾角调整及分段位置图示。在转向柱内设有一个万向节，以此为中心来调节上下角度。以倾斜杆的支点为中心有一个棘轮，它与转向柱上的齿啮合而被固定。倾斜杆向上抬起，啮合就被解除，角度可自由调控。

图c）为转向盘轴向调整范围图示。扳动转向盘轴向调整手柄，转向盘连同护罩就可以一起沿转向管柱的轴线方向滑动，为满足所需的距离，松开轴向调整手柄并使之回位，转向盘即可固定于此时位置上。

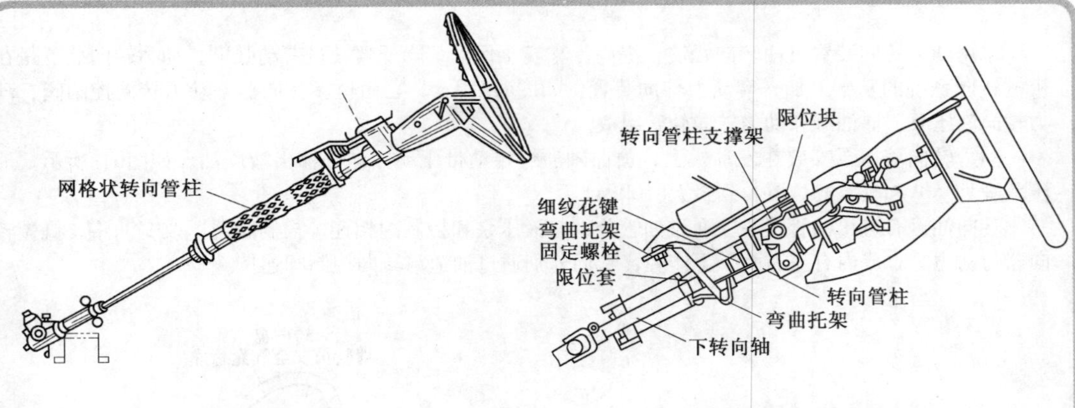

a）吸能式转向盘

b）弯曲托架转向操纵机构

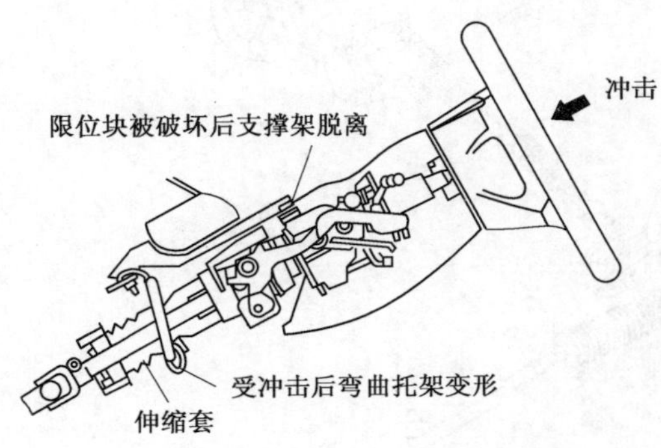

c）可变形托架吸能操纵机构

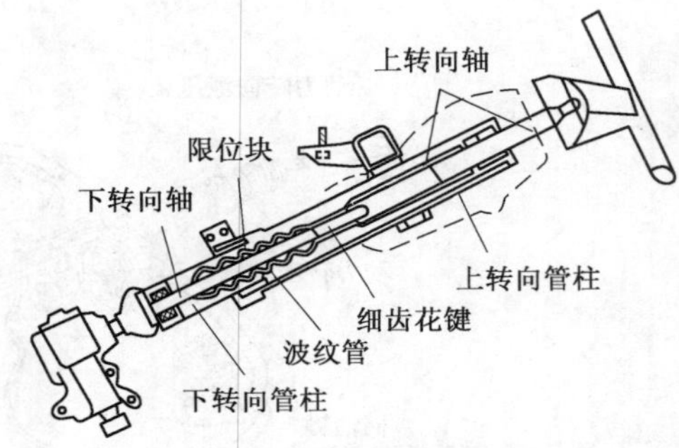

d）波纹管变形吸能转向操纵机构

汽车发生碰撞一瞬间，车身撞坏，转向操纵装置往后推，直接接触到驾驶员（第一次冲击），使其受到生理伤害。接着，汽车被迫停车，驾驶员在惯性力的作用下往前冲，再次与转向操纵机构接触（第二次冲击）而受到伤害。

安全保护措施主要有，吸能式转向盘（图a)），缓冲吸能式的转向操纵机构（如图b）、图c）、图d）、图e）所示）和可分离式转向操纵机构。可分离式转向操纵机构原理是当发生撞车时，转向轴上、下两段分离或相互滑动，防止驾驶员受伤害（不能起到吸能作用）。

图a）所示的吸能式转向盘在撞车时，其骨架（金属结构）应能迅速产生变形，以吸收冲击能量，减轻身体受伤程度。

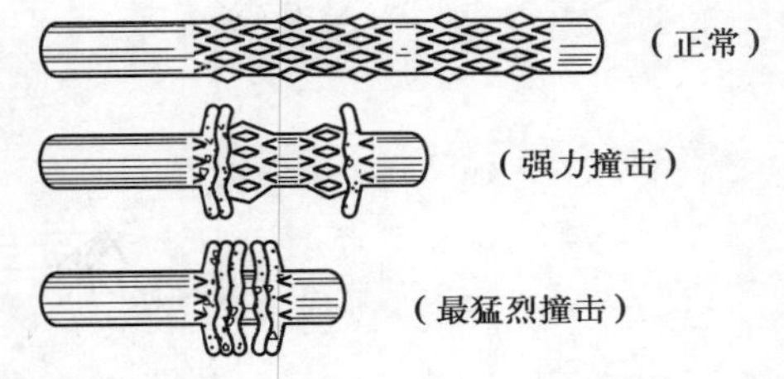

e）网格状转向管柱吸能装置网格经猛烈撞击后的变形情况

采用动力转向装置可使转向轻便，提高行车安全保证，降低驾驶员劳动强度。动力转向装置是在机械转向系统的基础上加一套动力辅助装置，如图a）所示，它由机械转向器、动力转向控制阀、动力转向液压泵、储油罐和动力转向软管组成。

动力转向液压泵安装在发动机上，由曲轴通过传动带驱动并向外输出液压油，如图b）所示。油压范围为350kPa（空挡位置）到最大850kPa。

转向油罐有进出油管接头，通过油管分别与液压泵和控制阀相连。控制阀用以改变油路。机械转向器与动力缸总成内有左右两个工作腔，它们分别通过油道与转向控制阀连接。

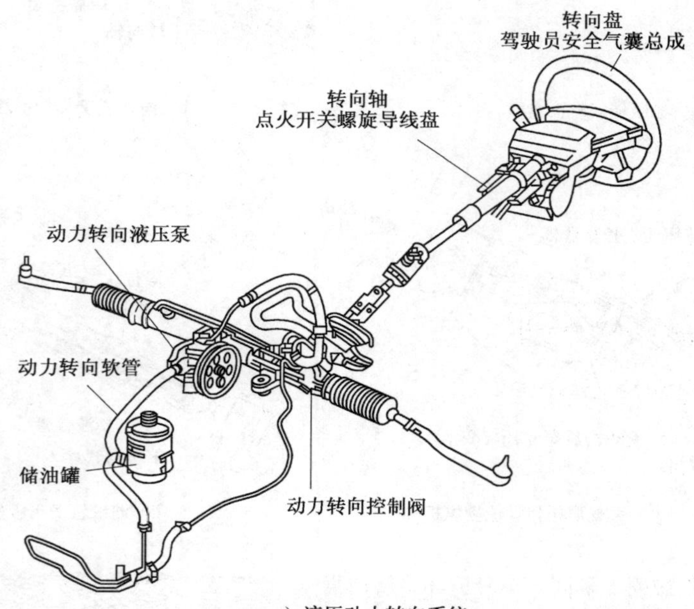

a）液压动力转向系统

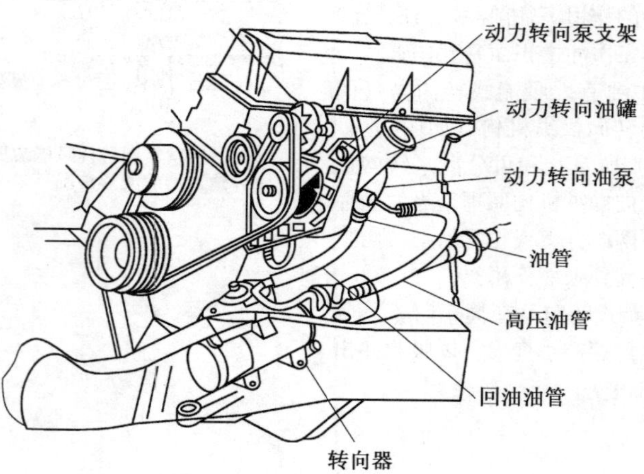

b）动力转向液压泵安装位置

常流式转向加力装置如图a）所示，它的工作管路中油液总是在流动，压力较低，只有在转向时才产生瞬时高压，结构简单，油泵寿命长，泄漏情况少，消耗功率小，故广泛采用。当转向盘在居中位置时，动力缸活塞两侧压力相等，不产生动作，油泵空转，油液处于低压流动状态。一旦转动转向盘时，机械转向器工作，同时带动转向控制阀动作，处于与转弯方向相应的工作位置，此时转向动力缸相应工作腔与回油管路隔绝，转而与油泵输出管路相通，压力急剧升高，而另一工作腔则仍然通回油管路，压力较低，此时动力缸活塞移动产生推力。转向盘停止转动后，转向控制阀即回到中间位置，动力缸停止工作。

把转向器、控制阀和动力缸组合成一体，即整体式动力转向器，如图b)所示。把转向器与控制阀组合为一体，动力缸作为一个独立部件分别进行装配，称为半整体式动力转向器，如图c）所示。

将动力缸与转向控制阀组合为一体，而机械转向器作为独立部件，称为转向加力器，如图d）所示。

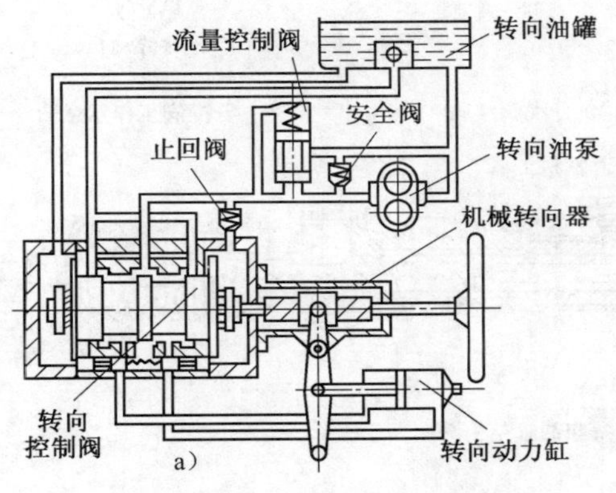

a）常流式转向加力装置工作原理图

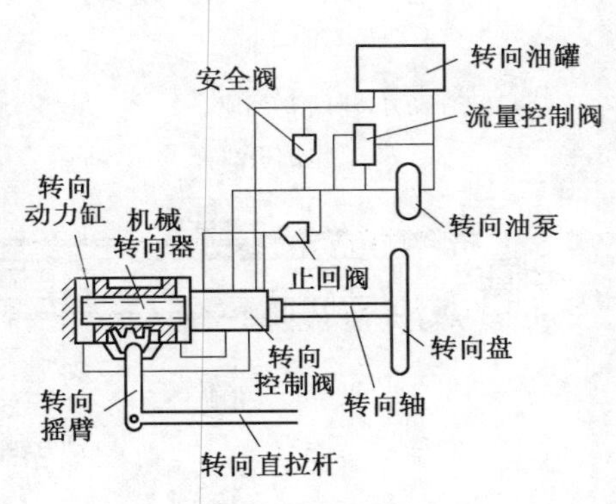

b）整体式动力转向器

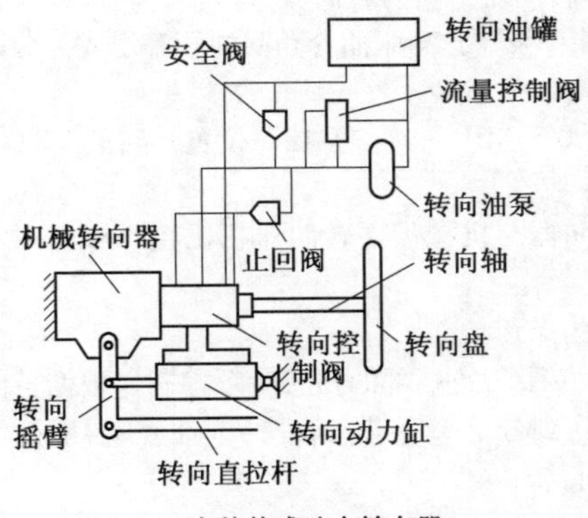

c）半整体式动力转向器

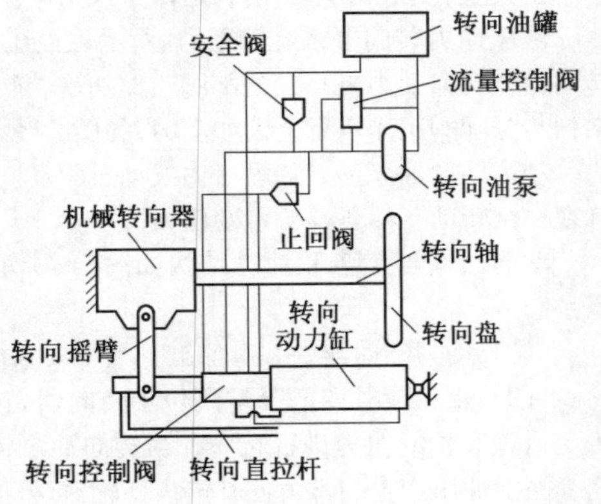

d）转向加力器

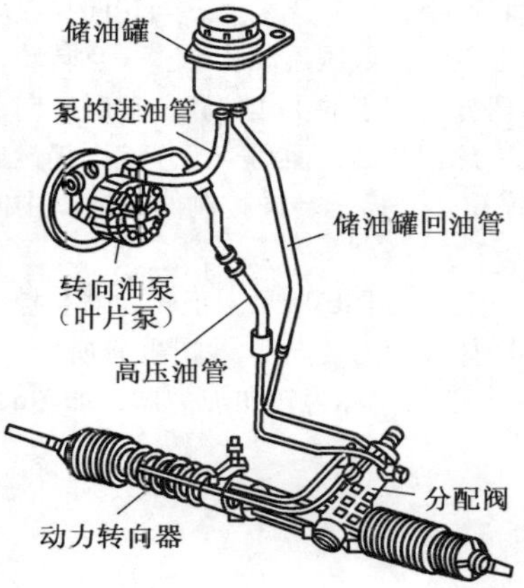

a）液压动力转向系的组成

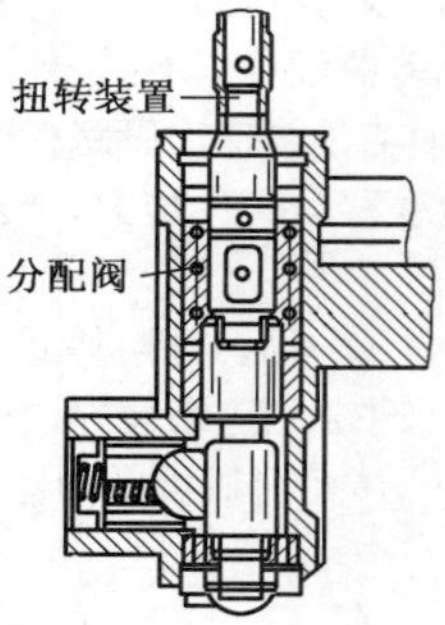

b）分配阀结构

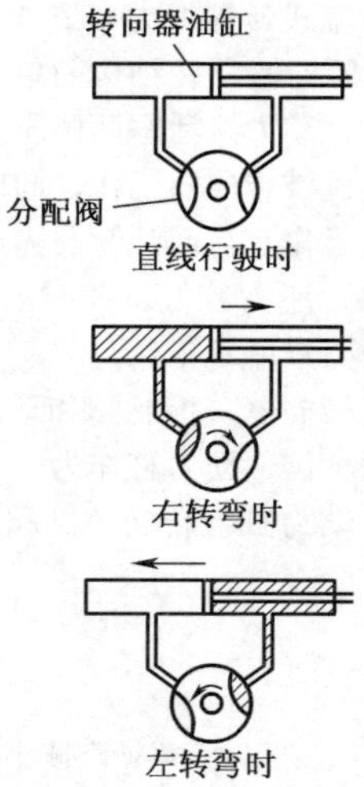

c）分配阀工作示意图

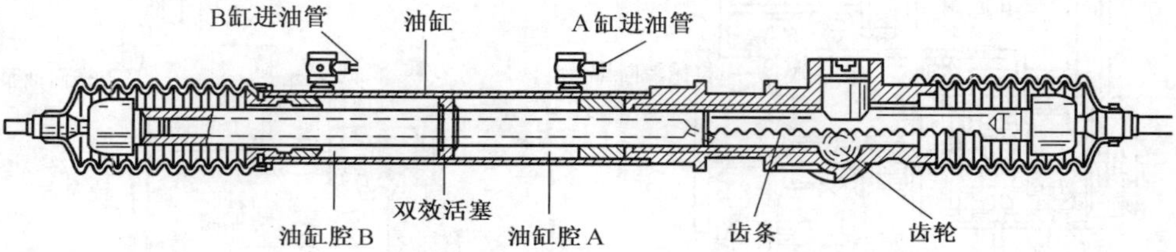

d）动力转向器齿条和油缸结构图

动力转向系由机械转向器和动力转向装置组成。按传动介质不同，有气压式和液压式两种，前者适用于大型客车和货车，后者适用于乘用车。

液压动力转向器系统如图a）所示，液压整体式动力转向器由动力转向器（包括齿轮齿条式机械转向器、转向动力缸）、分配阀、储油罐、转向油泵（叶片泵）、高压油管和回油管等组成。分配阀结构与分配阀工作示意分别如图b）和图c）所示。

动力转向油泵通过传动带由发动机驱动。它可提供从0.35MPa（在“空挡”位置）到最大8.5MPa（在“全转动”位置）的可变压力。

动力转向器齿条和油缸结构如图d）所示。动力转向器与机械齿条转向器相比较，有如下不同点：

（1）动力转向器中装有油缸，其中双效活塞与滑动齿条连接。

（2）带相应管路的分配阀位于转向器壳体内，它由位于齿轮端部的扭转装置控制。根据转向盘传送给该装置的扭力进行转向，当转向油泵将高压油压送到分配阀后进入油腔A或油腔B，双效活塞侧表面上油压产生的推力使其沿齿条轴线转动，实现转向。

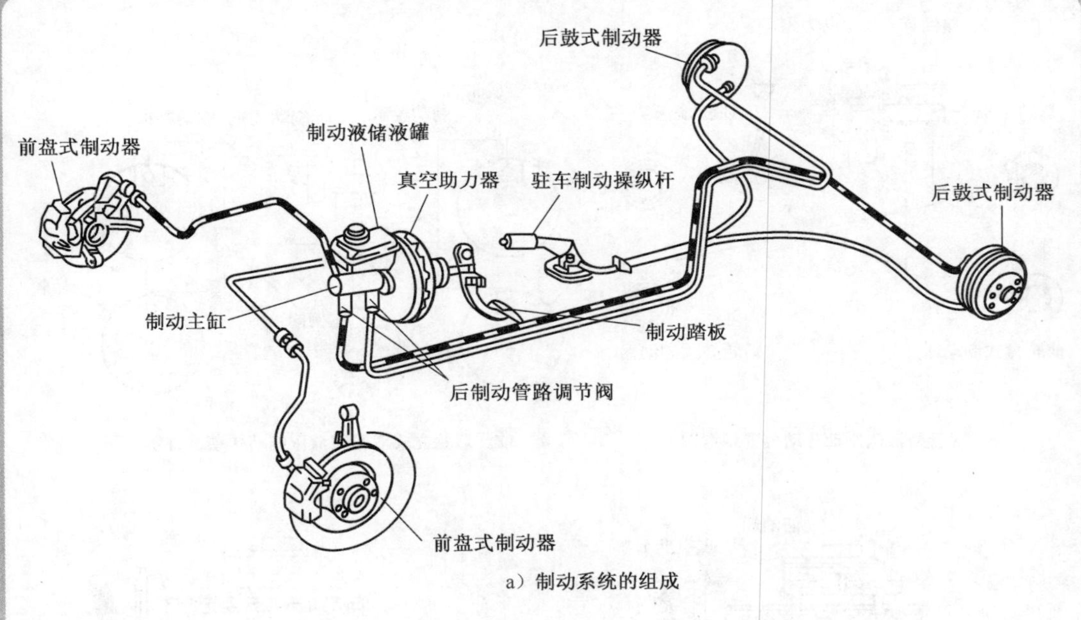

a）制动系统的组成

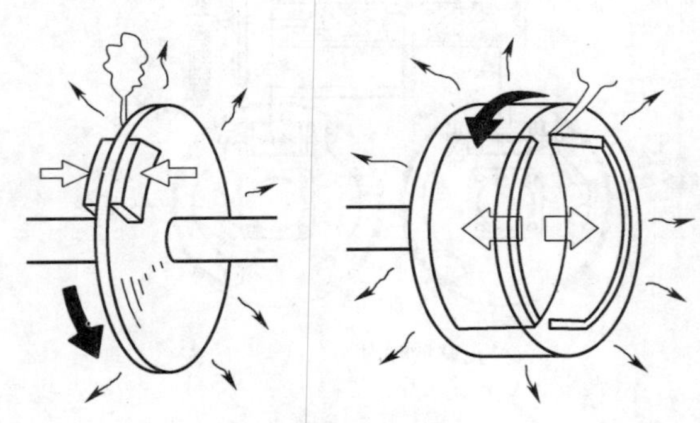

b）盘式和鼓式制动原理

双作用叶片泵属非潜没式转向油泵，储油罐与转向油泵分开安装，用转向油管与转向油泵相连接。

汽车制动系的功用：在行驶中的汽车能迅速减速甚至停车；坡道行驶的汽车可以停驶，且能保持汽车驻地不动。

液压式制动系统主要由制动操纵机构和车轮制动器两大部分组成，具体由制动踏板、真空助力器、制动主缸和制动液储液罐、连接油管、前盘式制动器、后鼓式制动器和驻车制动器等组成，如图a）所示。

制动系统按功用可分为行车制动系统（俗称脚制动）、驻车制动系统（俗称手制动）、应急制动装置和辅助制动系统等4种类型。按使用能源可分人力制动、动力制动、兼用人力和发动机动力进行制动的伺服制动系统等。按制动能量传输方式可分液压式、气压式和电磁式。

液压制动系的工作原理如图a）所示，制动系不工作时，制动鼓的内圆面与制动蹄摩擦片外圆面之间有一定间隙，车轮能够自由转动。制动系工作时，踩下制动踏板，在推杆和主缸活塞的作用下，主缸内制动液进入轮缸并通过轮缸使制动蹄绕主销转动，克服复位弹簧张力后，与制动鼓内表面贴合，其运动方向与车轮旋转方向相反，产生摩擦力矩，达到减速或停车的目的。解除制动时，放松制动踏板，制动蹄、主缸和轮缸在各自复位弹簧作用下复位。蹄鼓之间间隙恢复原值，车轮能自由转动。

目前，乘用车液压制动系广泛采用前轮盘式和后轮鼓式制动器（图b）。它是采用摩擦制动原理，与车轮一起旋转圆盘（或鼓）与静止摩擦元件制动时发生摩擦，将机械能转变为热能，散发到大气中。

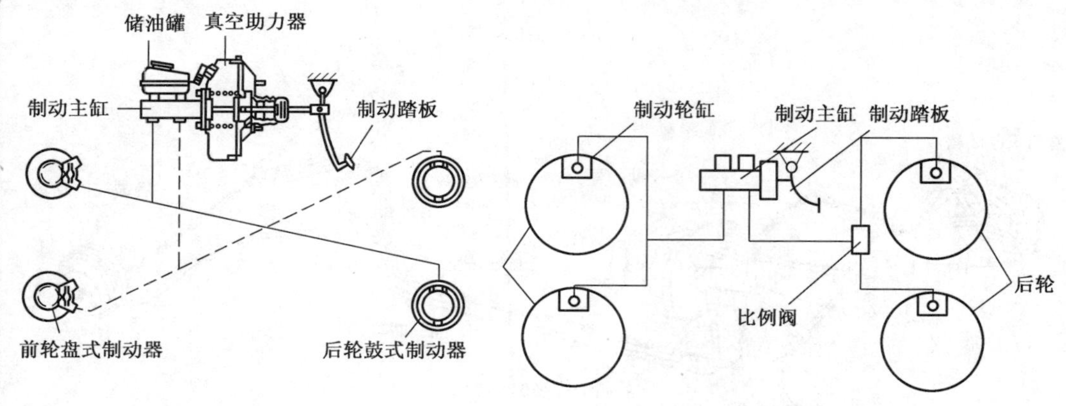

a）双管路液压制动传动装置示意图

b）前、后独立式双管路液压制动传动装置示意图

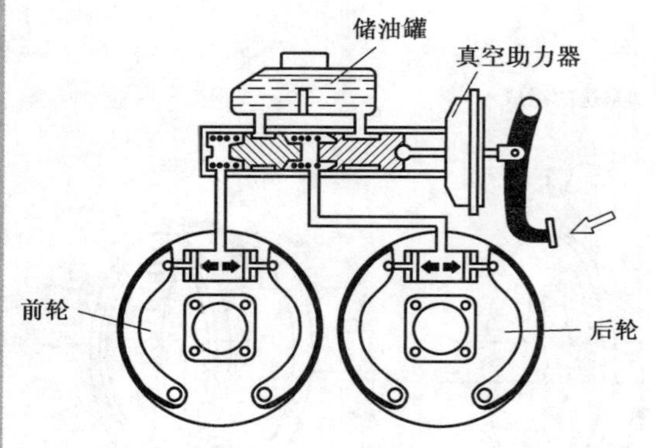

c）正常制动时

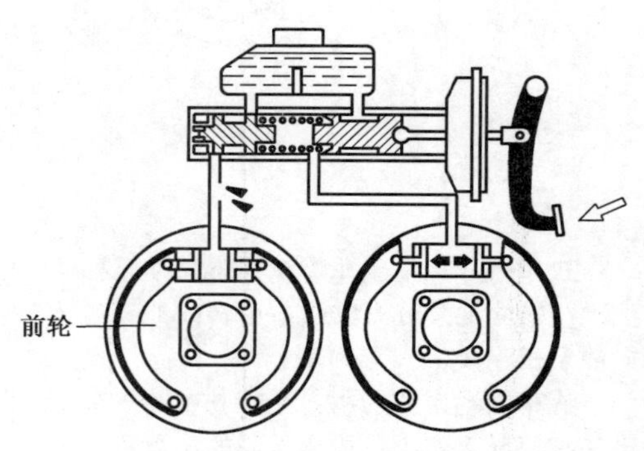

d）前轮制动管路漏油

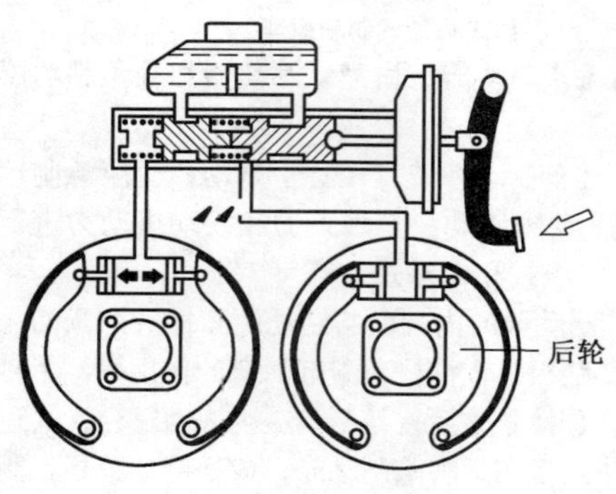

e）后轮制动管漏油

如图a)所示，双管路液压制动传动装置采用对角线布局，一轴的一侧车轮与另一轴对侧车轮制动器是同一个管路。这种布置形式适用于发动机前置、前轮驱动的乘用车，如上海桑塔纳、一汽奥迪100、二汽富康·雪铁龙、天津夏利等。

前、后独立式双管路液压制动传动装置如图b）所示，前轴和后轴各有一套管路，比例阀按比例为前后轮分配液压，确保前轮产生的制动力大于后轮制动力。它适用于发动机前置、后轮驱动布置形式，如南京依维柯汽车、广州标致乘用车等。

双管路液压制动装置正常制动时，制动液不渗漏，如图c）所示。当双管路液压制动装置的一路制动管路一旦出现渗漏油现象，制动失效，另一路制动仍然有效，起到双重安全制动作用，如图d）、图e）所示。

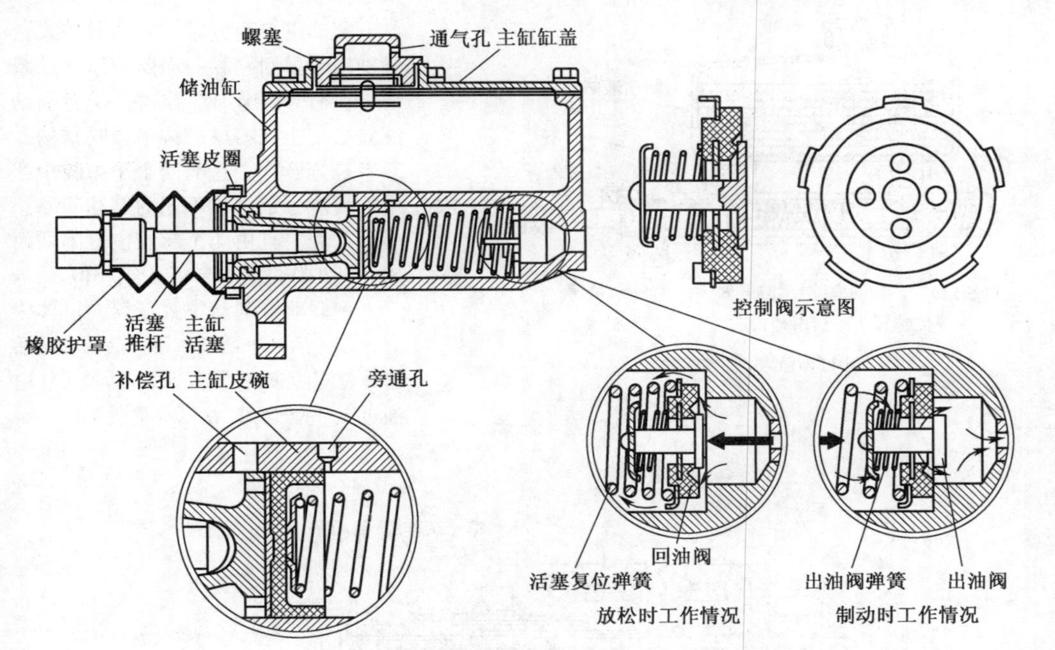

a）单缸式液压制动主缸结构

单管路的主缸（总泵）与储液室铸成一体，如图a）所示。它上部为储油缸，盖上有通气孔。主缸有旁通孔、补偿孔。主缸不工作时，主缸活塞正位于上述两孔之间。控制阀由出油阀与回油阀组成。

制动时出油阀打开，放松制动时回油阀打开。活塞复位弹簧的作用是当管路液压降低到0.05~0.1MPa时，回油阀关闭。这样，在不制动时，液管保持0.05~0.1 MPa的残余压力，以防止空气侵入，同时使轮缸皮碗处于预紧状态，以防止漏油。

单管路制动主缸储油筒形状有圆形（图b）和方形两种。其作用是吸收各制动器内流动的制动液。同时，它还可向各制动器补给制动液。

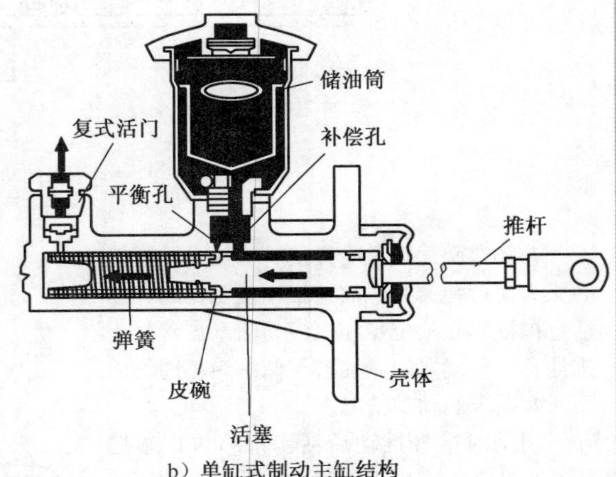

b）单缸式制动主缸结构

工作原理：当踩下制动踏板时，活塞向前移动，此时部分制动液会通过补偿孔流回储液筒，直到液孔被位于活塞前端的皮碗堵住为止。随活塞进一步向前移动，活塞皮碗堵塞旁通孔，使液压升高，顶开控制阀中的出油阀，制动液流入轮缸，产生制动作用。放松制动踏板，在主缸复位弹簧作用下，活塞后移，此时轮缸制动液顶开控制阀中的回油阀回到主缸。平衡孔作用：当管路压力过大时，制动液通过平衡孔流回储液筒。

串联双缸制动主缸结构

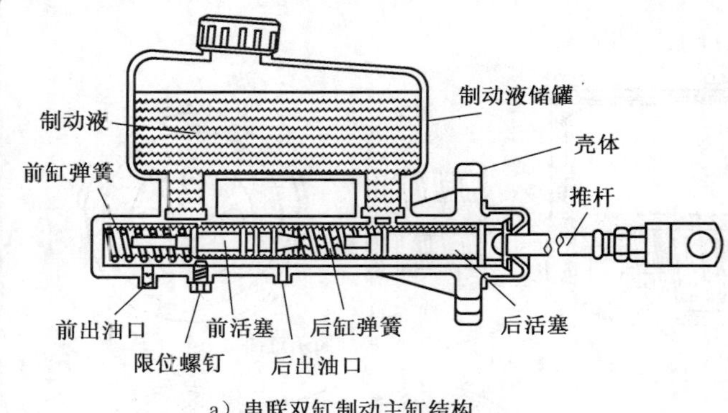

a）串联双缸制动主缸结构

制动主缸可分单腔式和双腔式，分别用于单回路和双回路液压制动系统。图a)、图b)为双腔式，前者制动液储罐与主缸铸成一体整体式结构，后者是分开式。它的两个压力腔中产生的液压分别供给不同的制动回路。串联双腔主缸由两个单腔主缸串联而成，其工作原理与单腔主缸相似。

串联双缸制动主缸在筒式缸体中有一前一后两个活塞，第一活塞（后活塞）是双腔主缸活塞。第一活塞工作时通过推杆推压第二活塞（前活塞）。

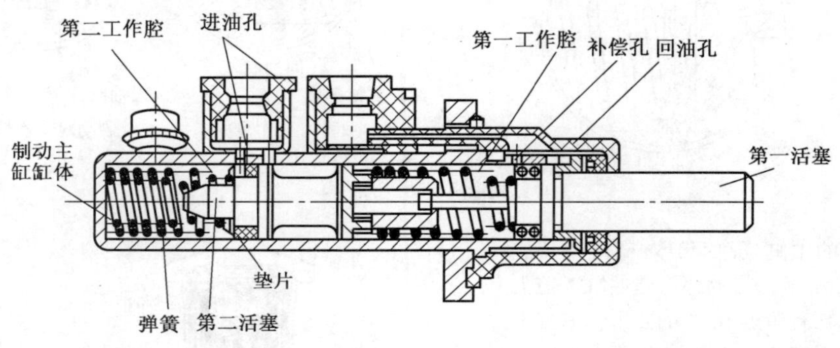

b）双缸制动主缸结构

前活塞两端都承受弹簧力，而且前弹簧的张力比后弹簧大。故主缸不能工作时，前活塞被推靠在限位螺栓上，使活塞皮碗处于进油孔与补偿之间，油缸与储液筒相通，而后活塞同未制动前情况。

制动时推杆推动后活塞前移，皮碗堵住补偿孔之后，后工作腔油压升高，油压一面通过后出油口进入制动管路，另一面又推动前活塞前移，使前工作腔产生高压后推出油阀经前出口油进入制动管路，在制动过程中，控制回路先后两次关闭补偿孔，两套管路在等压下对汽车进行制动。

图c）所示的双活塞式制动轮缸应用较广，可用于单向助势平衡式和双向自增力式制动器。

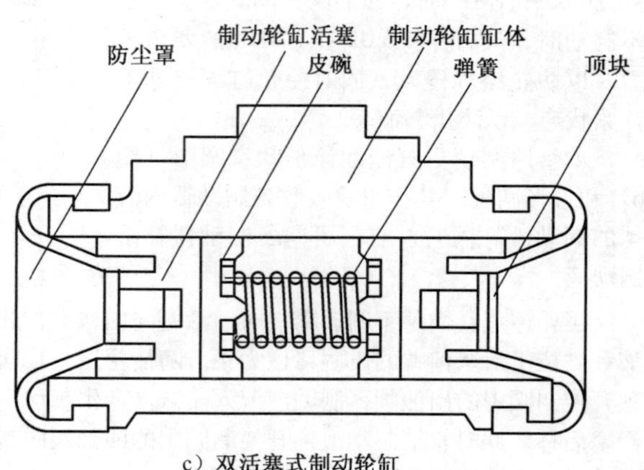

c）双活塞式制动轮缸

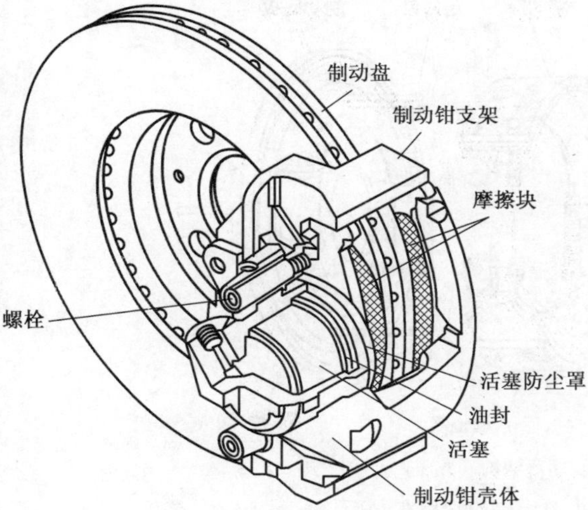

a）浮钳盘式制动器

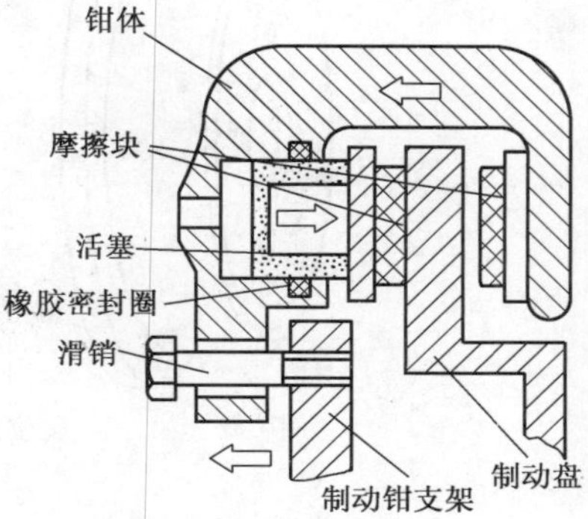

b）浮钳盘式制动器示意图

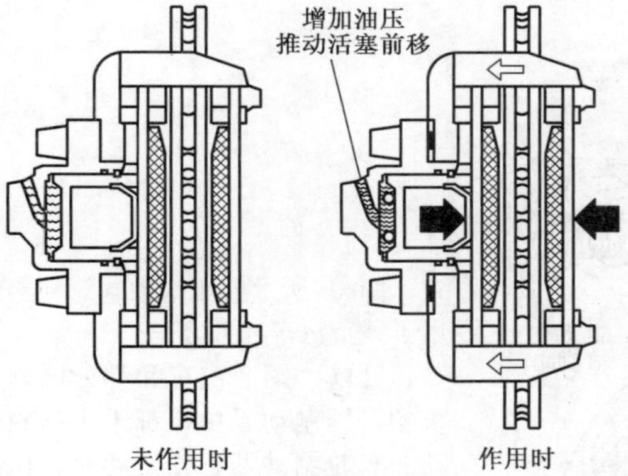

c）浮钳盘式制动器工作原理

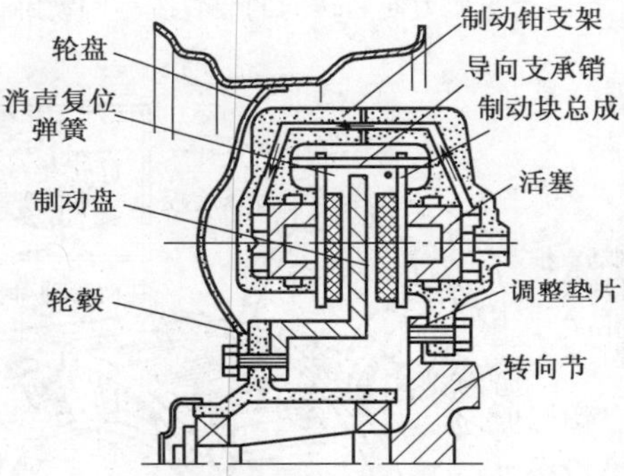

d）定钳盘式制动器示意图

盘式制动器的旋转元件为圆盘状的制动盘，以端面为工作表面。

一个轴向可移动浮式制动钳横跨制动盘两侧，只有一个液压主缸，盘两侧有两块摩擦块。如图a）、图b）所示。

工作原理如图c）所示。当液压主缸液压力作用在工作活塞上时，活塞移动将内侧制动块直接压向制动盘。与此同时，反作用力使反作用活塞反向移动，推动浮动架，且带着外侧制动块压紧制动盘，两块制动块紧压制动盘，使其处于制动位置。放松制动，液压力消失，活塞自动复位，保持盘和块之间一定的工作间隙。该结构与定钳型相比，需要空间小。

定钳盘式制动器如图d）所示，一个固定式制动钳横跨制动盘两侧，而制动块从两侧通过两个主缸活塞，分别压向制动盘。该结构当制动块磨损时，制动间隙增大，活塞行程增加。在此过程中橡胶密封圈发生弹性变形，会引起渗液等，占空间位置也大，故应用较少。

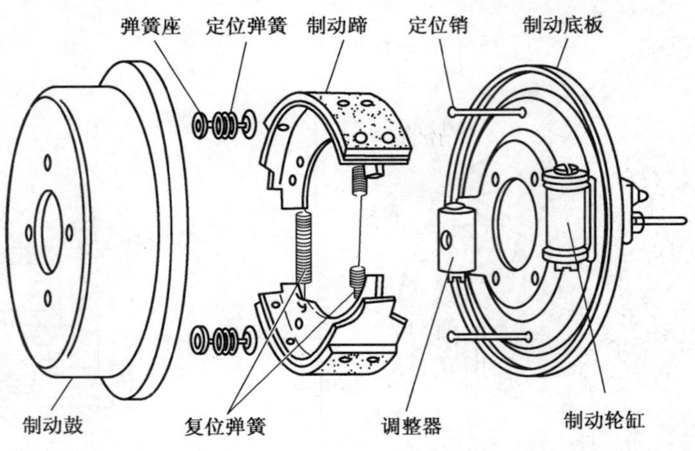

a)鼓式制动器结构（液压）

图a）所示液压式鼓式制动器适用于中、小型货车和乘用车（后轮）。

鼓式制动器都采用带摩擦片的制动蹄作为固定元件。制动蹄安装在制动鼓内部，一端承受促动力时，可绕其另一端的支点向外旋转，压靠到制动鼓（旋转元件）内圆面上，产生摩擦力矩（制动力矩），进行制动。

对制动蹄加力使其转动的装置统称制动蹄促进装置。

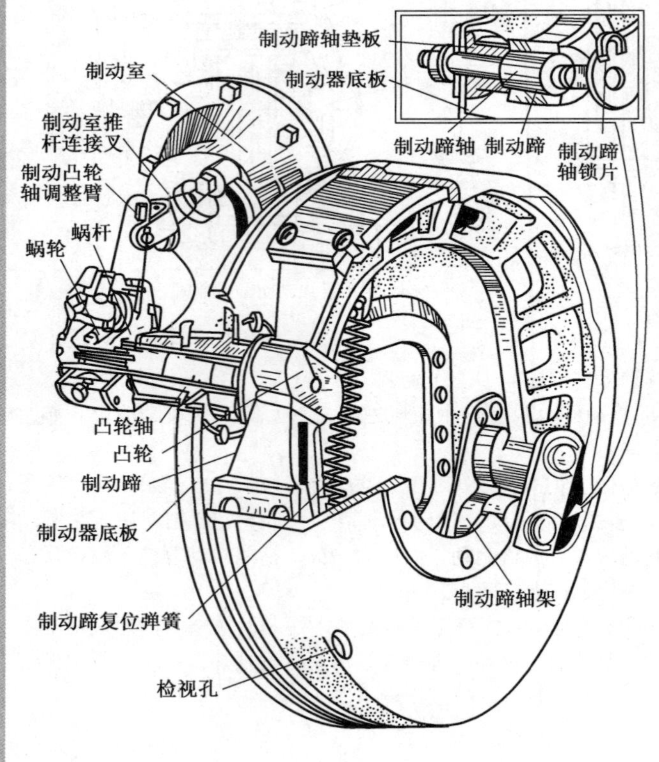

b）鼓式制动器结构(气压)

图b）所示气压式鼓式制动器适用于载货汽车和大客车。

目前，国产汽车和部分国外汽车的气压制动系中，都采用凸轮促动的车轮制动器。当制动时，压缩空气充入制动室，橡胶膜片挺起，推动推杆和调整臂，转动凸轮，使制动蹄压紧到制动鼓上从而起到制动作用。

制动器间隙的调整方法有局部调整和全面调整两种。局部调整时，只需用调整装置在调整臂内部的蜗杆蜗轮机构（上端）改变制动凸轮原始角位置。全面调整时，还应同时旋动带偏心轴颈的制动蹄轴（下端）。

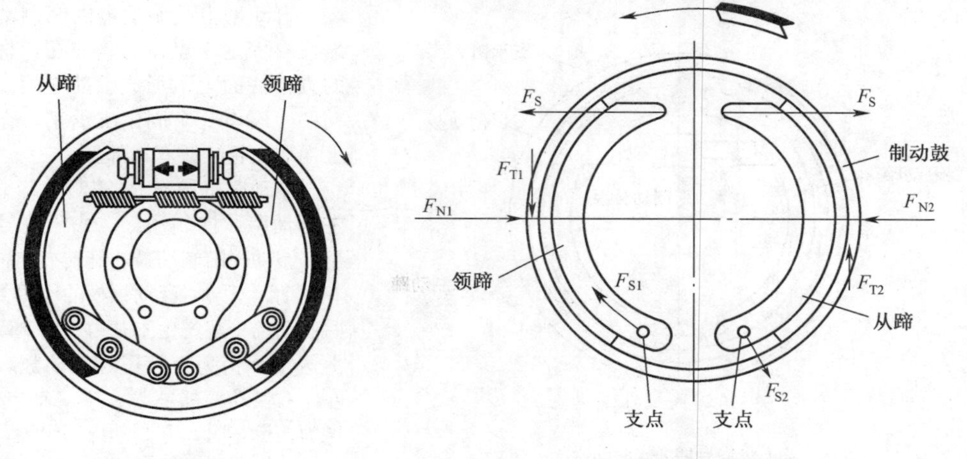

a）领从蹄示意图　　b）简单非平衡式制动器

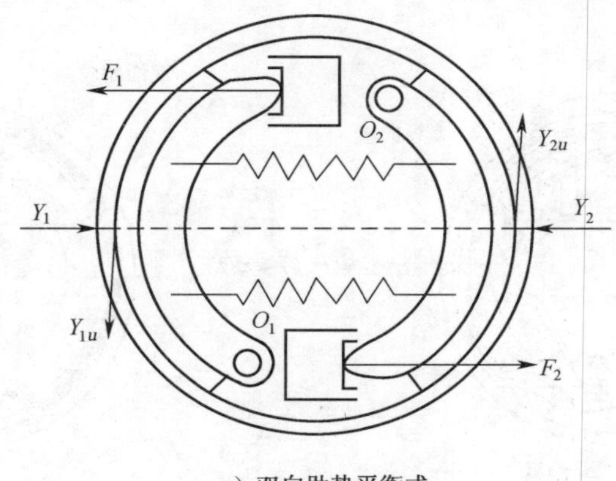

c）双向助势平衡式

制动蹄促动装置：内张型鼓式制动器，采用摩擦片的制动蹄作为固定元件，蹄片一端承受促动力时，可绕其另一端的支点向外旋转，压靠制动鼓内圆面上，产生摩擦力矩（制动力矩）。对蹄端加力使蹄转动的装置，统称为制动蹄促动装置。

领蹄：汽车制动时，制动鼓旋转方向与制动蹄张开时旋转方向相同，具有这种属性的制动蹄称为领蹄（即制动力“增势”）。

从蹄：汽车制动时，旋转方向与制动鼓旋转方向相反的制动蹄，称为从蹄，即制动力“减势”，如图a）所示。

按制动时两制动蹄对制动鼓作用的径向力是否平衡，又可分为简单非平衡式、平衡式和自增式制动器。

简单非平衡式制动器两制动蹄的支承点都位于蹄的一端，两支承点与张开力作用点的布置都是轴对称式，轮缸中两活塞的直径相等。从图b）得知，前后蹄的促动力相等，均为F_S，而领蹄与从蹄作用于制动鼓后产生的法向反力不相等，即$F_{N1}>F_{N2}$，且两蹄的支点反力关系为$F_{S1}>F_{S2}$，相应两蹄的切向反力关系为$F_{T1}>F_{T2}$，故两制动蹄对制动鼓所施加的制动力矩不相等，因此称为简单非平衡式制动器，如图b）所示。

用两个轮缸（两个轮缸只有一个活塞）分别驱动前后蹄片。当汽车前进时，两制动蹄都有“增势”作用，两蹄上单位压力相等，所以又称平衡式制动器。汽车倒车行驶，两蹄都呈“减势”。由于前进和倒车制动器效能不同，故称不对称式，如图c）所示。

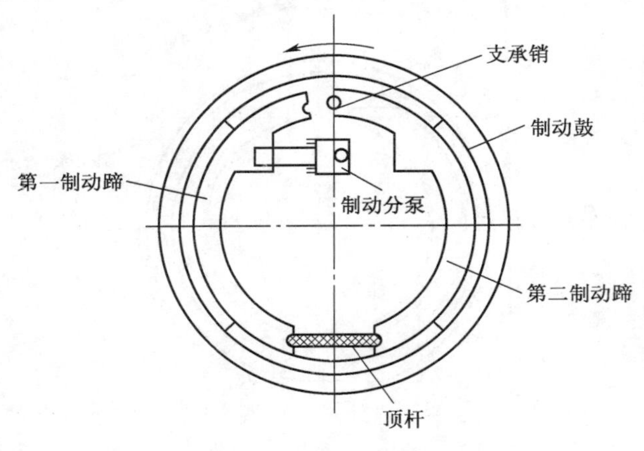

a）单向自增力式制动器

自动增力式制动器的两制动蹄下端没有固定支点，而是插在顶杆两端的直槽底面上，形成活动连接。右制动蹄上端有一个固定支承销，左蹄的上端靠在轮缸活塞端部。

制动时（图a），左制动蹄推力使左制动蹄压向制动鼓，由于摩擦的作用，制动蹄沿制动鼓的旋转方向移动，左制动蹄下端对浮动顶杆的作用力使得右制动蹄下端产生张开力。右制动蹄以上端支承销为支点压靠制动鼓。此时左、右制动蹄都是“增势”蹄，产生自增力，倒车时，左制动蹄压紧制动鼓的力矩减小，制动效果稍差些。

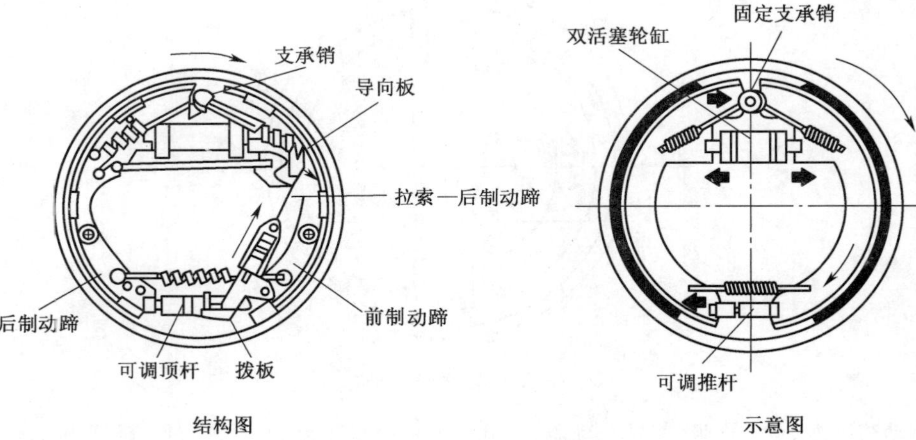

b）双向自增力式制动器

双向自增力式制动器如图b）所示，其原理与单向自增力式制动器相似。不同的是前、后制动蹄在轮缸促动力相同的情况下，同时向外张开，压靠到旋转制动鼓上，绕一个共同固定支承销作扩张运动，且使两蹄均沿顺时针方向移动。

气压制动采用凸轮张开式车轮制动器（图c），当制动时，制动凸轮转动一定角度（制动凸轮轴的轴线位置固定不变，因制动凸轮和凸轮轴制成一体，故凸轮只能绕固定轴线转动而不能移动），两制动蹄的位移相等。由于制动蹄和制动鼓之间有间隙，不可能使沿摩擦片长度上各相应点调整到完全一致的程度，因而制动蹄对制动鼓的压紧力和两制动蹄上的单位压力是不相等的。

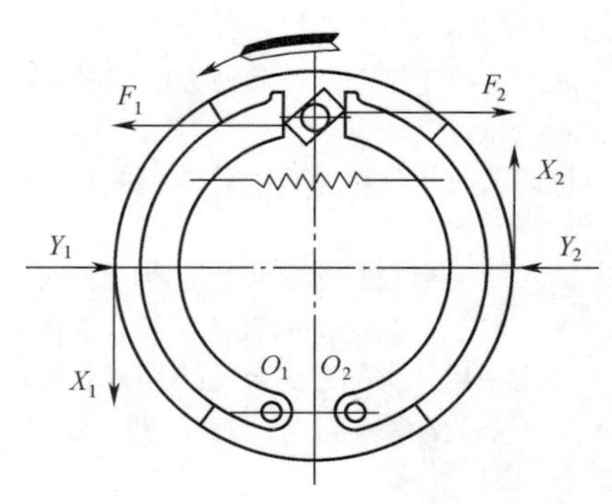

c）凸轮张开式制动器

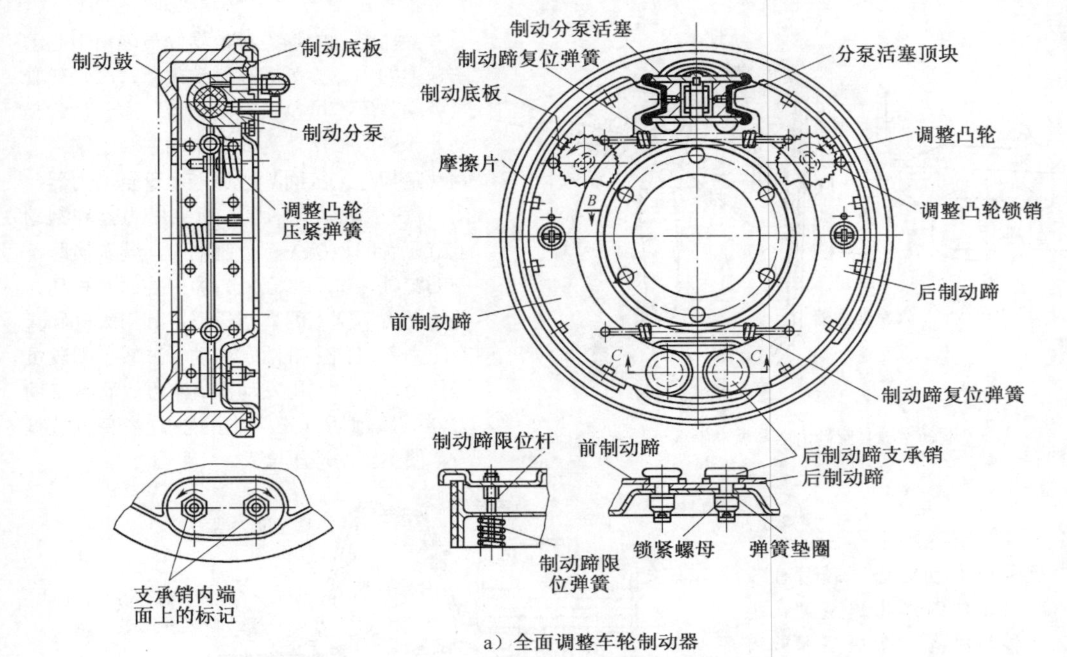

a）全面调整车轮制动器

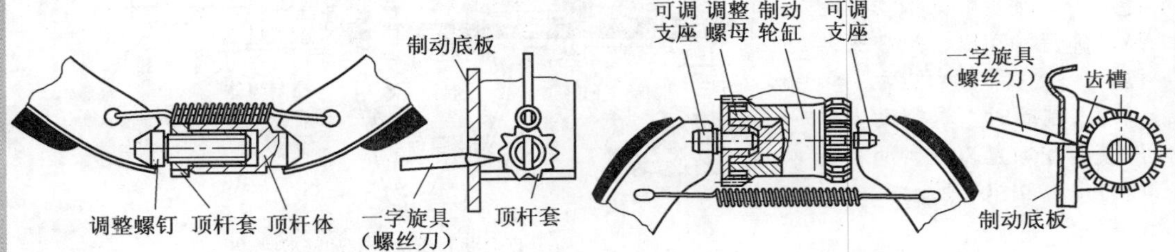

b）改变顶杆长度调整

c）用调整螺母调整

图a)：液压式车轮制动器制动蹄与制动鼓之间制动间隙调整部位，上部可通过旋动调整凸轮调整，下部可通过旋动下端支承偏心销调整。

图b)：可调顶杆由顶杆体、调整螺钉和顶杆套组成。顶杆套一端具有带齿的凸缘，套内制有螺纹，调整螺钉借助螺纹旋入顶杆套内，顶杆套与顶杆体作间隙配合。当拨动顶杆套带齿的凸缘，可使调整螺钉沿轴向移动，因此就改变了顶杆的总长度，从而调整了制动器间隙。

图c)：用一字旋具拨动调整螺母的齿槽，使螺母转动，带动螺杆的可调支座向内或向外作轴向移动即可。

图d)：自调装置能自动调节制动蹄片与制动鼓之间的间隙。自调装置由调整齿轮、杠杆、弹簧片、弹簧伸长器、自动钢丝绳、支架等组成。钢丝绳的上端通过吊环固定在制动蹄销上，下端与弹簧架连接，中部靠在导向板的环面上。

由于自调装置装在后蹄上，前进制动时不起自调作用。采用倒车制动自调的优点是：倒车制动时制动鼓热膨胀量小，不易发生自调过度现象。

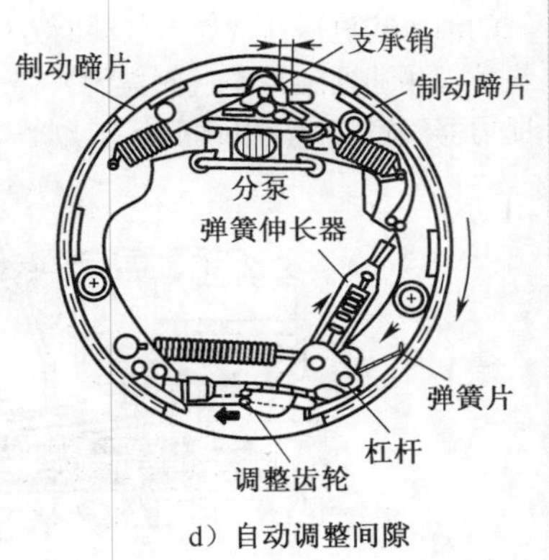

d）自动调整间隙

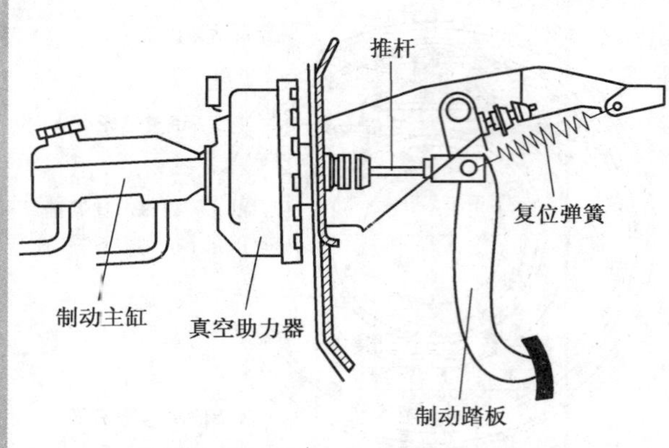

a）制动主缸真空助力器与制动踏板连接示意图

液压制动的动力源是驾驶员作用于制动踏板上的力。为了提高制动效果，减轻驾驶员劳动强度，增设真空助力器。由于盘式制动器无助势作用，为此在制动主缸之前（即制动踏板与主缸间）增加一个真空助力器。图a）所示为制动踏板、真空助力器和制动主缸三者的连接关系。制动时，驾驶员踩下制动踏板，推动真空助力器中控制阀移动，关闭助力活塞上的真空通道，利用大气和真空压力差迫使主缸活塞移动，减轻了驾驶员操作力，同时利用发动机真空度，将真空助力器皮膜前后气室产生的压力差变为机械力，使主缸的液压增大。

真空源解决办法：一种是利用发动机进气歧管在发动机工作时产生真空度；另一种是添置一个真空筒或者有一个交流发电机带动真空泵。确保发动机一旦熄火，仍有2~3次真空助力能力。

未制动时，真空助力器皮膜两侧均是真空，两者无压力差，如图b）所示。

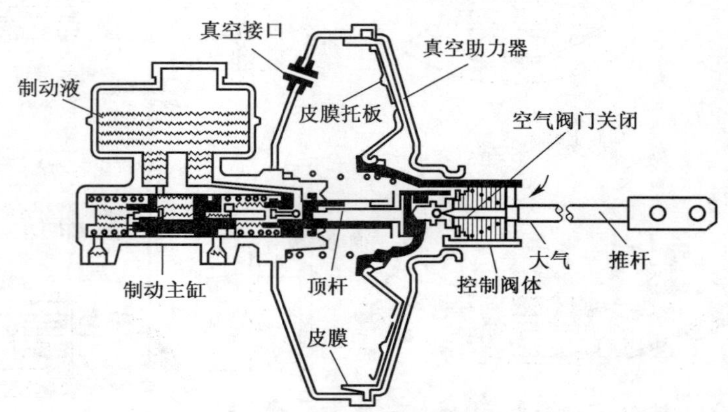

b）真空助力器放松制动踏板时

踏下制动踏板，推杆前移，此时空气阀被打开，气室膜片两者产生压力差，推动推杆前进，使主缸的油压明显提高（最大制动助力比可达到1：4），驾驶员此时很省力，放松制动时，控制阀会切断与外部相通通道（空气阀关闭），如图c）所示。发动机进气管经真空止回阀与工作活塞左腔相通，助力器气室膜片隔开两腔，压力平衡，都产生一定真空度。

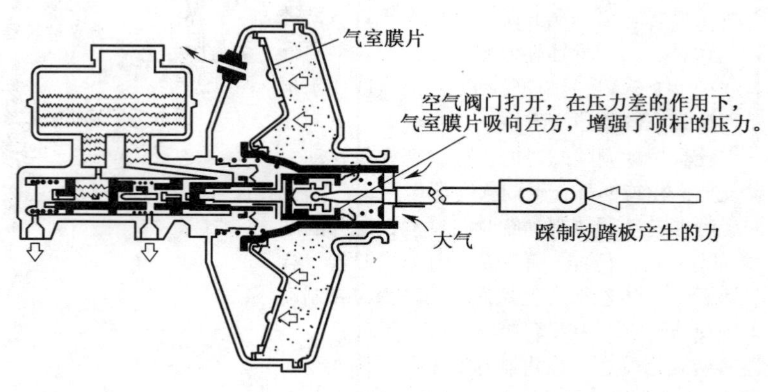

c）真空助力器踩下制动踏板时

真空增压器和真空助力器的主要区分是：前者制动时，将制动主缸压送出来的制动液（看做低压液）输入到真空增压的辅助缸进行增压，送到轮缸的制动液为高压液。后者作用是加大制动推杆作用力，使主缸制动液压升高。

真空增压器由加力气室、控制阀和辅助缸组成，如图a）所示。制动主缸输出的制动液分成两路，一路推动控制阀活塞上行，关闭真空阀，打开空气阀；另一路将制动液送入辅助缸来增压。

当踩下制动踏板时，制动主缸输出的制动液首先进入辅助缸，作为控制压力输入到控制阀，使控制阀膜片上升，关闭真空阀，打开空气阀，使真空加力气室起作用，将主缸传来的制动液在辅助缸升压后输送至轮缸，此时制动液为高压力制动液，如图b）所示。

放松制动踏板时，轮缸制动液回到辅助缸，由于液压下降，控制膜片弹簧伸张使控制阀活塞下行，此时空气阀关闭，真空阀打开，加力气室又处于真空平衡状态，如图c）所示。

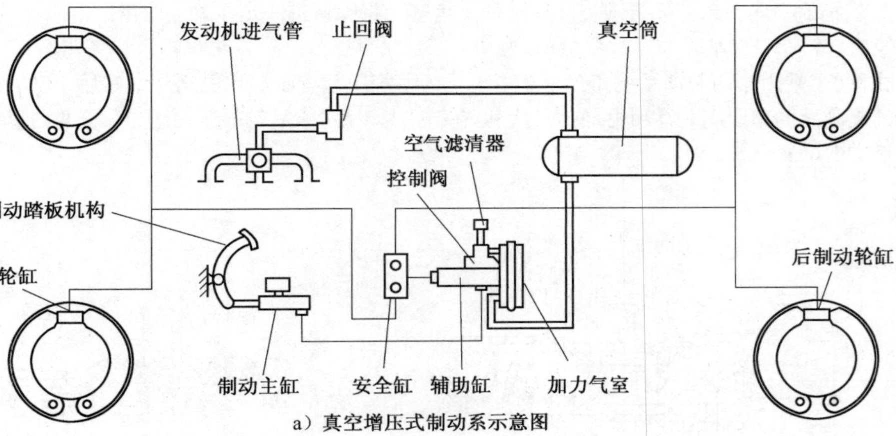

a）真空增压式制动系示意图

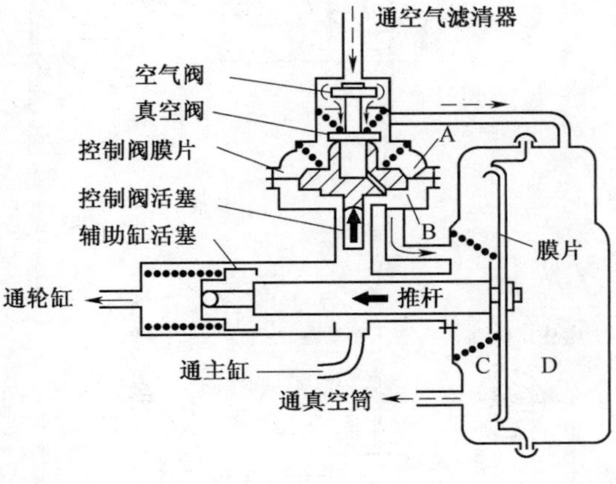

b) 真空增压器踩下制动踏板时

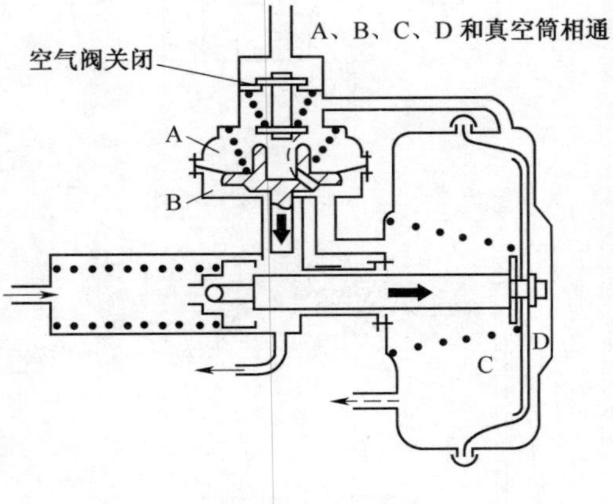

c）真空增压器放松制动踏板时

制动力调节装置简介

比例阀串联在液压制动主缸和后轮缸的制动管路中，其作用是：当前、后制动管路压力P_1与P_2同步增长到一定值P_S后，即自动对P_2的增长加以节制，使P_2增长幅度小于P_1增长幅度。

限压阀（图a）串联在液压制动主缸（或控制阀）与后轮缸的制动管路中，其作用是：当前、后制动管路的压力P_1与P_2由零同步增长到一定值后，自动将P_2限定在该值不变，防止后轮抱死。

在制动器的结构、几何尺寸和摩擦副的摩擦系数既定的情况下，其制动力矩取决于促动管路压力。为避免制动时后轮先滑移，就必须对车轮即将抱死时的前、后轮制动器的促动管路压力予以控制。控制方式分别通过限压阀和比例阀（图b）来实现。

有些汽车在实际装载质量不同时，其总重力和重心位置变化较大，因而满载和空载下的理想促动管路压力分配特性曲线差距也较大。在此情况下，采用一般的特性曲线不变的制动力调节装置已不能保证汽车的制动性能符合法规的要求，故有必要采用特性随汽车实际装载质量而变化的感载阀（图c）。

感载阀的特点：作用于活塞的轴向力F是可变的，拉簧右端经吊耳与摇臂相连，而摇臂则夹紧在汽车后悬架的横向稳定杆的中部。当汽车装载质量增加时，后悬架载荷也增加，因而后轮向车身移近，后悬架的横向稳定杆便带动摇臂转过一个角度，将弹簧进一步拉伸，作用于活塞上的推力F便增大。反之，汽车装载质量减小，推力F便减小。

由图d）乘用车的制动系统布置示意图可见，系统中除有感载比例阀外，其后轮制动还装有对侧向加速度敏感的感速阀，其功用是：当汽车右转弯时，减少右后轮的制动压力，防止过度制动，保证转弯制动时的稳定性。

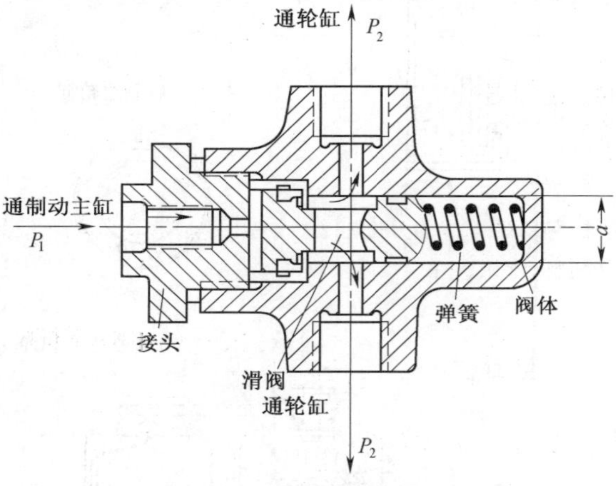

a）液压式限压阀

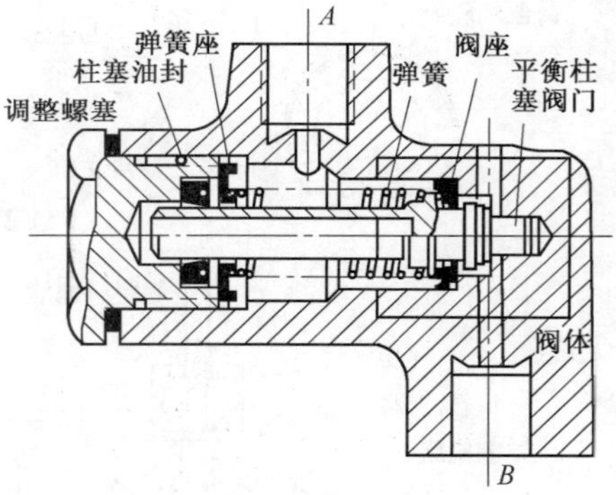

b）比例阀

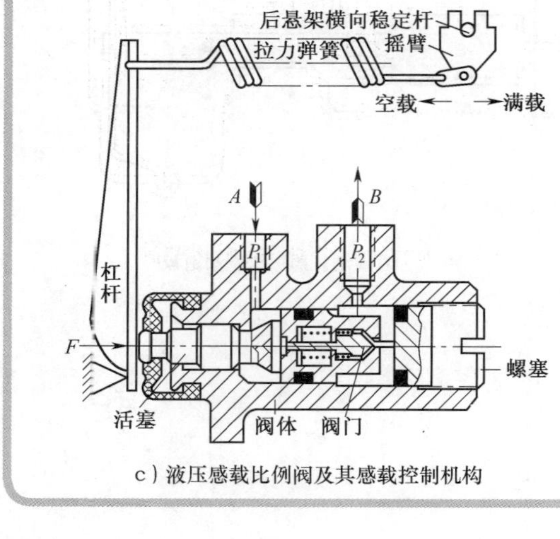

c）液压感载比例阀及其感载控制机构

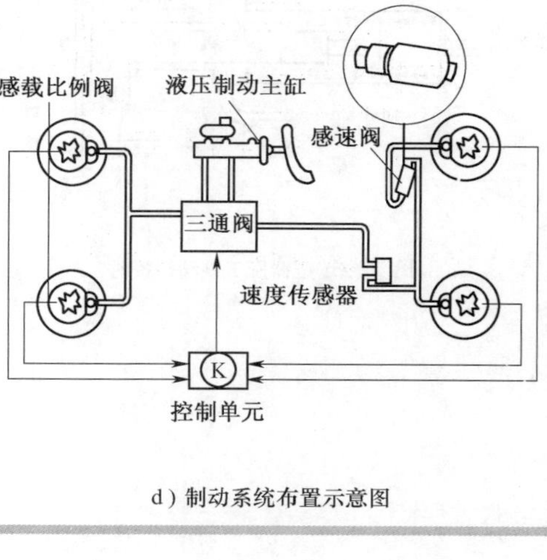

d）制动系统布置示意图

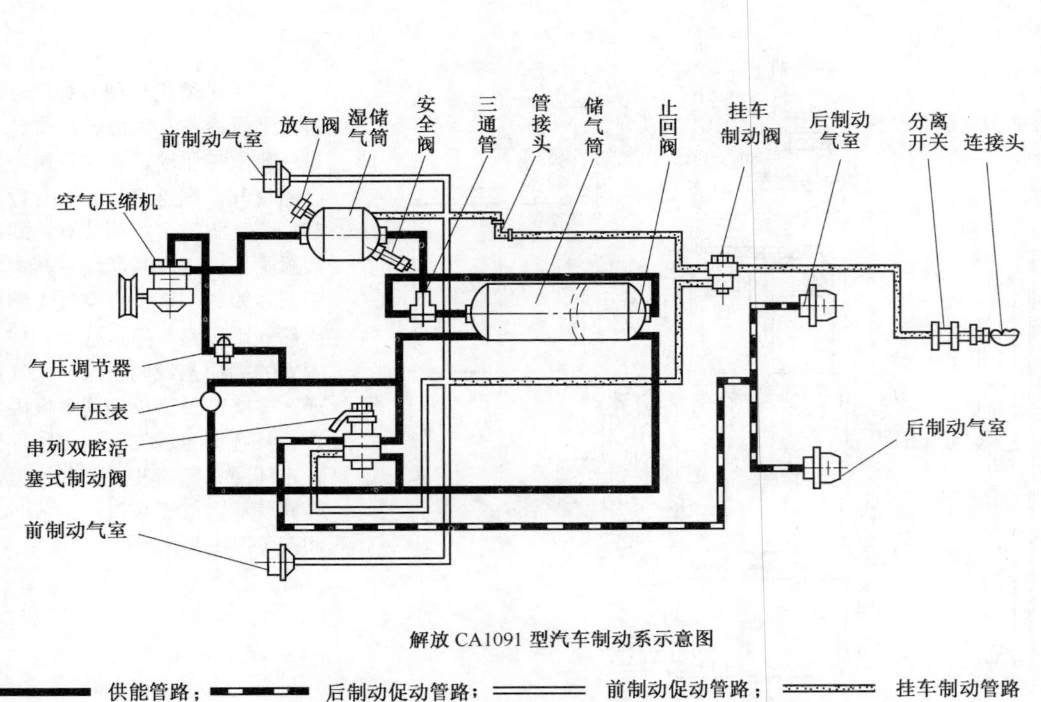

解放 CA1091 型汽车制动系示意图

供能管路；后制动促动管路；前制动促动管路；挂车制动管路

从上图中可以得知：

（1）该车是双回路气压制动。有两个储气筒，前筒为湿式的，后储气筒可分为前腔和后腔。

（2）空气压缩机的压缩空气流向是止回阀→湿储气筒→冷却与油水分离→止回阀→储气筒前腔和后腔。

（3）储气筒：前腔、后腔串列双腔式制动控制阀。上腔→向后气制动室充气。下腔→向前气制动室充气。

（4）储气筒最高气压为0.8MPa。

（5）制动时，踩下制动踏板，制动阀上、下腔进气口分别与本腔出气口相通，使储气筒前、后腔压缩空气分别通过制动阀上、下腔进入制动后、前气室，从而促动制动器产生制动作用。当放松制动踏板时，制动阀使制动气室与大气相通，解除制动。

（6）制动阀应具有良好的随动作用，保证气室内的压力与踏板行程有一定递增函数关系。

（7）气压系统之间连接管路（钢管、橡胶软管和各种管接头组成），可分3类：

①供能装置：例如空气压缩机、储气筒之间和制动控制阀之间连接管路。

②促动管路：控制阀与制动气室之间连接管路。

③操纵管路：一个控制装置与另一个控制装置连接管路（由于该车只有一个气压控制装置，故无操纵管路）。

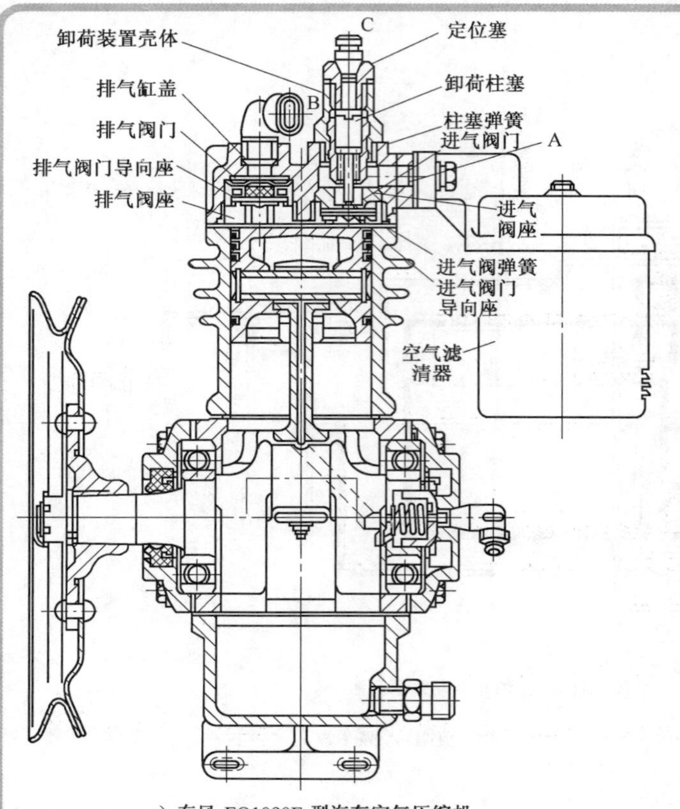

a）东风 EQ1090E 型汽车空气压缩机

A - 进气口；B - 排气口；C - 压力输入口

空气压缩机如图a)所示，它是单缸风冷式，由曲轴皮带轮通过三角皮带驱动，其作用是产生压缩空气。在进气阀门上方设置利用调压阀控制卸荷装置。卸荷装置壳体内镶嵌着套筒，其中有卸荷柱塞和弹簧。在空气压缩机向储气罐正常充气过程中，柱塞上方的卸荷室经调压阀与大气相通。柱塞被弹簧顶推到上极限位置，其杆部与进气阀门之间保持一定间隙，卸荷装置不起作用。当储气筒内气压超过规定值时，卸荷装置才起作用。

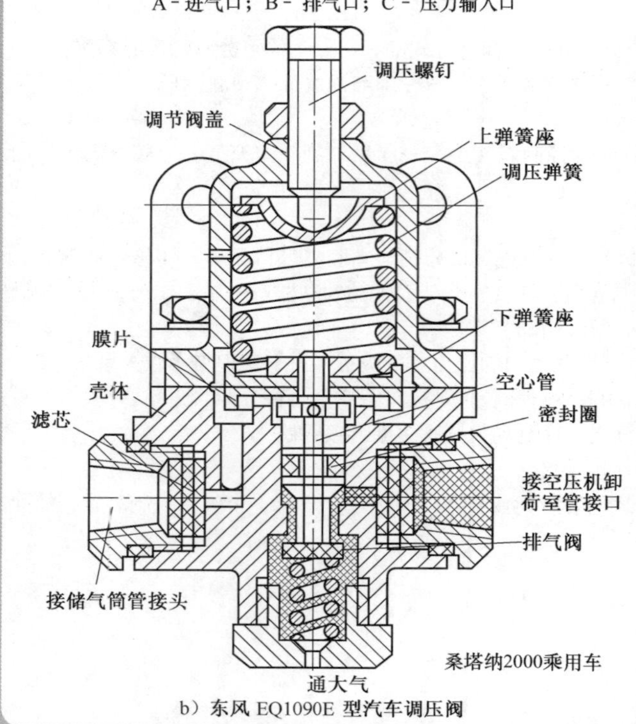

b）东风 EQ1090E 型汽车调压阀

调压阀作用是调节供气管路中压缩空气压力，使之保持在规定压力范围内；同时使空压机卸荷空转，减少发动机功率损失，如图b）所示。

制动阀是气压行车制动系中的主要控制装置，相当于一个开关，其作用是控制由储气筒充入制动气室或挂车制动控制阀的压缩空气量，从而控制制动气室中的工作气压，并有渐进变化的随动作用，即保证制动气压与踏板行程有一定的比例关系。图a）为解放CA1091型汽车制动阀，采用串列双腔活塞式制动时，摇臂绕轴转动，通过滚轮，使平衡弹簧上活塞下行，消除排气间隙后推开上阀门。此时储气筒前腔来的压缩空气经上阀门与中阀体的进气阀座的进气间隙进入G腔，并经出气口到后制动气室，使后轮制动。

a）解放CA 1091 型汽车制动阀

b）解放CA 1091 型汽车制动阀原理图

与此同时G腔压缩空气经通气孔进入大活塞及下腔小活塞上方，使其下行推开下阀门。此时，压缩空气从储气筒后腔进入H腔，经出气口充入前轮气室使前轮制动。放松制动，操纵摇臂，平衡弹簧复位。上腔活塞上移，使下端与上阀门之间形成排气间隙，从C口排入大气。与此同时，下腔大小活塞复位，使小活塞下端与下阀门之间也形成排气间隙，从前气室来的压缩空气经H腔下阀体和出气口C排入大气中（图b）。

解放CA1091型汽车制动阀外形如图c）所示。

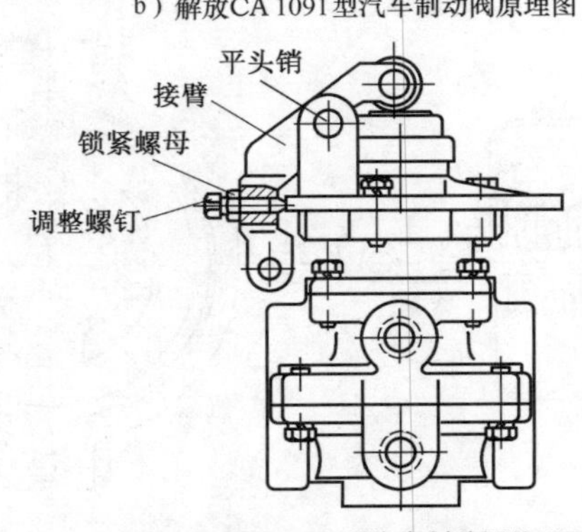

c）解放CA 1091 型汽车制动阀外形图

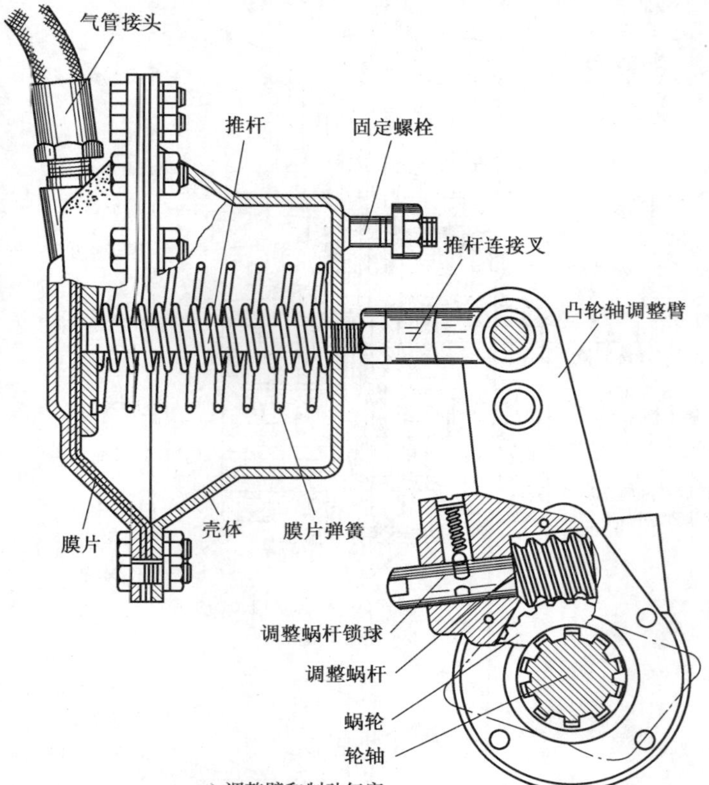

a）调整臂和制动气室

膜片式制动气室是气压系统中的一个执行装置，又是一个传动装置，调整臂和制动气室如图a）所示。其作用是将输入的气压能转换为使制动凸轮张开的机械能输出。但从整个制动系统而言，制动气室又属于传动装置，其输出的机械能还要传到制动凸轮之类的促动装置上，而凸轮属于等位移，这样凸轮两侧的促动力保持相等（有的凸轮呈“S”形，这样促动力一直垂直作用到滚轮上），使制动器产生制动力矩。制动气室气压越高，制动器产生制动力矩越大。膜片的形状可分为盆状与碗状等（供各车型选择）。

制动气室结构图与轴侧图分别如图b）和图c）所示。

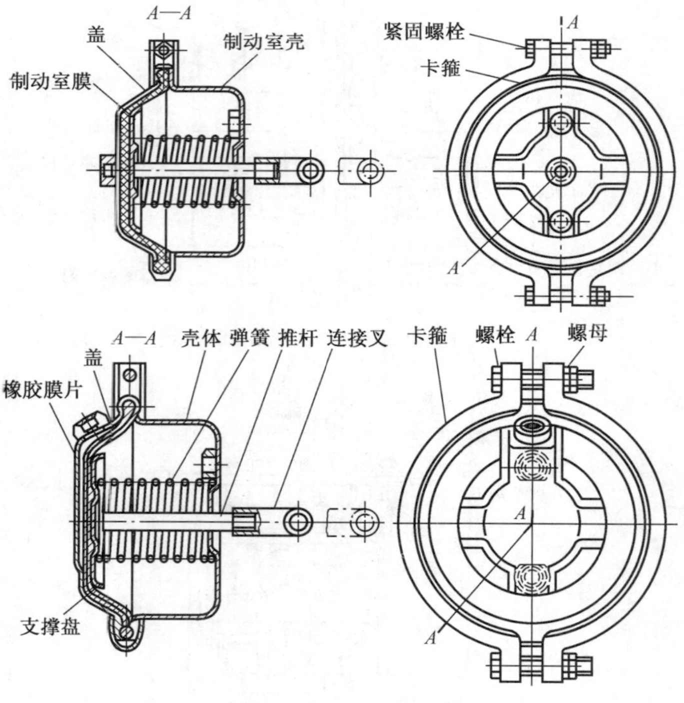

b）制动气室结构图

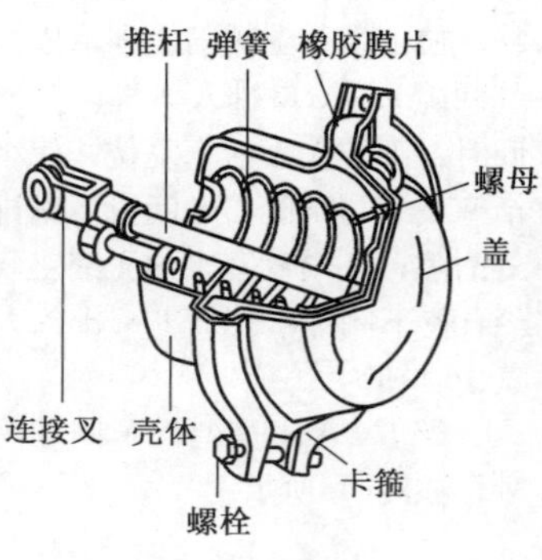

c）制动气室轴侧图

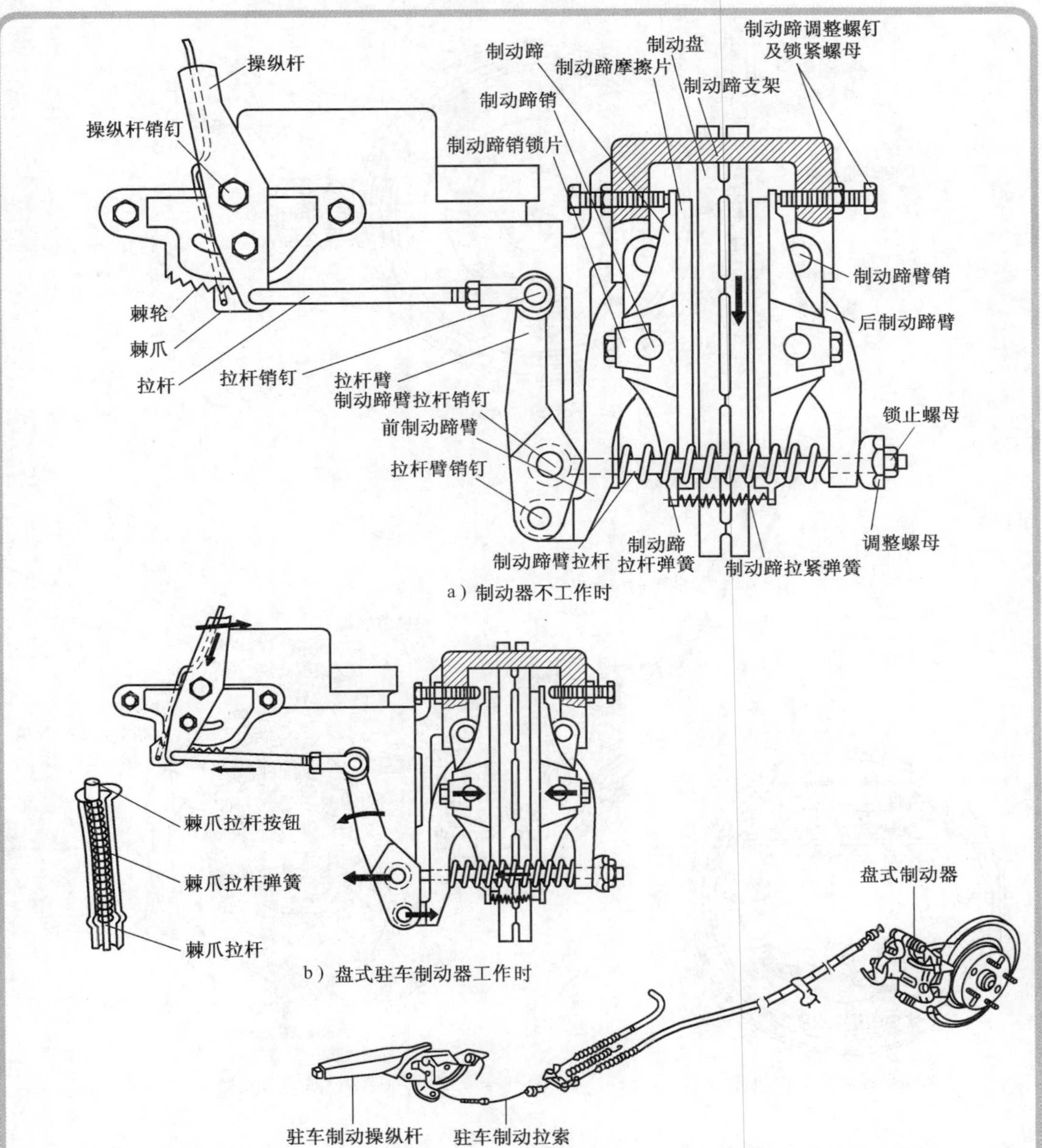

a）制动器不工作时

b）盘式驻车制动器工作时

c）利用后轮鼓式制动器或盘式制动器布置的驻车制动系统

驻车制动器的作用有：使停驶的汽车驻留原地不动，便于在坡道上起步，行车制动器失效后临时使用或配合行车制动器进行紧急制动。

驻车制动器按其安装位置可分为中央制动式和车轮制动式两种。前者的制动器安装在变速器的后面，制动力矩作用在传动轴上。后者与车轮制动器共用一个制动器总成，只是传动机构，是相互独立的。

按制动器结构形式的特点可分为鼓式、盘式、带式和弹簧作用式驻车制动器。由于鼓式制动器可采用高制动效能的自动增力式制动器，且具有外廓尺寸小、易于调整、防沙性能好等特点，因而得到广泛应用。

盘式制动器工作过程：当拉动操纵杆后，拉杆带动拉杆臂，此时前制动蹄臂向内，而制动蹄臂拉杆向外移动时连同后制动蹄臂一起移动，其结果将制动盘卡死不动，如图a）和图b）所示。

利用后轮鼓式制动器或盘式制动器布置的驻车制动系统如图c）所示。

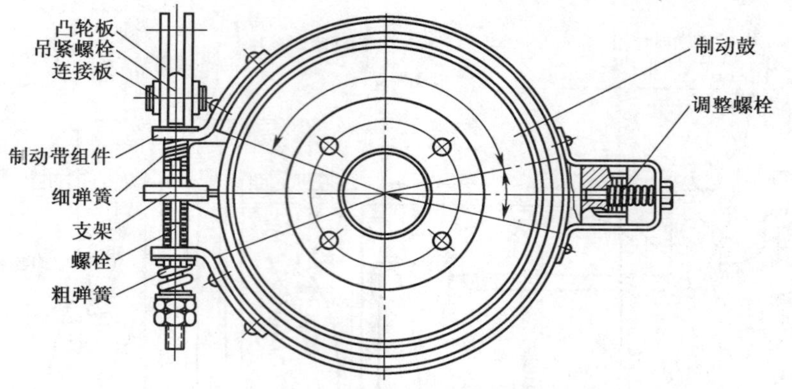

驻车制动器（二）

a）汽车的带式中央制动器

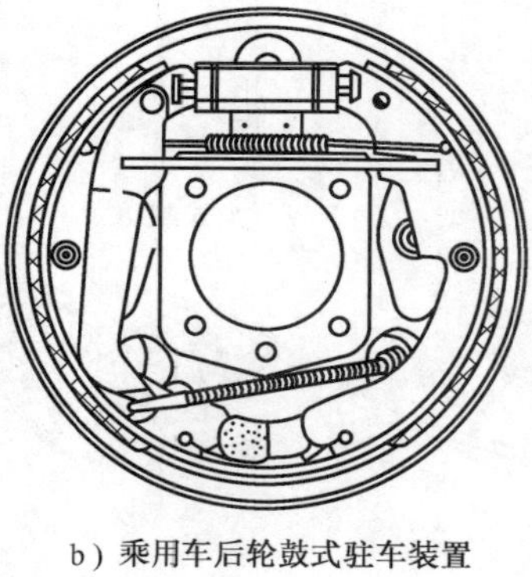

b）乘用车后轮鼓式驻车装置

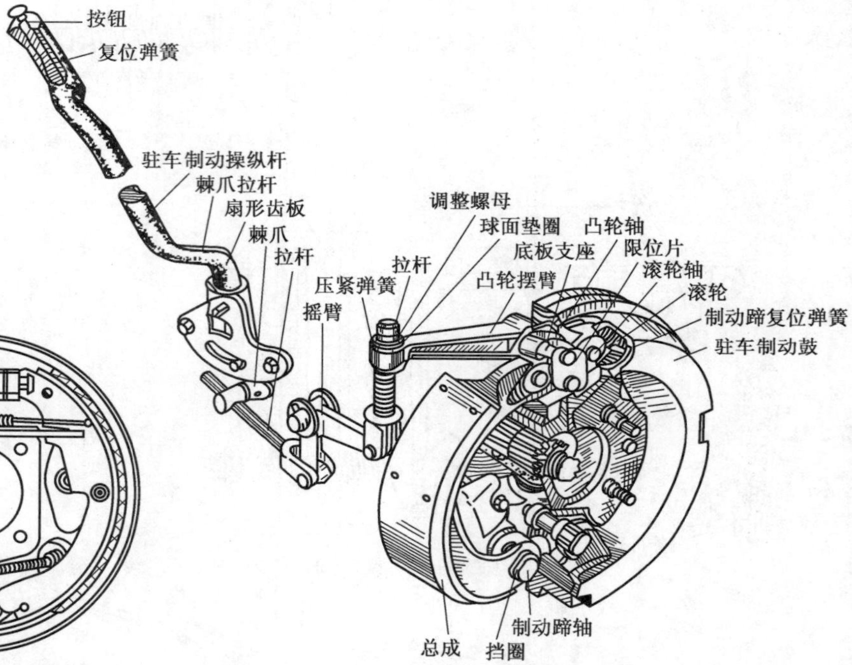

c）东风 EQ1090E 型汽车驻车制动器

图a）所示的带式中央制动器是外束型鼓式制动器，用制动带作为固定元件，装在变速器壳体后端。旋转摩擦元件以外圆面为鼓的工作面。制动时，拉动操纵杆，通过拉杆使凸轮板转动，制动带两端便被拉拢而箍紧鼓。放松驻车操纵杆时，凸轮板转回原位，制动带在弹簧作用下张开而解除制动。

乘用车后鼓作驻车制动器时，在鼓式制动鼓内安装一个摆臂和一根压杆，如图b）所示。

图c）为东风EQ1090E型汽车驻车制动器，它采用凸轮张开的鼓式制动器，通过操纵机械传动装置实现制动。需要制动时，向后拉动制动操纵杆上端，传动拉杆前移，使摇臂绕支承销顺时针摆动，拉杆带动凸轮摆臂向下，摆臂带动凸轮轴转动，从而使凸轮偏转，将两制动蹄张开，蹄片压紧制动鼓而产生制动，并由棘爪和扇形齿板将操纵杆锁止于制动位置。解除制动时，按下驻车制动操纵杆上端的按钮，使下端的锁止棘爪脱离齿扇，然后将操纵杆推向最前端位置．各机件运动方向与制动时运动方向相反，从而解除制动。

车轮制动器对车轮施加制动力矩，通过轮胎与路面附着力的相互作用，产生路面对汽车的制动作用，使汽车减速或停车。若车在潮湿或冰雪路面上行驶，制动时制动力达到附着力数值时，车轮即被抱死，停止转动，而沿路面滑拖。此时，若驾驶员最大限度地踩制动踏板，车轮就会抱死，容易发生转向失控、汽车侧滑等危险。如汽车装有制动防抱死系统（图a），安装在车轮内侧的轮速传感器能连续不断地向ECU（电子控制器）提供车轮转速的信息，在制动时一旦发生车轮抱死现象，ECU就会立即发出减少或停止制动压力的指令，使车轮保持边滚动边滑动的状态，从而保证了行车安全。

车轮速度传感器（简称“轮速传感器”）是汽车制动防抱死装置三大组成部分（传感器、ECU、调节器）之一，其结构如图b）所示。轮速传感器（又称“转速传感器”）用来检测车轮的速度。当一个车轮显示出抱死的信号时，车轮的圆周减速度和滑移率会急剧增加，此时轮速传感器把所感受到的信息传给电子控制器（ECU）。一旦数值超过已确定的临界值，电子控制器将给执行机构（电磁阀）发出指令，立即减小或停止车轮制动压力的增长，以免车轮抱死。传感头外形（磁极）有长方形和圆柱形两种（图c），一般都安装在车轮上。齿圈与磁极的端面之间有1mm间隙，齿圈一般装在车轮的轮毂或后桥上，它随车轮或传动装置一起旋转（图d）。

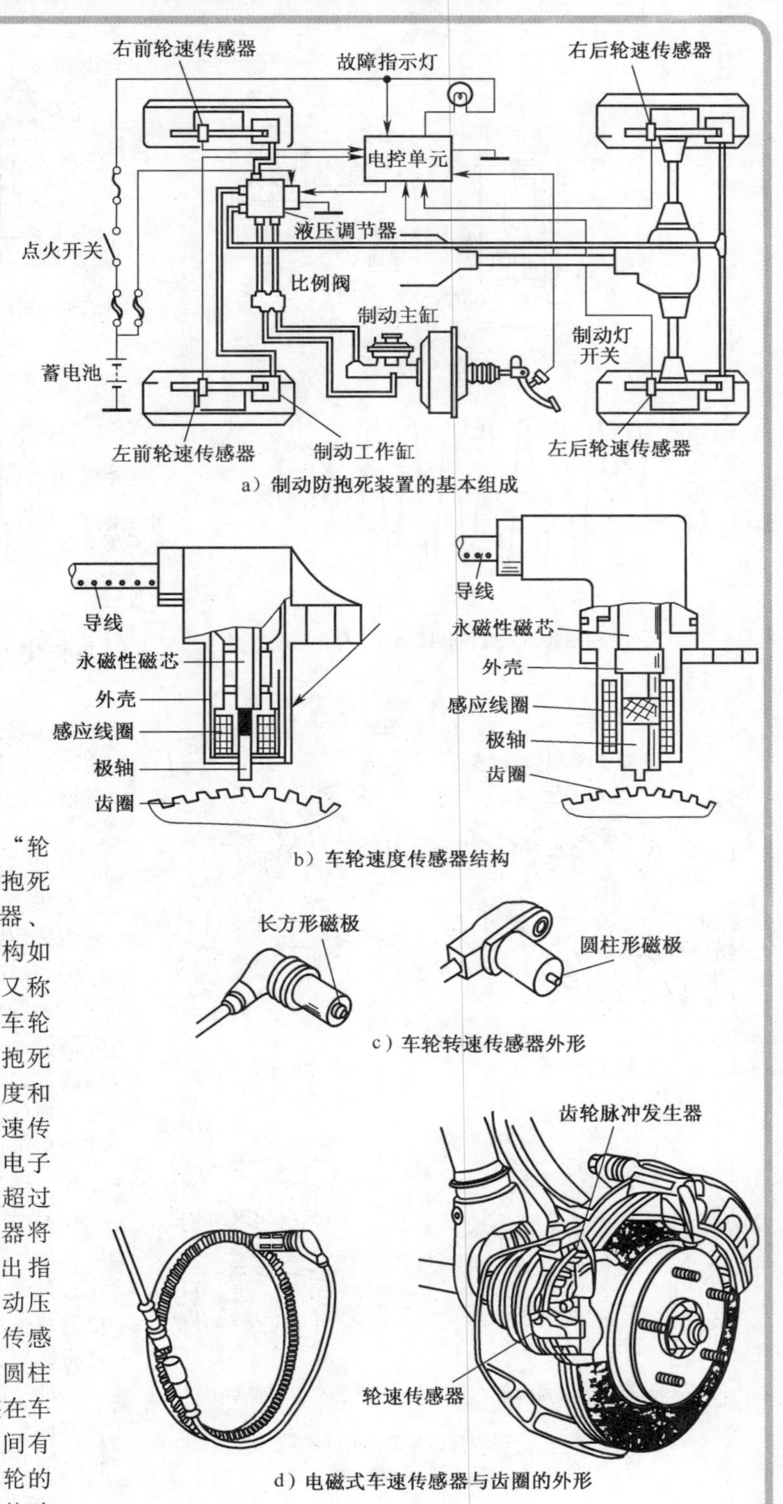

a）制动防抱死装置的基本组成

b）车轮速度传感器结构

c）车轮转速传感器外形

d）电磁式车速传感器与齿圈的外形

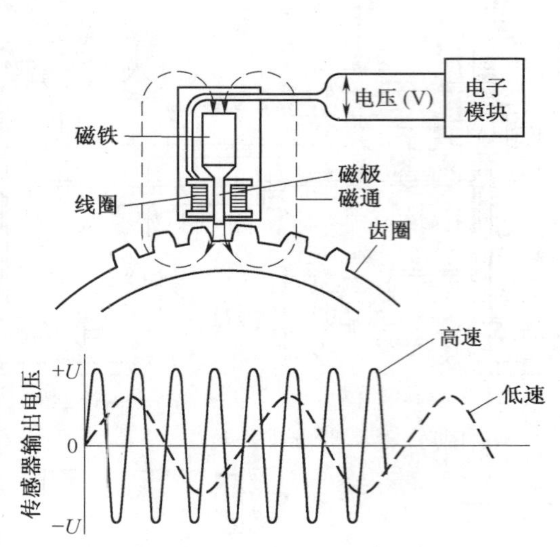

a）电磁感应式转速传感器的工作原理

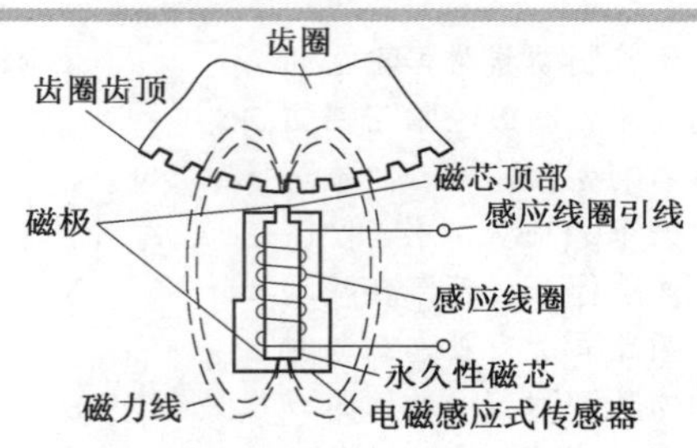

b）齿隙与磁芯端部相对时（空气隙最大）

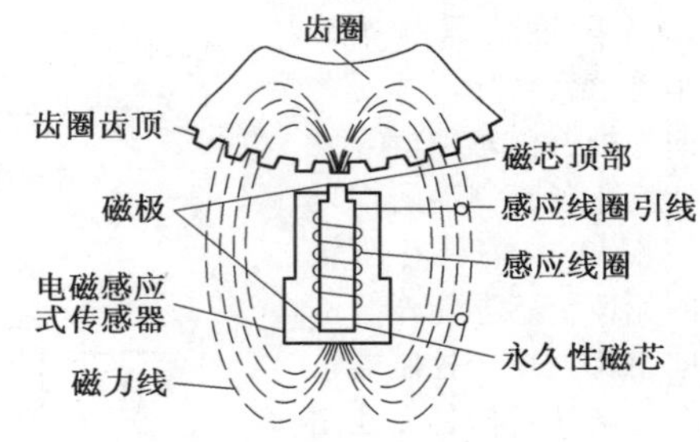

c）齿顶与磁芯端部相对时（空气隙最小）

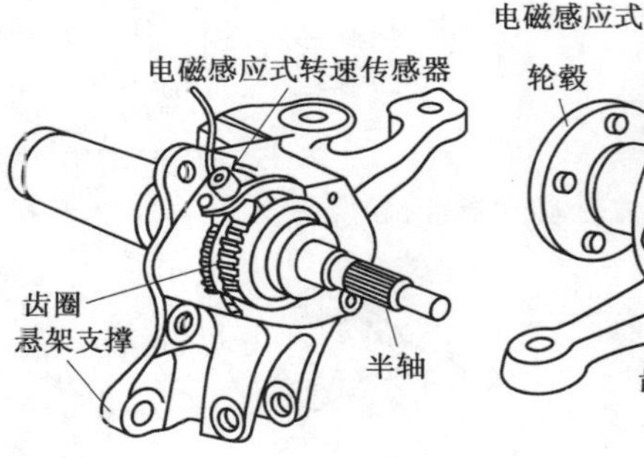

安装在驱动轮上

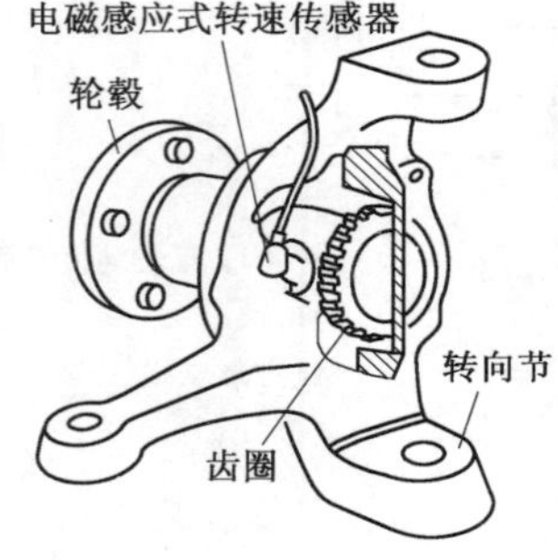

安装在从动轮上

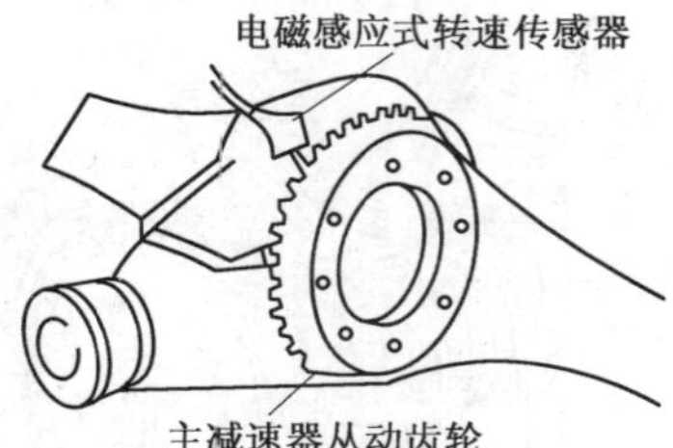

安装在后桥主减速器壳体上

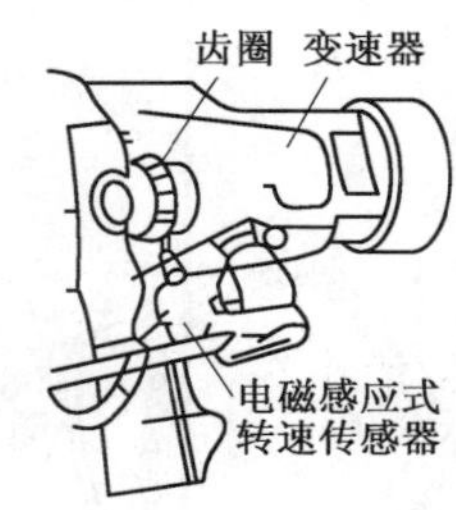

安装在变速器输出轴上

d）转速传感器的安装位置

电磁感应式转速传感器的工作原理是齿圈在磁场中旋转时其齿顶和齿槽与磁极的距离发生瞬间变化（图a）。当齿圈齿隙与传感器的磁芯顶部相对时（空气隙大和小两种情况），前者磁力线不易通过齿圈，后者产生磁力线容易通过齿圈且磁场较强，见图b）和图c）。当齿圈随同车轮转动时，齿圈的齿顶和齿隙就交替地与传感器磁芯端部相对，传感器感应线圈周围的磁场随之发生强弱交替变化，在感应线圈中就会感生交变电压，交变电压的频率与齿圈的齿数和转速成正比，因此，转速传感器输出的交变电压频率将与相应车轮的转速成正比。传感器内的磁阻也发生相应的变化，其结果是使磁能量周期地增减，电磁线圈两端便产生交变电压信号，并将该交流电压传送到电子控制器。

轮速传感器一般安装在车轮上，也有的安装在主减速器壳体或变速器输出轴上，如图d）所示。

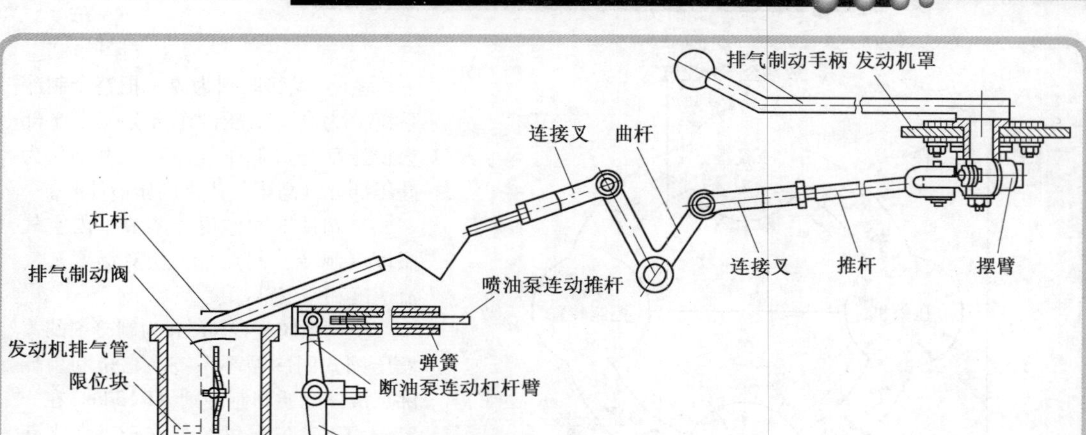

a）排气缓速式辅助制动系示意图

辅助制动系（图a）主要适用于汽车在山区公路长下坡路段行驶，为不使汽车溜坡，或在重力惯性作用下不断加速到危险程度，故对汽车进行持续制动。若用气压制动时会出现供气不足、制动鼓温度较高、制动效能下降等问题。为此，需把势能转化成一部分动能再转化成热能散出，使汽车速度稳定在可控制的安全值范围内。

辅助制动系的作用即在不使用或减少使用行车制动器条件下，使车辆速度降低或保持稳定，这种作用称缓速作用（不是紧急制动），起作用的部件称缓速器。

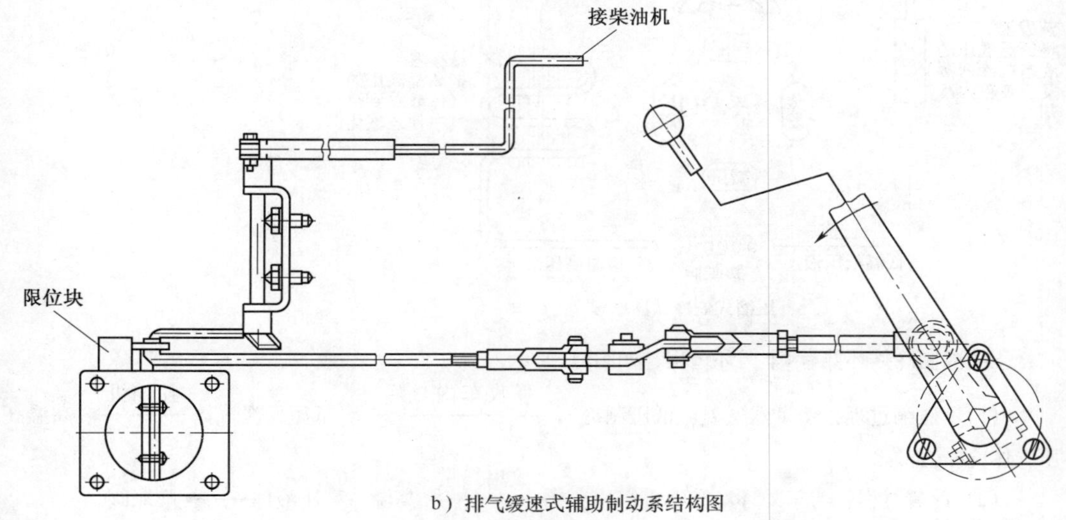

b）排气缓速式辅助制动系结构图

排气缓速主要用于柴油车。因为柴油机比较汽油机压缩比大，作为空气压缩机，其缓速效果优于汽油机，且容易做到施行排气缓速时先切断燃油供给，其结构如图b）所示。其中排气节流阀的操纵机构为机械式，不施行排气缓速时，排气节流阀处于限位块所限定的全开位置；当需要施行排气缓速时，可将手柄朝图中箭头方向转一角度，通过杆系使排气节流阀转到关闭位置，从而阻塞发动机的排气道。在此之前，杠杆已通过断油连动推杆将柴油喷油量调节拉杆推到停止供油位置。

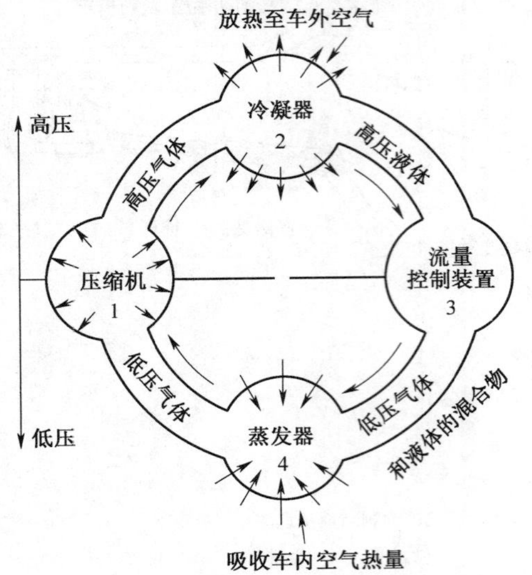

a）制冷原理示意图

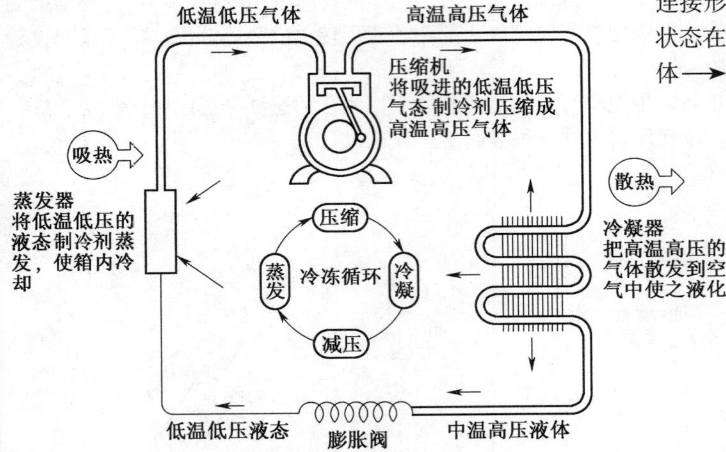

b）压缩式制冷循环原理

图a）以膨胀阀为界，把整个制冷系统分为高、低压两个部分。下半部为低压部分（低压气体），上半部为高压部分（高压气体、高压液体）。

空调系统的作用：调节车内空气温度（制冷、制热）、相对湿度、气流速度和空气洁净度。

空调系统是以R134a为制冷剂的蒸发压缩式制冷循环系统。它是利用低沸点液体介质即制冷剂（R134a）在一定压力下蒸发温度较低这一特性来获得低温的，蒸发压缩制冷原理如图a）所示，制冷循环原理如图b）所示。

空调系统由压缩机、冷凝器、膨胀阀及蒸发器四大部件组成。各部件之间采用铜管（铝管）或高压橡胶管连接形成一个密封系统。R134a以不同状态在这个密闭系统中循环，完成由气体⟶液体⟶气体的变化。

压缩式制冷循环共有4个循环过程，如图b）所示。

（1）压缩过程：蒸发器低温、低压制冷剂$\xrightarrow{\text{吸收车内热后}}$低压低温气体$\xrightarrow{\text{压缩机}}$高温高压气体冷凝器。

（2）冷凝过程：与车外环境空气进行热交换$\xrightarrow{\text{放出热量}}$高温、高压液体⟶膨胀阀。

（3）节流过程：高温、高压液体$\xrightarrow{\text{膨胀阀节流}}$低温低压液体与气体混合物⟶蒸发器，达到控温目的。

（4）蒸发过程：低温低压R134a进入$\xrightarrow{\text{蒸发器吸热}}$低温低压气态制冷剂，从而降低车内温度。

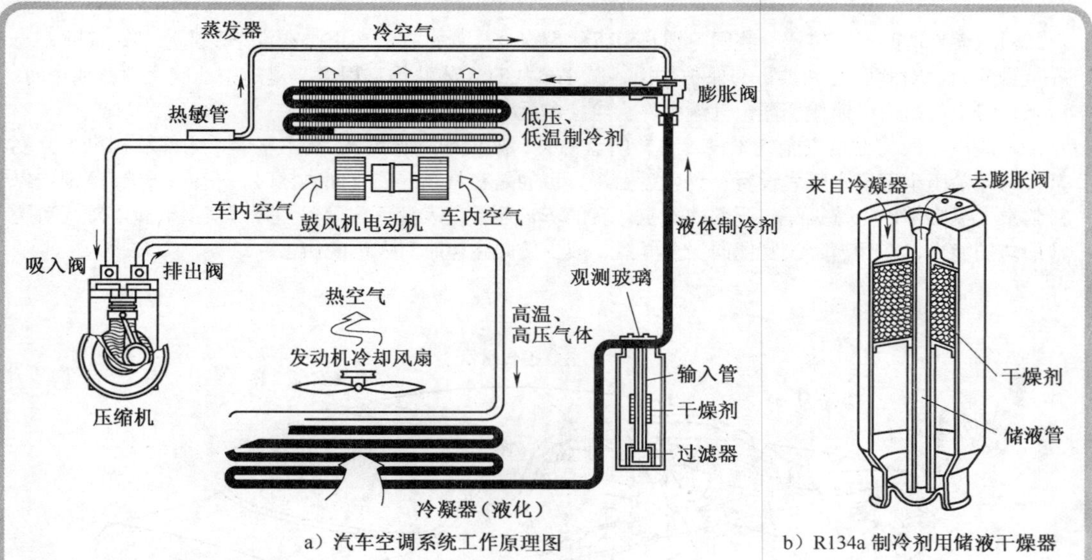

a）汽车空调系统工作原理图

b）R134a 制冷剂用储液干燥器

汽车空调系统工作原理如图a）所示，各组成部分如下：

（1）压缩机是制冷循环系统的心脏，它把热从吸热部分的蒸发器输送到散热部分的冷凝器。

（2）冷凝器作用：把送来的高温、高压气体制冷剂利用发动机冷却风扇和汽车行驶产生的自然风进行强制冷却。

（3）储液干燥过滤器装在冷凝器和膨胀阀之间，如图b）所示。由于膨胀阀的出口温度较低，制冷剂有水分，有冻结出口的可能。为此要过滤杂质，吸收水分，防止堵塞。

（4）膨胀阀也称节流阀，是制冷的主要部件。安装在蒸发器入口前，它是制冷循环高压部分和低压部分的分界点。其功用：一是将高压制冷剂液体节流减压，由冷凝压力降到蒸发压力；二是自动调节制冷剂的流量，适应制冷负荷变化的需要。

（5）蒸发器的作用与冷凝器作用相反，它将低温、低压液态制冷剂蒸发，吸收车内热量而制冷，是产生和输出冷气的设备。桑塔纳2000乘用车空调管路概况如图c）所示。

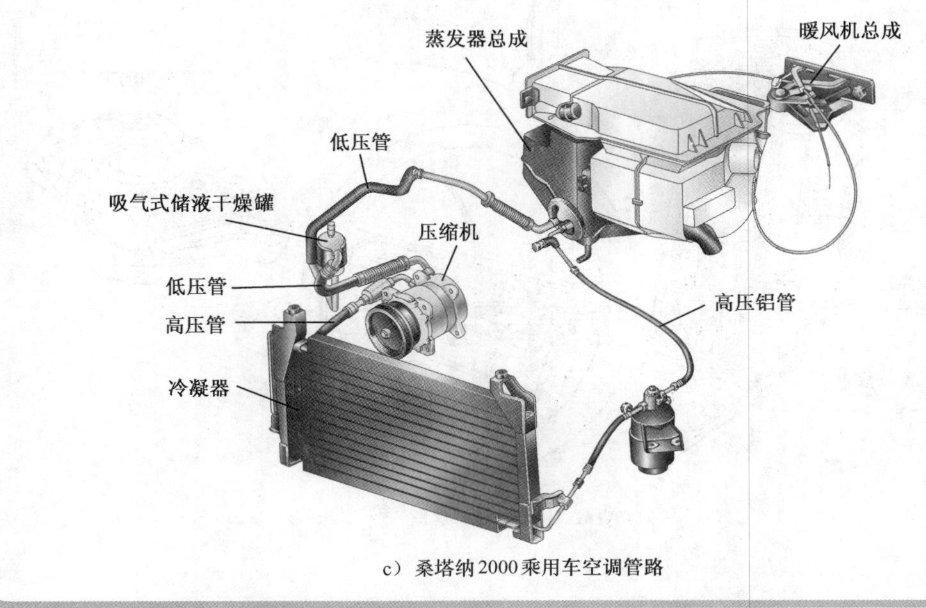

c）桑塔纳 2000 乘用车空调管路

SRS意为辅助安全装置。我国习惯将SRS称为安全气囊，它的功用是在汽车受到意外碰撞时，与安全带配合，对驾驶员和乘员起保护作用，减小事故对人体的伤害程度，提高被动安全性。如图a）所示，安全气囊由碰撞传感器、气囊组件、电控单元和故障指示灯等组成。

一般汽车的驾驶员安全气囊设置在转向盘中央，如图b）所示，它是主气囊，内部结构也十分复杂。另外前座乘客安全气囊设置在仪表盘上端，目的是在汽车受到正面碰撞时，左、右30°范围内保护驾乘人员胸部以上特别是头颈部的安全。有的车辆还在仪表盘下方设置了膝部安全气囊以提高对腿部的防护能力，在侧窗上设置侧向安全气囊，减少侧向碰撞时对人员的伤害。

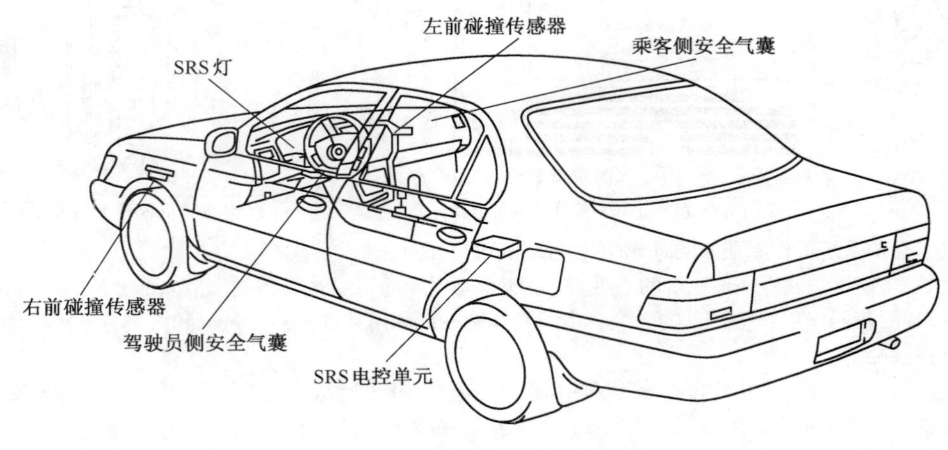

a）安全气囊的组成

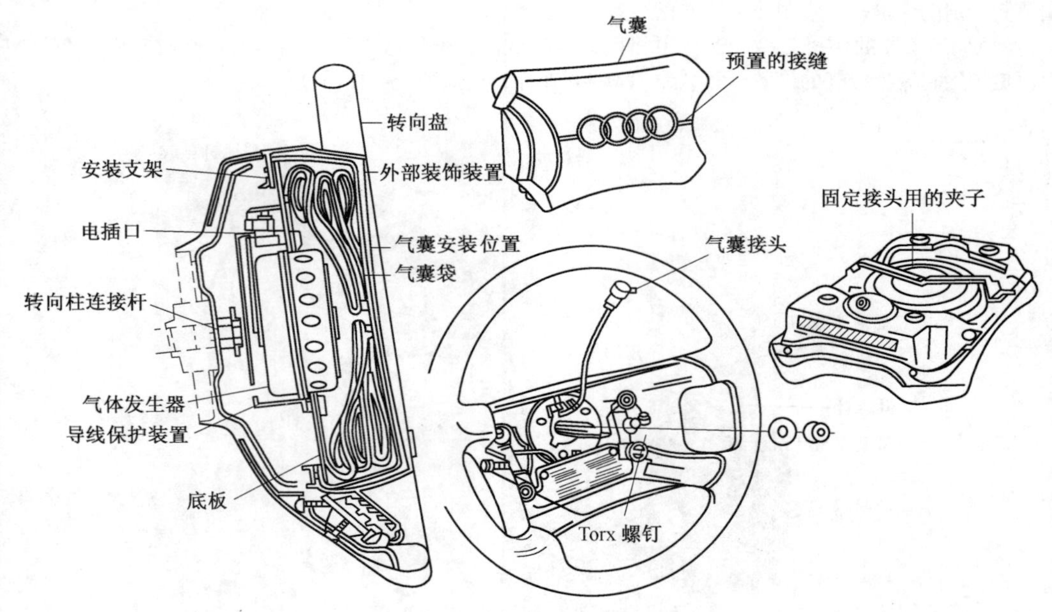

b）转向盘内藏式安全气囊分解图

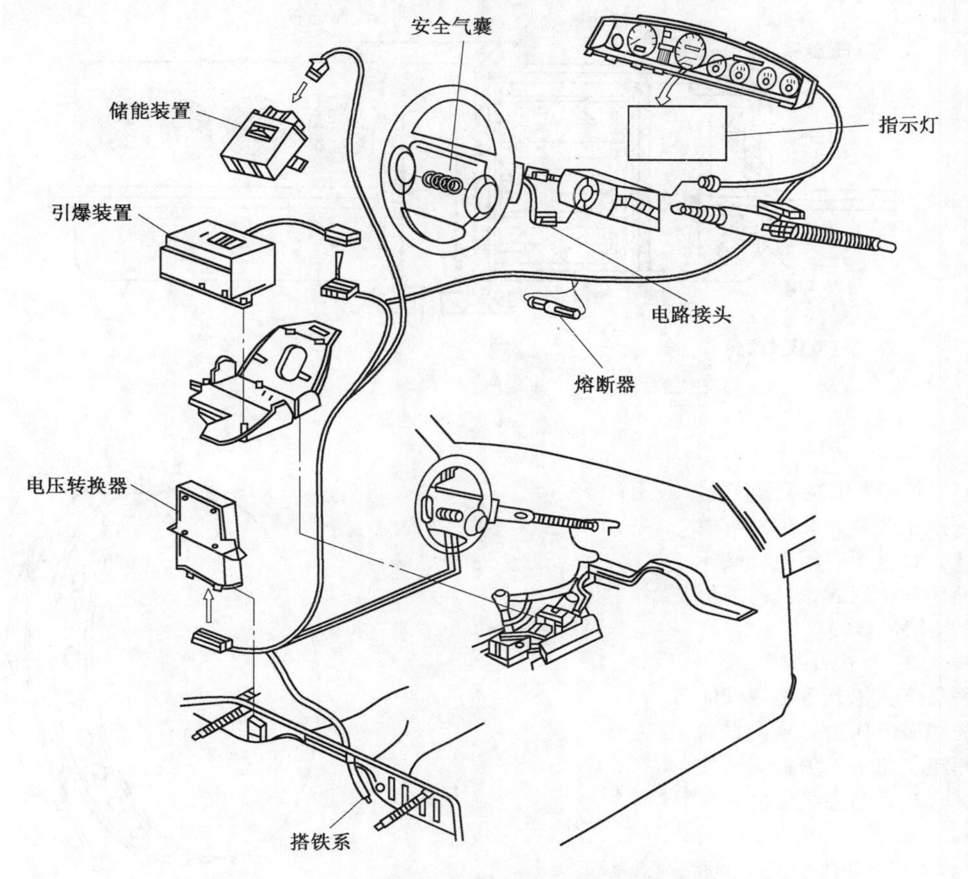

a）安全气囊及控制系统的布置

安全气囊由以下几个部分组成：安全气囊、充气装置、气体过滤装置、控制器、触发（引爆）装置、传感器、诊断装置（也有的装有电压保护装置、储备电源）。安全气囊及其控制系统的布置如图a）所示。

转向盘或仪表盘上各部件的安装位置应合理，确保气囊展开时不影响各部件的正常工作。图b）所示工作框图的前提是与正面障碍物相撞（来车），有效引爆范围为左、右30°，若与斜前方发生撞车，其纵向减速度达到1.89m/s²以上时，安全气囊也会起引爆作用，完成整个过程仅需60ms。

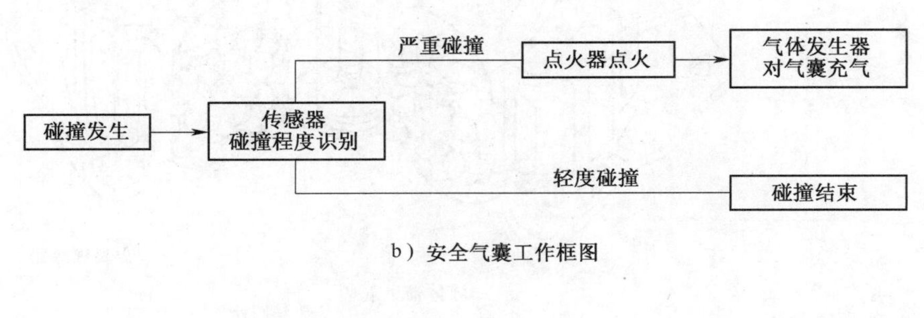

b）安全气囊工作框图

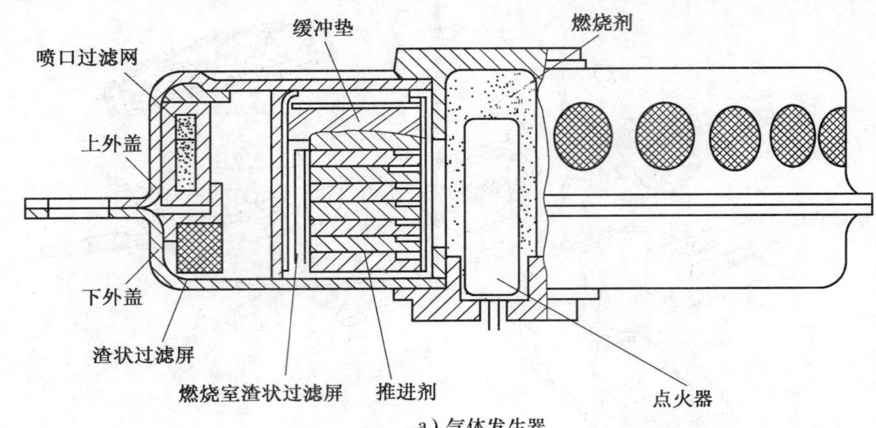

a）气体发生器

气体发生器（图a）用来产生气体，要求反应敏捷，在极短时间内将气体充满整个气囊。目前采用的有3种形式：

（1）高压储气式，将氮气、氩气等惰性气体压缩藏于压力容器内，利用电气雷管的盖板而使气体逸出，通过导管输入气囊。

（2）固体推进式（图b），利用点火器将类似于火药或推进剂固体型气体发生剂点燃，把燃烧后产生的气体充入气囊。目前广泛采用这种形式。

（3）混合式，当高压储气式气体发生器盖板被破坏的同时，置于容器内的少量火药或推进剂立即燃烧产生气体。

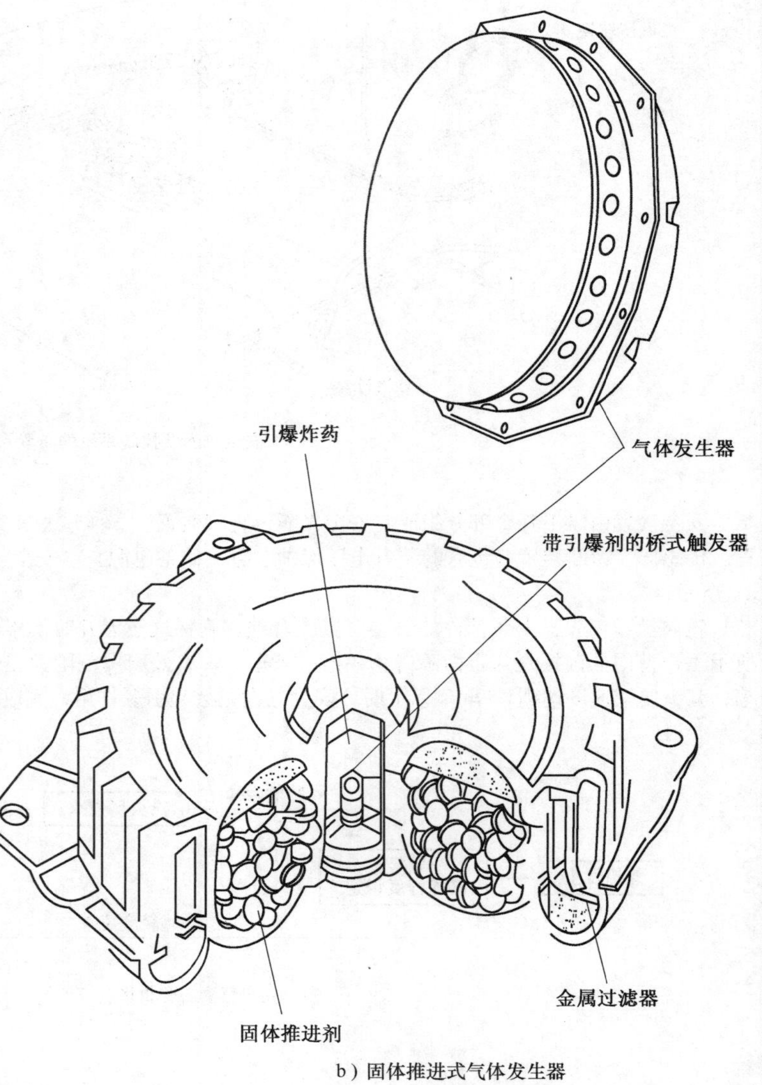

b）固体推进式气体发生器

车身壳体是一切车身部件的安装基础，通常指纵、横梁和立柱等主要承力元件以及与它们相连接的板件共同组成的空间结构，还包括在其上敷设的隔声、隔热、防振、密封等材料及涂层。

乘用车车身壳体可分为非承载式（图a）和承载式（图b）两种。为使汽车轻量化，绝大多数乘用车车身都采用承载式结构。从图中可以看出，后者较前者更坚固且较完整，如有纵、横受力元件，车身前部都有两根断面尺寸粗大的纵梁，左右两侧有前挡泥板，前面的散热器框架焊接成刚性较好的空间构架，以便直接安装发动机和前悬架等部件，并能承受各种工作载荷。

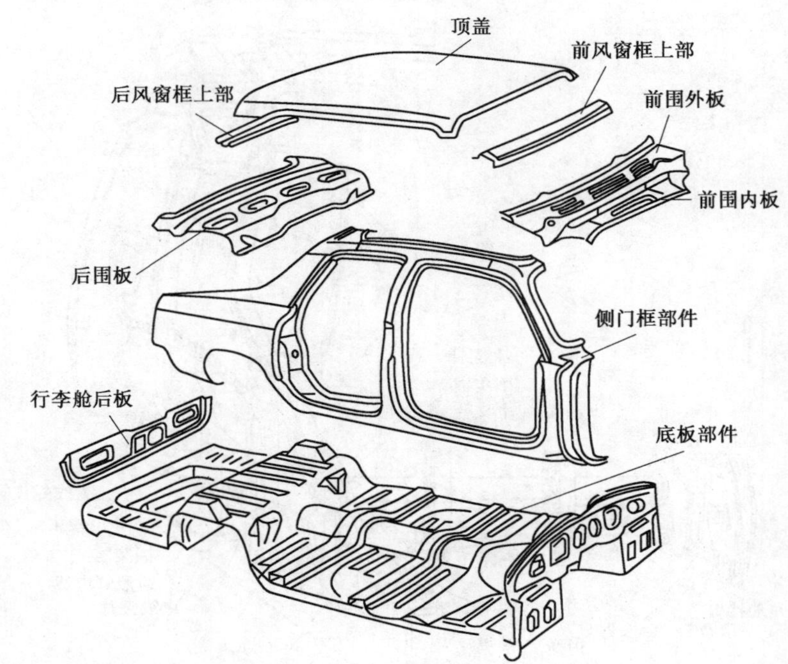

a）典型的非承载式乘用车车身壳体

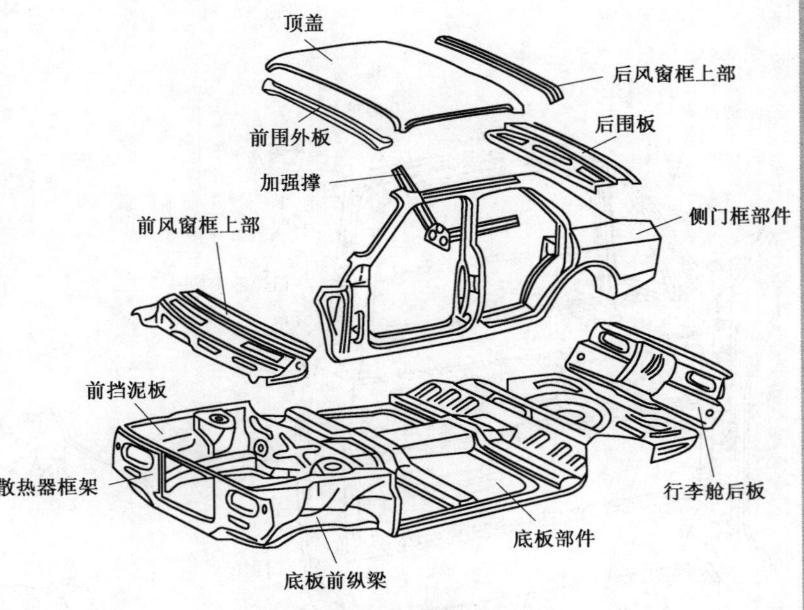

b）典型的承载式乘用车车身壳体

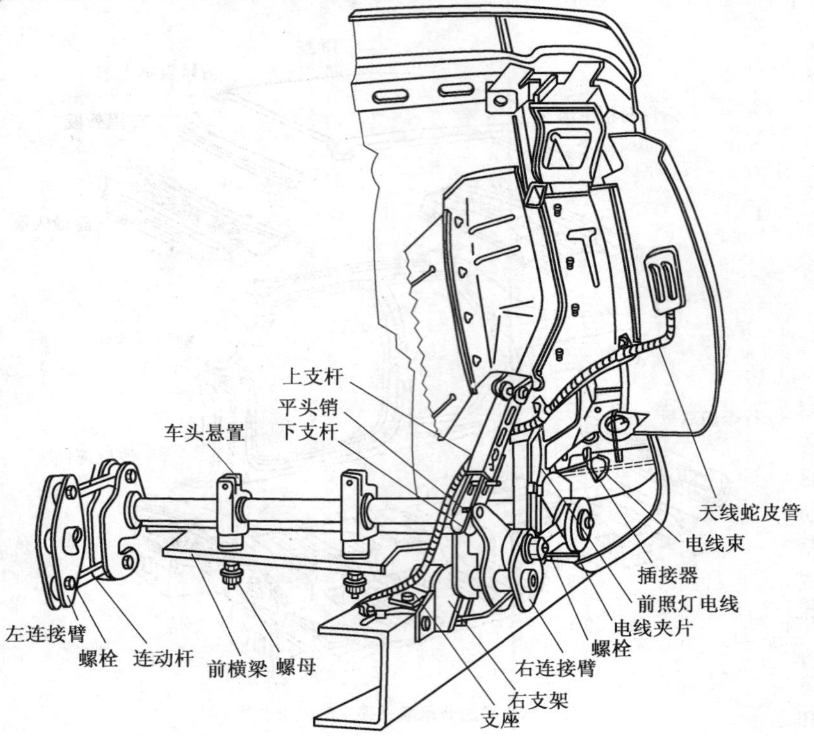

a）驾驶室翻转示意图

某些货车的车头为整体式，为改善维修接近性，车头可以前翻（一般为50°左右），翻转后应扣上并锁紧支杆，并装有扭杆转动机构，驾驶室翻转示意图如图a）所示。车门通常由门外板、门内板、窗框（有的车上还载有三角通风窗）等组成（图b）。门内板是各种附件的安装基体。其上装有：车门铰链（图c）、升降玻璃及其导轨、玻璃升降器、门锁、车门开度限位器、止冲器和定位榫舌等附件。车门通过铰链安装在车身壳体上。汽车行驶时，车身壳体将产生反复扭转变形。为避免在此情况下车门与门框摩擦产生噪声，车门与门框之间有较大的间隙，靠橡胶密封条来密封。

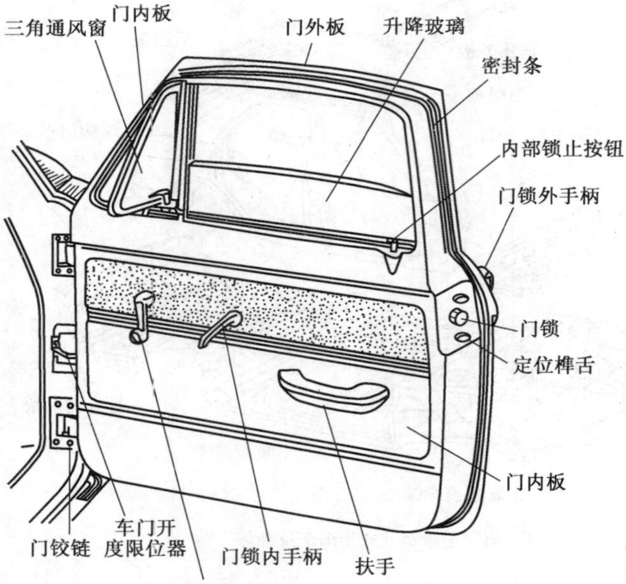

b）车门及其附件

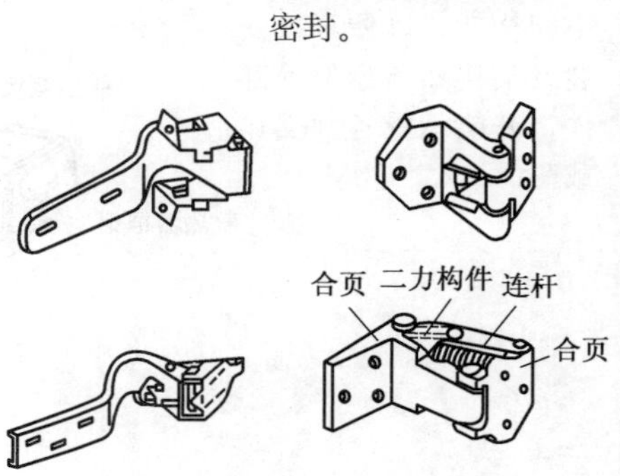

c）车门铰链

汽车行驶中，特别是高速行驶时，气流撞在汽车前面，便改变方向，向车身周围流散，在车尾部产生空气涡流，形成负压状态，汽车前部分压力高，后部分压力低，车身被向后拉。为了减少高速行驶时空气阻力并节省燃料，各类汽车上均安装有减少空气阻力的装置。如图a）所示，乘用车前部保险杠下方的抛物型风罩（即前阻风板）和后部的后扰流板均可减少行车时的空气阻力。

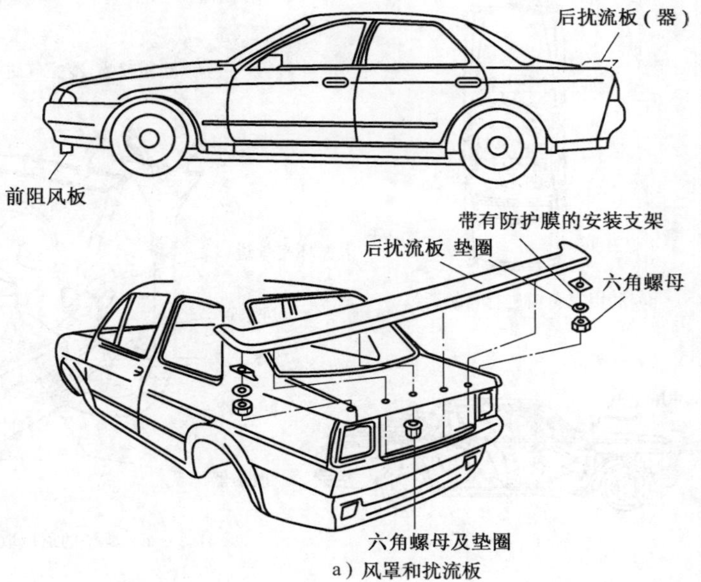

a）风罩和扰流板

乘用车前部阻风板安装在保险杠下面，它可以抑制钻入车身底部的空气量，减少高速行驶时的浮升力（若车身被抬起，轮胎的着地性恶化）和车身前侧的紊流，降低空气阻力。

后扰流板（或称后阻板）可以减少车身尾部浮升力（因板上、下方均有空气流过）。

设计扰流板（器）的目的是使空气产生对地附着力，抵消一部分浮升力，控制汽车上浮，从而减少风阻，提高行驶稳定性。

其他减少空气阻力的装置如图b）所示。

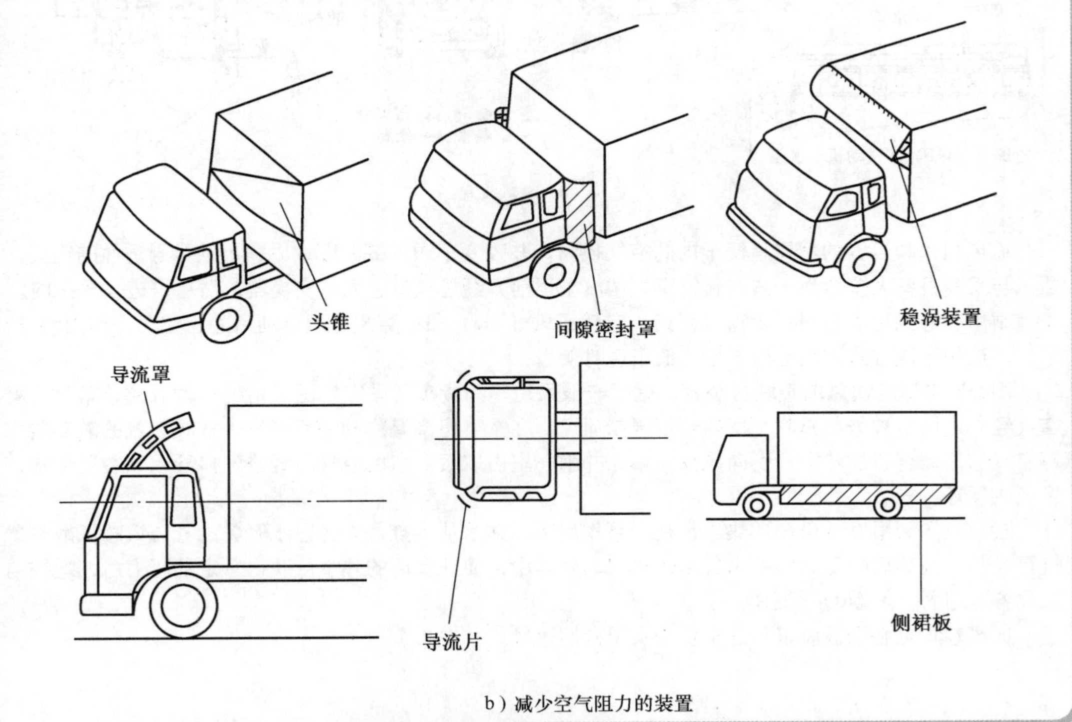

b）减少空气阻力的装置

a）利用三角窗进行自然通风

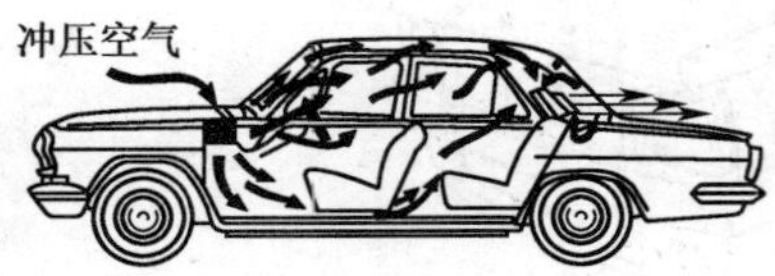

b）贯穿式

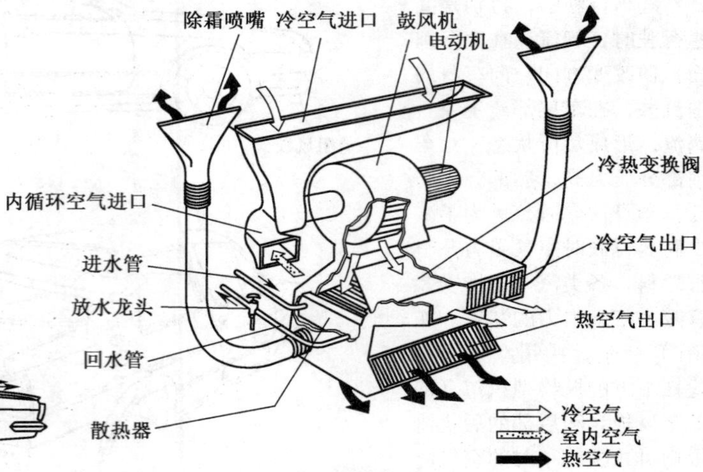

c）典型的通风取暖联合装置

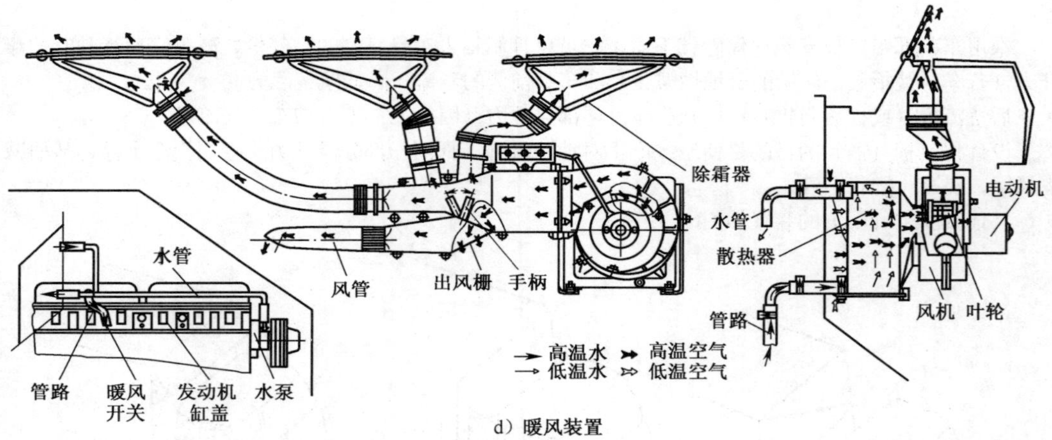

d）暖风装置

通风和采暖装置的功用是使车内的空气换新，并改变车厢内部温度，以满足乘员舒适性的需要。通风与采暖设备大多合为一体，新鲜空气从汽车正前方经过气道进入热交换器，然后再进入车室内。

乘用车通风可以利用三角窗（开启）自然通风（图a）和贯穿式通风（利用冲压空气，如图b）所示），这种通风方式，仅适用于中、低车速时使用。

图c)为典型的通风取暖联合装置，这是一般乘用车和货车驾驶室广泛采用的一种方式。车外新鲜空气经外进风口被鼓风机吹至车内进行强制通风。冬季可将高温冷却液直接导入取暖装置的散热器中对空气加热，再将加热空气引向风窗除霜，并引向室内取暖。室内空气可经进气口导入该装置加热，形成内循环。

暖风热源利用发动机循环热水，在水泵作用下，热水从汽缸盖内经热水开关沿管流入暖风散热器进行换热，换热后的低温水沿水管流入风机蜗壳体中，使升温后的热空气获得一定的压力后，送往前风窗各除霜器，如图d）所示。

通风装置可利用通风罩和三角窗来实现自然通风。

目前乘用车空调都是整体冷暖组合式，其特点是能将冷风和暖气根据需要按适当的比例混合在一起。空气调节为再热混合式调节形式，这种形式是经过冷却、降温、除湿后的空气再将其小幅度提高温度，以进一步降低湿度，达到使人舒适的程度。

空调系统中，将蒸发器、暖风散热器、离心式风机、操纵机构、进风罩和壳体等组装在一起叫空调器总成，布置在车内仪表盘下方，暖风与空调系统在车上的布置如图a）所示。

由于汽车车厢内乘员密度大，车厢面积大，厢壁薄，故隔热困难，因此空调负荷大。大客车设置一台独立压缩机，因车厢高度有限，空间有限，座位间隙以及乘员人数和形体不同，很难达到合理的空气流动和温度分布状态，目前较为合理的布置方式如图b)所示。

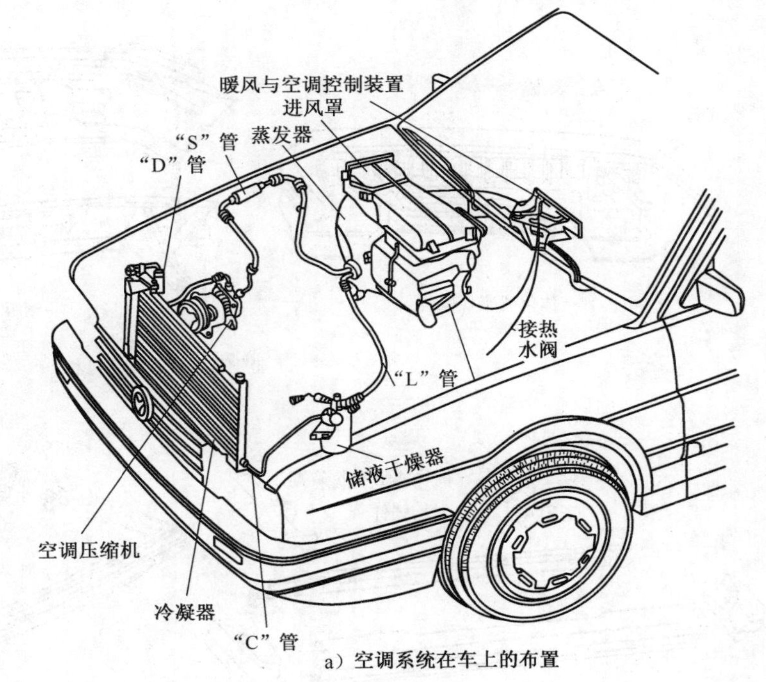

a）空调系统在车上的布置

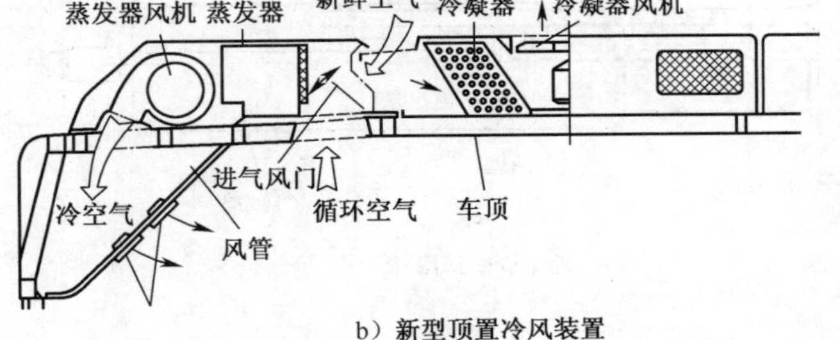

b）新型顶置冷风装置

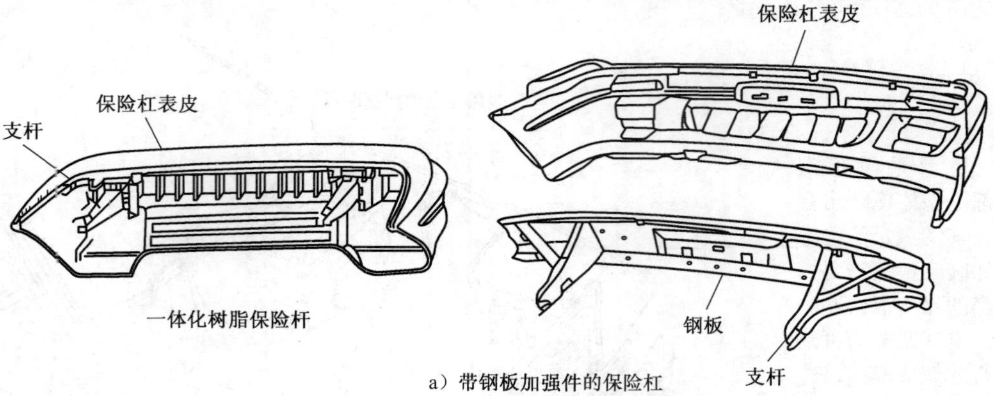

保险杠表皮
支杆
保险杠表皮
一体化树脂保险杆
钢板
支杆

a）带钢板加强件的保险杠

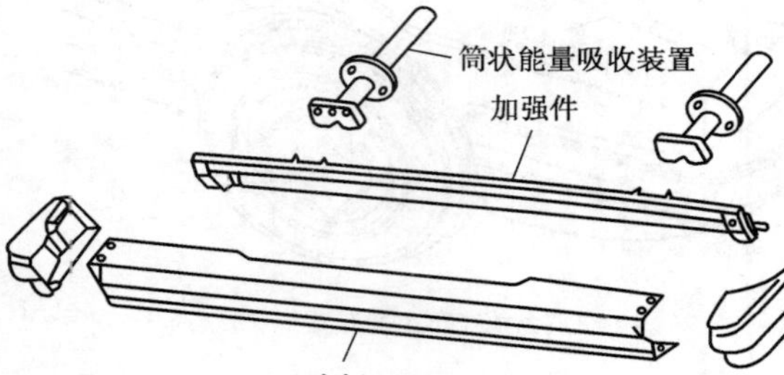

筒状能量吸收装置
加强件
支杆

b）

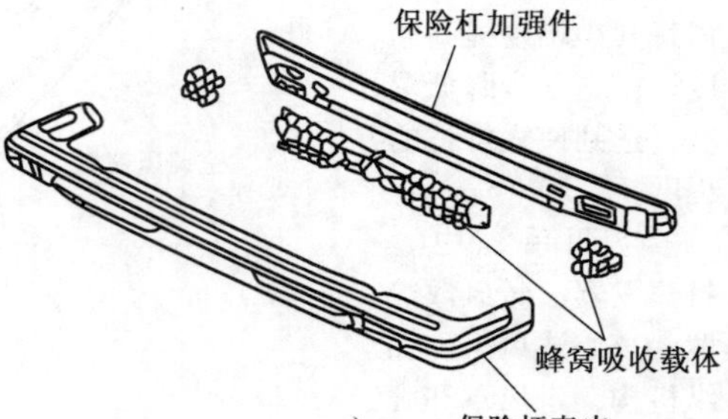

保险杠加强件
蜂窝吸收载体
保险杆表皮

c）

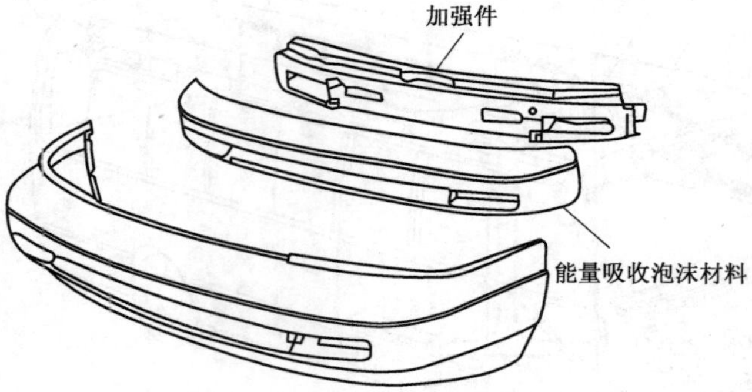

加强件
能量吸收泡沫材料

d）

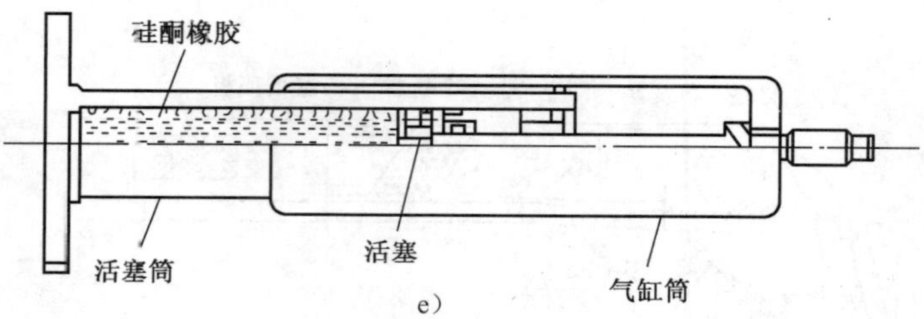

硅酮橡胶
活塞筒
活塞
气缸筒

e）

能量吸收保险杠

保险杠是安装在汽车前后防止轻度碰撞时损坏汽车的部件。

过去乘用车保险杠用金属制成并进行电镀处理以达到美观效果。现代乘用车主要采用与车身造型一体化的保险杠（颜色也与车身相同），造型艺术也十分讲究。

保险杠材料采用聚丙烯树脂，它易成型、质量轻，能实现与车身造型一体化。

还有带钢板加强件的树脂保险杠，如图a)所示。目前能量吸收式保险杠不断增多，具体参见图b)～图e)。

另外，树脂制的保险杠也能用煤气喷枪加热熔化树脂进行焊接处理。

参考文献

[1] 冯晋祥.汽车构造（下册）[M].北京：人民交通出版社，2007.
[2] 陈家瑞.汽车构造（下册）[M].北京：人民交通出版社，2006.
[3] 陈家瑞.汽车构造（下册）[M].北京：机械工业出版社，2006.
[4] 黄余平.汽车构造教学图解[M].北京：人民交通出版社，2005.
[5] 宋年秀.图解汽车发动机构造与拆装[M].北京：中国电力出版社，2007.